PRE TEXTOS

7

MASSIMO CACCIARI

Pre textos 7

Massimo Cacciari
Labirinto filosofico

© Adelphi Edizioni, 2014
© Editora Âyiné, 2021
Todos os direitos reservados

Tradução
Vinícius Nicastro Honesko
Preparação e edição
Pedro Fonseca
Revisão
Andrea Stahel
Editoração gráfica
Luísa Rabello

Capa
Reticolati, Emilio Vedova
1946, pintura a óleo sobre tela, 88 x 58 cm
© Fondazione Emilio e Annabianca Vedova, Venezia

ISBN 978-65-86683-44-8

Editora Âyiné
Belo Horizonte, Veneza

Direção editorial
Pedro Fonseca
Assistência editorial
Érika Nogueira Vieira, Luísa Rabello
Produção editorial
André Bezamat, Rita Davis
Conselho editorial
Simone Cristoforetti, Zuane Fabbris

Praça Carlos Chagas, 49 – 2º andar
30170-140 Belo Horizonte – MG
+55 31 3291-4164
www.ayine.com.br
info@ayine.com.br

7

MASSIMO CACCIARI
Labirinto filosófico

Tradução de Vinícius Nicastro Honesko

Âyiné

SUMÁRIO

0. «Se a filosofia fosse vazio formalismo,
exaurir-se-ia em meia hora» (Hegel) — 9
1. Seguir o rastro — 15
2. O essente: o *aporoúmenon* — 19
   2.1. *Diaporeîn* — 22
      2.1.1. Primeira *ousía* — 29
   2.2. *Quod quid erat* — 33
      2.2.1. *Non alia sed haec vita sempiterna* — 45
      2.2.2. *Divinum determinatum* — 50
      2.2.3. A coisa em Kant — 55
3. Pensamento e linguagem — 65
   3.1. A terrível palavrinha — 73
4. As três vias — 81
   4.1. Sobre o parricídio — 96
   4.2. Relatividade e irrelatividade do Uno — 100
5. O quarteto — 103
   5.1. A última das ideias — 111
      5.1.1. Os tempos mudos — 120
      5.1.2. *Ut pictura philosophia* — 126
      5.1.3. *Grámma* e *Traumskraft* — 130
      5.1.4. O banquete — 135
      5.1.5. In-dicar e *Dichtung* — 143
6. Na escuta do Logos — 149
   6.1. *Phýsis* e *psyché* — 160
   6.2. *De anima* — 170
   6.3. A «união certíssima» — 183

6.3.1. Monsieur Teste	191
6.3.2. O grande erro	195
6.3.3. O galo de Sócrates	204
7. «*Tractatus*»: acidente e substância	217
7.1. Do claro mistério	235
7.2. *Dýnamis*	241
7.2.1. *Negatio negationis*	253
8. Salvar o finito	263
8.1. A experiência da consciência	269
8.2. De Hegel a Kant	278
8.3. Suprema Magia	291
8.3.1. O puro x	299
8.4. Realismo e interpretação	303
8.4.1. *Prágmata*	311
8.4.2. *De coniecturis*	315
9. *Etymologikón*	321
Índice dos autores	327

0. *«Se a filosofia fosse vazio formalismo, exaurir-se-ia em meia hora» (Hegel).* A ideia do *bíos theoretikós* como uma pura especulação sobre a temporalidade das formas representa o mais persistente erro com o qual o senso comum combate (e acompanha) o *fazer filosófico*. O próprio formalismo lógico é apenas, em sua essência, *projeto* de ordem, análises das estruturas gerais dos procedimentos científicos que permitem sua própria eficácia prática. A diferença que pode ser colocada, no início da filosofia como disciplina específica, entre *philosophía eis tàs práxeis* (segundo a expressão de Isócrates), dirigida como tal à consideração das diversas formas do fazer constituintes--formantes da vida da pólis, e a filosofia como dialética das ideias (até a última e suprema, talvez ainda por ser compreendida em seu significado, e que está no centro desta pesquisa: o Agathon) ou filosofia como autêntica *enciclopédia das ciências filosóficas* (ideia aristotélica; e não por acaso o capítulo dedicado ao Estagirita é o mais extraordinário das *Lições* hegelianas sobre a história da filosofia) opera uma distinção no interior de um espaço comum, por certo não uma abstrata separação. É o exame do nexo, do fazer-se-um na diferença, de teorização e práxis, que constitui e justifica o «primado» do *bíos theoretikós*. Se reconsiderarmos tal nexo nos clássicos, nada parecerá menos filosófico e científico do que o «pensamento popular» em torno às «duas culturas», o qual contrabandeia, por um lado, a filosofia como exercício hermenêutico «infinito» e, por outro, a ciência como reducionismo determinístico. Nada mais

estéril do que ainda insistir em categorias acadêmicas abstratas, esquadrinhadores tradicionalistas «continentais», de um lado, e inovadores analíticos «anglo-saxões», de outro, continuando, no interior destas, com a caça a ulteriores e sempre mais abstratos «especialismos». Uma reconsideração teorética (mas também filológica — como é pensável, com efeito, qualquer tipo que seja de separação entre filosofia e filologia? Qualquer operação des-construtiva só pode partir «da etimologia e da história da linguagem», ensinava Nietzsche, e referindo-se justamente aos «primeiros e mais antigos esquemas» cogitados pelo pensamento: ser, substância, incondicionado...) do problema que marca a formação da *autoconsciência* do fazer filosofia, problema que certamente não é relegável a uma época determinada, pode consentir em reconduzir ao centro da atenção, de nosso *cuidado*, a concretude do pensar filosófico em sua integridade, como «lugar» onde em geral se coloca a investigação sobre o *thaûma* (o que se impõe ao olhar, *théa*, *theáomai*, não apenas como «maravilhoso», mas como prodigioso, ou, ainda, de forma mais própria: como algo enigmático e, por isso, inquietante-desorientador, que nos toma a ponto de nos aterrorizar). Mas o *thaûma* originário é o próprio dar-se do essente, e é sua investigação que se liga ao significado de *sophía*, daquela sabedoria particular, isto é, que exige o ver *claro*, *saphés*, em torno ao *sophón*, em torno ao que é *capaz* de construir, formar, gerar, e, ao mesmo tempo, em torno ao que, como bem gerado, parece *bom, kalòn-kaì-agathón*. A *philía* que move a *philo-sophía* considera *seu prâgma* tanto como evidência do discurso solidamente fundado quanto como a *sophía* que se mostra em toda construção, em todo «artifício», dos mais «modestos» aos mais importantes teóricos e políticos, capazes de *permanecer,* ou mesmo animados por essa intenção. Por isso, porque amor por aquilo que cria, que gera, o eros filosófico é chamado *poietikós*.

A concretude do pensar filosófico consiste em seu *com--crescer* com a investigação do essente. As ciências particulares *abstraem* do *ón* como tal esta ou aquela dimensão específica; a filosofia o considera em sua integral presença (isto é, como *ousía*) e à luz de como se pode se conhecer o essente em geral. Segundo tal perspectiva, a filosofia reproblematiza constantemente a aproximação «especialista»; esta move-se no pressuposto da plena determinabilidade de seu âmbito particular, já a filosofia consiste na interrogação radical justamente desse pressuposto. Não é assim, por certo, para quem insiste em reduzir a história da filosofia, até sua presumida realização, a uma onto-teo-logia sistemática, e se esquece da *diferença*. Mas nem mesmo é assim para quem concebe a diferença como se dando entre o essente em geral e o *ser*. A diferença ontológica em causa na filosofia — e que talvez, finalmente, seja necessário relembrar — é diferença *imanente ao essente*, diferença que a presença-atualidade do *ón* custodia em si. O essente revela em seu aparecer «aquilo» que o transcende como «aquilo» que ele era-e-será, a infinidade de seu «imperfeito» e a infinidade de seu «futuro». Em outros termos, o essente re-vela, ao aparecer, o caminho muito profundo para o *lógos* determinante, *apophantikós*, da própria *phýsis*. Nada de misterioso, oculto, secreto e a que se tem acesso por algum caminho iniciático. Essa diferença ontológica se manifesta, por assim dizer, «na superfície» do essente. É o i-mediato a aparecer «além» do conhecer determinante, é o «aquém» do *este-aqui* que «supera» a compreensão científica exaustiva do ente, que avança sempre em face das relações e mediações que pretendem *compreendê-lo*. O i-mediato constitui o *thaûma* que move o *inquietum cor* da filosofia, mas não o para, pois a este deve retornar, depois de ter atravessado todo o espaço da diferença ontológica, no sentido que indicamos. Retorno à coisa mesma, ao *prâgma toûto*, autêntico *realismo*, é compreender a irredutibilidade da integridade do essente à *ousía* determinável. Um *ágnoston* divino é exatamente o *tóde ti*, o *este* do caráter individual de todo essente, o «demônio» que em todos irradia seus rostos e constitui o *um* como fundamento de todas as relações que o caracterizam. Ao mesmo tempo, o essente não pode ser compreendido sem aquele essente que pretende conhecer a si mesmo, isto é, sem o *méthodos* da *psyché*, o qual constitui a única «abertura» do essente à consideração de si. Essa unidade é ao mesmo tempo diferença irredutível — irredutível a qualquer determinação exaustiva que, como tal, esteja, por isso, à altura de «ultrapassá-la». Chamamos de *phýsis* seu re-velar-se e *meta-física* a insistência da interrogação sobre ela, isto é, sobre a relação, interna à *phýsis,* entre a presença determinável do essente e *seu* ser-imediato, e entre essa ideia íntegra do essente em geral e aquele essente que é *psyché.*

Diversos caminhos partem desse centro, que é puro interrogar. Então, é preciso imaginar o desenho do labirinto de forma invertida. Acima de tudo, eliminando dele a ideia de emaranhamento confuso (ideia, aliás, estranha na origem da imagem) assim como a que faz de seu centro o ponto de chegada ao qual todos os caminhos deveriam confluir e a busca se aquietar. Aqui, o centro é apenas a estação de partida, e todo interesse consiste no desenvolver-se do problema que constitui o coração do labirinto ao longo dos diversos caminhos, porque, «mais que saber, me é grato duvidar» (*Inferno*, XI, 93). Porém com a diferença de que, no labirinto tradicional, esses caminhos se interseccionam, se encontram e se redividem, por vezes parecem desaparecer e prosseguir *de forma invisível*, outras vezes assinalam o indício para outros percursos. É preciso pensar, em suma, em um labirinto *polidimensional*, um labirinto-rede no qual qualquer ponto é centro (como no multiverso de Giordano Bruno) e pode ser ligado a outro ou a vários simultaneamente; é impossível ter dele uma visão «desde cima», que o compreenda por completo «em um só olhar», como o *kalón* para Aristóteles (U. Eco, *Da árvore ao labirinto*, 2007). Os caminhos que o constituem são *palintropos*, revolvem-se sobre si mesmos, e, com frequência, para avançar voltam sobre os próprios passos. Caminhos que todo caminhante produz com seu próprio andar, diria o poeta. E, no entanto, constituem *um lugar*: todos advindos daquela originária energia que do «centro» provém e todos alheios em dispor-se segundo ordens cronológicas. Todos, de algum modo, contemporâneos. Aqui o tornar-se é apenas o fazer-se dos caminhos em sua *inimizade fraterna*. Seu desdobramento *está* no labirinto *comum*. Cada um deles é levado a *encontrar* a própria saída, a criar uma para si, pois esta não é predeterminada nem na forma nem em número. Todavia, cada caminho «sufoca» enquanto não chega *ao Aberto*, o que não é assegurado por nenhum caminho — e o Aberto i-mediato, não obstante encontrado depois de todo o caminho, e que se encarrega deste, não pode ser resolução, não pode ser Verdade que se possui. O caminho não é caminho se não pretende *sair novamente*[1] do labirinto (no qual está inscrito e cujo sentido carrega consigo); mas o Aberto só pode manifestar-se como o *ágnoston* da própria *phýsis* do essente.

1   O autor utiliza o termo *ri-uscire*, jogando com o verbo *riuscire* — significa «ter êxito», «conseguir» —, mas também com a ideia de «sair» (*uscire*) de novo (*ri*). [N. T.]

1. *Seguir o rastro.* «É necessário, para exceder a metafísica, que um rastro esteja inscrito no texto metafísico, fazendo signo [...] em direção a um texto totalmente outro. Semelhante rastro não pode ser pensado *more metaphysico.*»[2] Assim escreve Derrida em um ensaio fundamental de 1968, *«Ousía e grammé».* Na passagem que omiti, Derrida explicita o pressuposto da «superação» que se gostaria de operar — e em torno dela será elaborada a discussão que segue. De modo absolutamente preliminar, é preciso se perguntar: o «rastro inscrito», se pôde chegar ao intérprete que agora adverte sobre seu «apagamento», não deverá ser compreendido como uma «linha» não interrompida, uma «linha» que soube *durar*? O que significa, então, o «totalmente outro»? Essa diversidade, se indicada pelo rastro imanente no texto, deverá ser encontrada, ao menos em potência, no próprio texto. Esse texto poderá «trespassar» naquele outro, não pensável nas formas do primeiro, mas, todavia, deverá em geral ser pensado a partir das condições que no primeiro já estavam colocadas. E aqui, assim, o «trespassar» deverá ser compreendido hegelianamente, isto é, como uma «volta», não apenas à qual a estrada percorrida conduz, mas que de algum modo esta última já indicava e da qual já carregava o «sinal». Ou, pelo contrário, sustenta-se que «instalar-se» no rastro, interrogá-lo, já não

2   Jacques Derrida, *«Ousia e Gramme».* In: _____. *Margens da Filosofia.* Trad. Joaquim Torres Costa e António M. Magalhães. Campinas: Papirus, 1991. p. 103. [N. T.]

seja necessário? Ou que se trata exclusivamente de um louvável exercício histórico-filológico? Se é assim, ou o texto «completamente diverso» se apresenta como um fim inatingível, uma palavra que sempre falta, ou se assume, talvez de forma sub--reptícia, que ele já tenha *chegado* e que nós vivemos no interior de seu acontecimento. Qual seria então a natureza desse texto foi o objeto de várias, e até mesmo complementares, correntes de pensamento: a do texto poético ou de certos textos poéticos (e de sua hermenêutica); por outro lado, a do cumprimento da metafísica no «saber absoluto» (e absoluto, como veremos, justamente em seu «sempre prosseguir») do que é compreensível e transmissível na linguagem e na escrita da matemática, dos *mathémata* em sentido próprio; a da experiência *mística*, especulativamente compreendida como o que tal cumprimento jamais poderia subsumir e muito menos criticar, uma vez que ele se limita necessariamente (sob pena de contradição) a valer como cumprimento apenas da metafísica. Em vez disso, o texto «totalmente outro» não poderá, por princípio, consistir naquele da «desconstrução», na dimensão essencialmente *aporética* do des-construir. A «desconstrução», com efeito, ou apenas visa a dissolver o texto metafísico (então, o que se tornam os *mathémata* senão a «consciência» histórica daquilo que operaram ou sustentam ter operado?) ou acabará por colocar-se nos rastros das possíveis interpretações agora indicadas.

A leitura do texto metafísico tem sentido somente se assume um caráter *re*-velador. Se o des-construir não «apaga» mas, antes, revela o «signo» da superação como imanente ao próprio texto, e demonstra escutá-lo-compreendê-lo. Mas, se a desconstrução é, por sua vez, índice desse possível êxito, ela pressupõe o oposto de um «fechamento» do texto: pelo contrário, está indicando nele justamente a *abertura* (entendendo-se esta como abertura a uma «origem» não escutada ou a um *adveniens* «totalmente outro», que pode combinar-se com essa mesma origem de vários modos — nesse caso, vê-se obrigada a «fingir» de novo, curiosamente, a figura do *círculo*, da qual pretendia sair).

A partir dessas considerações, segue-se outra: que a prática desconstrutiva assim compreendida contradiz *in rebus ipsis* toda «reconstrução» em geral da história-destino da metafísica. Os rastros são reduzidos a destroços ao longo da estrada, caso não possam ser compreendidos como reais signos de linhas falhas. Se a «voz» da metafísica é atribuível substancialmente a alguém e, portanto, sustenta-se ser possível conhecer *o que ela é*, torna-se, por fim, um *objeto* desmontável-analisável, «à disposição», e para ela nos voltamos exatamente na forma que se presume ser a sua própria e que se pretenderia superar. O que *nesse* texto permanece in-audito? O que *nele* se apresenta como destinado ao esquecimento? O texto é um conjunto de rastros e signos que excedem constitutivamente a letra, mesmo que só na letra possam se re-velar. Em torno desses signos o texto dá vida a interpretações contrastantes, a um *pensar-seguido-de-outros* (o *nach-denken* de Arendt). O rastro não é um «dado» que se apresenta no texto, mas um elemento que carrega a interrogação, exigido pelo caráter desse próprio texto. É uma só, sempre substancialmente idêntica a si, a «voz» que regeria o discurso, *lógos*, da metafísica? É essa voz, a consciência *dessa voz*, a impor um fundamental dualismo entre corpo e alma? E a conseguinte hipótese da imortalidade da alma seria concebida em função de uma radical *Abschaffung*, remoção-apagamento, da morte? A evidência racional a que visa a *epistéme* remete sempre e necessariamente à consideração do ente como absoluta *presença* e ao primado do *tempo presente*? Não existem *diferenças* entre esse Macrotexto e os signos nele inscritos, que se movem «em direção» de suas possíveis ultrapassagens? Ou a diferença já age no interior de sua estrutura, impedindo esta de realizar-se como tal, desconstruindo-a e abrindo-a à interrogação? Também é a voz-*lógos* da metafísica sempre *semaínein*, signo, *grámma*, corpo? Ou apenas sobrevém a seu cumprimento, como a coruja de Minerva, a «descoberta» do rastro esquecido? Caso se sustente que a primeira alternativa pode ser percorrida, o texto metafísico poderá ser considerado rastro *em si*, em sua concretude e inteireza, portanto algo digno de ser re-pensado exatamente por aquilo que nele se afirma como essencial, uma vez que seu saber, em sua completude e integralidade, é ao mesmo tempo saber de proveniências e destinações apenas *indicáveis*, que se *faz signo*, isto é, exprimível somente em formas *diferentes* daquelas da predicação da presença do ente, da *ousía* ou *parousía*.

2. *O essente: o aporoúmenon.* Para tentar justificar essa abordagem, é preciso partir do próprio tema que, sem dúvida, domina a metafísica e, com ela, todo o Ocidente: a interrogação sobre «o que é o ente». Ente traduz *tò ón*, particípio substantivado. Não «ser», *eînai*. A diferença é evidente, ainda que continuamente mal-entendida: de fato, a pergunta sobre o ente não pode coincidir com aquela sobre o *infinito* «ser». Procuraremos esclarecer isso ao longo de nosso itinerário, mas é bom fixar desde já: o problema que nos incomoda diz respeito à predicabilidade e ao conhecimento do «isto» do ente. Por que o *tóde ti*, o ente como *este aqui, Da-sein*? O ente se determina segundo características e partes que serão objeto das ciências particulares, mas em todas as suas determinações se manifesta como presença concreta, esta que «resiste» à nossa frente, *ob-iectum, Gegenstand*. Essa presença deve ser interrogada. Ela absolutamente não tem o caráter da imediata dadidade. O ente se torna real quando é efetivamente percebido. (Podem existir entes, potenciais objetos de qualquer órgão de sentido, *sensibilia*, que atualmente não percebemos? Por certo, sim, mas, agora, eles não são *reais*.) O ente está diante de nós a ponto de *nos impressionar*. Nossa *correspondência com ele* é simultânea a seu aparecer. A evidência de sua presença não é algo pressuposto e já destinado a ser compreendido nas categorias do *lógos*, a transformar-se em *legómenon*. O *tò ón* não «está» à frente, «à espera» de ser predicado, mas *age*: seu aparecer suscita a interrogação (tornando assim possível que na interrogação se manifeste a

finitude do ser-aí,[1] *daquele Da-sein* de todo extra-ordinário que se caracterizará justamente no *cuidado* do interrogar). Sua presença «está» apenas como *gegen, contra* o *Da-sein*, o ser-aí que, tocado por essa presença, adverte em si a urgência, a necessidade da interrogação. No fato de Aristóteles não se colocar o problema da demonstração do mundo externo já não se delineariam, por isso, *in nuce*, as razões da crítica heideggeriana ao idealismo e ao realismo, contida, em particular, no parágrafo 43 de *Sein und Zeit*? *Tò ón*, o essente, na *Metafísica*, de fato não é nem aniquilado nem ressuscitado por meio de algum processo gnosiológico. Também aqui interrogação e ente intramundano se desvelam juntos. O próprio *mŷthos*, a palavra mítica, é, por isso, interrogação: uma forma em que o ser-aí corresponde ao «golpe» que sofre pela presença do ente. O *Achsenzeit*, a idade axial do século VI, transforma-a radicalmente; o dizer em torno do ente se torna o problema da determinação da *essência* do ente. Muda o tratamento do *thaûma*, mas este, e sua originariedade, de fato não falta.

E o movimento desse desvelamento é indicado justamente pelo termo *thaûma-thaumázein,* no qual de novo se *contra*-dizem atividade e passividade. Movimento e não instante, átimo, puro *nŷn, agora.* O *thaûma* se desenvolve no *thaumázein*, que não é *estupor*, mas *cuidado* (também no sentido de *deinón*, tremendo, da angústia), pois o espetáculo do essente e da multiplicidade do essente deve apreender e conturbar, para poder abrir à interrogação. E a decisão de perdurar nessa abertura parece indicada por Aristóteles na famosa passagem «é *dià tò thaumázein*, por

---

1 O verbo utilizado por Cacciari é *esserci*, que pode ser traduzido por «haver», «existir». Todavia, devido às claras referências à noção de *Dasein*, de Martin Heidegger, optamos, a depender do contexto, por traduzir por *ser-aí* (que nas traduções brasileiras costuma ser usado como referência ao *Dasein*). Também é preciso frisar que em algumas edições italianas o termo *Dasein* é traduzido simplesmente por *esserci*. [N. T.]

sua capacidade de maravilhar-se, que os homens começaram a filosofar (*arché* da filosofia, de todo modo, aparece o *thaumázein*), e isso vale tanto agora quanto na origem, *kaì nŷn kaì tò prôton*». Assim, continuamente se renova a maravilha-e-a pergunta sobre o essente. E, com esta, a experiência da *aporia* (*Metafísica*, I, 982b 12-17), a experiência do ignorar o caminho que ainda deve ser percorrido e, de uma só vez, da vontade de realizá-lo, libertando-se assim da ignorância. O ser-aí é, sim, no interrogar, para dizer com Heidegger, sempre além do ente, *transcendens* o ente, mas apenas na medida em que sempre o interroga e sempre diante dele se maravilha. O ser-aí é «transcendente» porque sempre «em meio» ao ente, à totalidade dos *ónta*, porque é o ente que jamais é *weltlos, sem-mundo*, mas sempre a caminho de dar forma a um mundo. No *thaûma* o aparecer do ente, o «resistir» do ente intramundano ao ser-aí que nele quer traçar o próprio caminho, passividade do ser-golpeado e atividade da interrogação, desvelam juntos a pergunta «o que é o essente?». O texto *metafísico* diz respeito, portanto, ao ente como tal, o maximamente *concreto*. Meta-física é a interrogação em torno à *phýsis* do ente que nos *maravilhou tremendamente*. Mas como se articula tal perguntar? Sobre o pressuposto simples da absoluta presença do ente? E o perguntar metafísico manifesta a audácia, como se exprime Heidegger, de exaurir a própria pergunta, eliminando, por fim, a diferença entre ente e *ser* do ente? Aqui, não se trata de perguntar se o sujeito corre o risco ou não de corresponder ao *thaûma*, até fazer *estar* (*stand*) o ente que estava *contra* (*gegen*) ele. Trata-se de compreender se o ente, justamente em sua concretude, é resolvível em pura presença — e se essa assunção constitui o pressuposto não discutido a partir do qual tem início e se cumpre o discurso metafísico, seu alfa e ômega, como parecem sustentar as mais diversas práticas hermenêutico-desconstrutivas.

2.1. *Diaporeîn.* O problema que o *thaûma* abre é, portanto, este: impossível indagar partes ou elementos do ente antes de ter estabelecido a natureza do ente em geral, e como este, igualmente em geral, possa ser predicado. Essa interrogação preliminar e fundamental falta, para Aristóteles, nas origens da filosofia (à *próte philosophía*). As obras assim chamadas lógicas e a *Física* não podiam, por sua vez, levá-la a termo. No conjunto do *Organon* o enraizamento ontológico dos esquemas da predicação (*schémata tês kategorías*) permanece pressuposto, mas não diretamente discutido; na *Física*, a investigação dirige-se, assim, ao ente físico, intramundano, sobre a constituição material (ou substrato: *hypokeímenon* ou *hýle*) e sobre o princípio de seu movimento, mas nela não encontra lugar a consideração do essente segundo seus dois *significados* fundamentais: «*tò tí ên eînai*» e *ousía* (988a 34-35). A «tradução» dessas expressões constituirá *o* problema das páginas que seguem.

A ordem da argumentação se inicia a partir da *ousía*. O termo deriva do particípio *ón*. Na linguagem não filosófica, ele pode designar um bem possuído, uma terra, uma casa, uma fonte à disposição. *Parousía* explicita e reforça a mesma ideia: a *ousía* presente e ao alcance da mão. *Apousía* indica sua subtração ou ausência. Nada mais evidente, seria possível dizer. A filosofia pretende chegar a uma determinação do ente em sua própria *ousía*, a conceber com a máxima clareza a constituição do ente em sua *presença estável*, em seu continuado permanecer diante de nosso olhar, do olhar da *theoría,* e a exprimi-lo com a voz do *lógos*, não por meio de signos-sinais-símbolos, mas exaustivamente, predicando-o segundo todas as formas em que ele se oferece à visão. Ao aparecer do ente deve corresponder perfeitamente a *ideia* que o significa. O «*tò tí ên eînai*», o «*quod quid erat esse*» da Escolástica, acrescenta algo essencial? Desvela essa expressão a uma perspectiva que aprofunda o tema da *ousía*-presença em um sentido não resolvível nessa determinação? Por ora, deixemos a questão suspensa, lembrando, porém, que ela constitui um rastro ainda a ser seguido. De modo preliminar, já poderemos nos perguntar: como é possível equiparar *ousía* ao presente, «exauri-la» em sua referência ao *tempo* presente, se, «no mesmo tempo», resulta necessário predicá--la também por meio do *imperfeito* do verbo *eînai*-ser? Pode, de fato, ser parada no *Anwesend*, no ser-presente da *ousía*, uma filosofia que acompanha essa predicação com aquela do «*tò tí ên eînai*» (aqui, o confronto é com Heidegger, *Introdução à metafísica*, cap. II)? É preciso, porém, prosseguir sem pressa.

O famoso *incipit* do Livro IV («Há uma *epistéme* que considera teoricamente o ente como ente, o *ens in quantum ens*, e as propriedades que lhe competem como tal», que lhe competem enquanto é, no sentido indubitável do existir, ciência que se distingue daquelas que, justamente com base nessa definição, serão chamadas «empíricas», que estudam aspectos particulares do essente, determinadas características — distinção destinada a fundar a hierarquia dos saberes no Ocidente por quase dois milênios), preparado pelo desenvolvimento dos livros precedentes, abre-se ao exame de *todos* os diversos modos em que *tò ón* pode ser dito (1003a 21; 1004b 15). Que esse *légein* pretenda corresponder «realisticamente» à constituição do ente parece algo, com franqueza, demasiado óbvio para nele ter de insistir. Por isso, é ainda mais interessante aprofundar-lhe a dimensão *linguística* e, precisamente, compreender os limites de uma interpretação «presencialista» da *ousía*. Mas a isso voltaremos mais tarde. Basta, por ora, colocar em relação o nexo problemático originário entre o aparecer do ente-*thaûma*-interrogação e a *pluralidade* dos modos em que se articula a predicação do ente: desenvolvimento autêntico da própria interrogação. Não se trata, em suma, de um simples responder à aporia, mas de *diaporeîn*, de um proceder nela e por meio dela.

O essente se diz *pollachôs* (e de muitos modos é necessário dizê-lo para dizê-lo *em sua totalidade* como é), mas sempre em referência a *mía phýsis*, a uma «natureza». A expressão assume um duplo significado: aqui, *phýsis* indica não só o «princípio» ao qual o *lógos* se refere quando fala de um conjunto de entes (como quando dizemos «são» para coisas muito diversas entre si), mas também a natureza unitária e determinada do ente específico que é predicado. A referência é sempre a *tò ón*, que jamais é «abstrato» e cuja unidade nunca é «apagada» pelo *theoreîn* (para então, talvez, como se dizia, ser ressuscitada na predicação que sobre ele realiza o filósofo-cientista). O ente permanece sempre em sua presença, presença que participa de todas as outras e que existe por força dessa participação (de fato, em que outro sentido *tò ón* seria particípio? Não deriva do radical verbal quase indicando seu «mover-se» à comunalidade com os outros essentes?). O ente é sempre considerado um *tóde ti*, um *este* determinado, íntegro no aparecer de sua forma. Por isso, ente e uno se implicam reciprocamente. Não é concebível nenhum uno separado do ente. A «henologia» aristotélica considera o uno apenas como imanente à unidade determinada de cada essente, em explícita polêmica com a platônica. (Sobre isso Enrico Berti escreveu páginas que esgotam o tema, «L'essere e l'uno in *Metaph.* B», in: *Nuovi studi aristotelici II*, 2005). Nenhuma *ék-stasis*, em suma, do uno ao Unum. Mas deveríamos nos perguntar: aqui não se denuncia uma autêntica falha no suposto Macrotexto da metafísica? Se o uno não significa simplesmente-claramente o uno-do-ente, como poderá então o *este* do ente resolver-se na pura presença? E, por outro lado, a crítica aristotélica, quando exige que se tenha firme a unidade do ente, que toda predicação seja em referência ao uno, não acabará problematizando o caráter universal dos esquemas categoriais, ou das formas e dos gêneros, com o qual o próprio ente é predicado? Uma vez que, se *ens et unum convertuntur*, o estudo do ente como ente deverá realizar-se como análises da diversidade dos entes, cada um deles uno em si, ou dos diversos modos do aparecer-ser presente do ente em geral. O estudo da *ousía* deverá ser feito, isto é, análises das *ousíai*.

À polivocidade do ente corresponde a multiplicidade das *ousíai*, comuns tanto no ser *cada uma delas una* quanto pelas formas em que são predicáveis. A metafísica deve compreendê-las todas (1004a) e, portanto, necessariamente, também a *primeira*, a do Ente que é *arché* de toda outra *ousía*, sumo Ente, motor imóvel, *divino*. Por isso, é evidente como o problema teo-lógico é inseparável, nessa perspectiva, do ontológico e gnosiológico. O nexo onto-teo-lógico permanece no texto metafísico indiscutível e insuperável (mas veja-se ainda E. Berti, capítulos XII e XIII do volume citado, que sublinha justamente o caráter de Pensamento da Primeira Ousia aristotélica). Mas isso não significa nem que se possa falar de *ousía* de modo indiferenciado nem que a unidade do ente sensível possa ser compreendida sem problemas como essencialmente análoga à da *ousía* primeira. Também a esse propósito, é redutivo compreender a «passagem» ontológica-teológica da *Metafísica* como se se tratasse de variações sobre um texto que permaneceria inalterado; antes, são compreendidas como autênticos rastros que do texto excedem os significados (para Aristóteles) explícitos, como aporias que esse texto mesmo exige que sejam desenvolvidas.

Admitindo que seja lícito suspender o exame daquele algo sobre o qual não poderia haver ciência — aquele algo de fato «próximo ao não-ente» (1026b 31), que se indica com o termo *symbebekós*, algo que por vezes acontece, sem nenhuma relação com a *ousía* determinada que se dá (e que, portanto, não devemos entender mal ao traduzi-lo por «contingente», uma vez que contingente pode também indicar não-necessário ou «sobretudo», enquanto a acidentalidade do *symbebekós* é a tal ponto «absoluta» que sobre ele nem mesmo se pode dizer haver geração e corrupção) — e omitindo, a respeito disso, também o ente *no pensamento*, como verdadeiro e como falso (as condições de verdade do *lógos* são o argumento do *Organon* — que, pelo contrário, *de rebus agitur!*), parece que apenas dois outros modos de dizer o essente restam: segundo os esquemas do *kategoreîn* e segundo potência e ato, *dynámei* e *entelecheíai* (1017b 1; *dynámei kaì energeíai* em 1026b 2). O problema de como o *symbebekós* possa dizer-se «quase um puro nome» (qual a natureza do signo-nome nesse contexto?) e, ao mesmo tempo, é necessário que seja (1027a 10) — uma vez que, de outro modo, ocorreria *ex anánkes*, por necessidade —, inquieta toda atitude da ontologia e coloca até agora em crise o «preconceito» da *ousía* como perfeita presença. Com efeito, que relação de fato constitutiva transparece e se revela entre a existência *necessária* do não-necessário e a própria *ousía*, substância da presença do ente, aquilo que o constitui como o ente que é, até poder ser definida como sua causa (1017b 15)? Não seria o texto da metafísica também todo marcado por essas interrogações? E quais conclusões ou «fechamentos» esse texto então garantiria? Em outros termos, pode haver *ousía* à qual não pertençam «casos»? É possível despir a *ousía* da multiplicidade dos «casos» que lhe dizem respeito, absolutamente indeterminados e indetermináveis? Existe algo como uma pura e simples presença? Se ela não existe (ou existe só no caso da *ousía* primeira, do Ente supremo), por necessidade cada *ousía* será sempre em potência «aflita» pela *symbebekós*, pelo poder-ser *sýn*, ou ainda: pelo não poder não se acompanhar ao indeterminado. Ao menos esse aspecto da sua figura real, concreta, permanece indefinível por parte do *lógos*. E, é óbvio, a própria ideia de *dýnamis* acabará por se coimplicar à perspectiva que se abre por causa da «irrupção» do *symbebekós*.

O discurso deverá ser retomado; mas agora nos voltamos para o desenvolvimento «mais amplo» que nosso problema fundamental conhece com o Livro VII. Mais uma vez se repete que o ente pode ser dito segundo cada uma das categorias, mas, agora, em primeiro plano se apresenta seu significado como *tò tí esti kaì tóde ti* (1028a 11-12). Se a primeira expressão é traduzida por «essência» ou por termos equivalentes, perde-se a diferença que, como veremos, deve ser tomada com a maior atenção em relação ao «*tò tí ên eînai*». Aqui, a ênfase recai inteiramente sobre o *estí*. O ente é — essa é a determinação primeira e fundamental: que o ente indubitavelmente *existe*. O ente é e se dá sempre como *este aqui*, só se manifesta como ente determinado. O ente como ente, e não o ser como ser. Na linguagem da Escolástica: «hic incipit determinare de ente per se quod est extra animam» (definição que se esquece da «cumplicidade» originária entre o interrogador e o ente intramundano, mas tem o valor de sublinhar a «resistência» deste último e de trazer novamente à realidade do *estí* qualquer forma de predicação: é a visão do *estí* a impor o estudo dos modos de dizer o ente, a análise das formas do *lógos*). *Tò tí esti? Hoc quid est? Tóde ti. Hoc aliquid.* Primeira pergunta e primeira resposta. O que é «este» que está diante de nós? É algo, por certo. De onde? Por que algo existe? Talvez a interrogação não se desenvolva nesse sentido radical desde já, mas certamente já nos pergunta *como* o ente se manifesta e os *limites* de nosso predicá-lo. *Ousía não indica nada mais do que o ser-aí manifesto do ente.* Aliás, *ousía* é o *primeiro* dos modos em que dizemos o ente. Ou, de maneira ainda mais própria: dentre os modos em que o ente é dito (*légein*), o primeiro é o que diz o *tò tí estin*, e o *tò tí estin* indica a *ousía* (1027a 10-15). Prestou-se toda a atenção necessária a essa «declinação»? O ente se *diz* de muitos modos, mas ao mesmo tempo também se *indica* — e o primeiro dos modos em que se *diz*, aquele por meio do qual se afirma que é um *tóde ti*, indica, *semaínei*, a *ousía*. Entre os modos com os quais o ente é predicado, um, e justamente aquele absolutamente fundamental, não predica, não se exprime por meio de categorias, mas *faz signo*. A *parousía* do ente não é afirmável sem recorrer também ao *semaínein*.

O ente *haplôs*, considerado *simpliciter* antes de qualquer determinação, como noção primeira (ou primeiro *lógos*, primeira «palavra»), primeira consciência-interrogação, primeira presença de que há *pró-blema* na ordem da própria sucessão temporal, o *tóde ti* — é isso que indica a *ousía*. O absolutamente determinado, o simples *este*, antes de toda especificação. Poderemos dizer: o «eis» que saúda a imediata epifania do ente. Esse é o *primeiro*, o fundamento de toda pesquisa e de toda predicação. Perguntar-se o que é o ente equivale a interrogar-se sobre a *ousía*. Já se disse: o início da filosofia, agora, como há um tempo e como sempre será, é o *thaumázein*. E aqui se diz: o *aporoúmenon*, aquilo que constitui *a* aporia, o caminho que continuamente se interrompe, falta, e continuamente o ser-aí que somos reconsidera, lembra e retoma. O *pró-blema eterno*, que assombra «*pálai te kai nýn*» (1028b 3), tanto nos tempos antigos como agora, é constituído pela *ousía do ente*, por aquilo que torna possível o *estar* do *tóde ti*, o consistir do *simples isto*. A tradução escolástica de *substancia* não parece fazer justiça à primazia do termo *aporoúmenon*. Como pensar, com efeito, em um fundamento substancial daquilo que é *sempre aporoúmenon*? Como pensar que o «fundo» da *ousía* não seja precisamente o limite-horizonte em que se tolhe a própria ideia de fundamento último? *Primeira* é a *ousía* — mas a *ousía* se nos mostra como aquilo que primariamente é *digno de interrogação*, daquela interrogação tão antiga quanto atual, que não só se origina pelo *thaumázein*, mas que continuamente o renova. Como poderia se fechar, assim, em perfeito círculo, esse pensar? E o rastro da *referência* é de fato nele tão fugaz e in-audito? Ainda que rastro, este é todavia explícito; digo: «eis, isto é», mas esse meu dizer de fato não se conecta de forma linear à predicação do que esse «é» seja em sua substância. O *tóde ti*, a presença do isto-aqui, *remete* à *ousía*; a forma em que a *ousía* «se diz» é a do *semaínein*. Digo o ente *tóde ti* — mas esse dizer não equivale à afirmação e determinação da *ousía* do ente. Aqui, portanto, emerge uma diferença que é assinalada por dever recorrer ao termo *semaínein*. A evidência primeira do isto-aqui implica o reenviar à *ousía*, à interrogação sobre o porquê de seu indubitável aparecer, sobre aquilo que o manifesta como este ente em si e para si, inconfundivelmente si mesmo. Diante dessa aporia, o *légein*, o predicar do *lógos*, assume o caráter do *semaínein*. A ipseidade do ente (*Wesenwas*, traduziu Bonitz) é problema imposto pelo aparecer, pela presença do simples, *haplôs*, *tóde ti*. O aparecer é seu *sinal*. E o dizer pode apenas seguir seu rastro. Mas como? As categorias, a relação potência-ato, não constituem seus predicados efetivos e exaustivos? Que *diferença*, que distinção de princípio, é possível colocar entre os modos de dizer o ente por meio de categorias e este *semaínein* a *ousía*? Talvez também não seja dizível a *ousía*: «dicitur autem substancia-*ousía* [...] *légetai d'he ousía...*» (1028b 33)? Para responder à objeção torna-se necessário ver em que sentido ela na realidade é «dizível», em quais limites o essente pode valer como *legómenon*.

2.1.1. *Primeira ousía.* Como se coloca a questão nas obras propriamente lógicas — sem prejudicar o fato de que o nexo gnosiológico-ontológico é obviamente pressuposto também para elas? O problema não consiste em explicar que os termos do discurso têm sempre em mira a determinação do essente, mas em compreender *como* o que é dito corresponde ao é do ente, e o que significa esse corresponder, quais reenvios se operam entre as formas com base nas quais os entes *são ditos* e os entes em si, qual é a natureza da «passagem» entre *Categorias* 1 a 16 e *Categorias* 1 a 20: «*tôn legoménon* — das coisas que são ditas...», isto é, do ente assim como em seu ser ele é predicado; «*tôn ónton* — das coisas que são...», isto é, dos essentes como simplesmente tais. Difícil traçar de imediato uma ponte entre as duas formulações. A natureza das coisas que são ditas é a dos nomes-substantivos e do *lógos*-proposição. Substantivo remete a substância e, portanto, por certo à *ousía*, no sentido antes discutido. Mas aqui ela vale como *nome*. A outra forma é a da *symploké*, da conexão, essencialmente entre nome e verbo, constitutiva da frase. A conexão não é de fato um simples estar ao lado de partes distintas do discurso. A *symploké* manifesta formas e leis próprias, aquelas do discurso com base nas quais nomes, verbos etc. se conectam. Essas formas e leis, por si sós, não têm, obviamente, nada a ver com o ente como ente. Traduz-se nas «coisas que são ditas», mas o sentido é: substância e formas do discurso são os nomes, os verbos e a forma de seu poder conectar-se. É certo que tudo isso pode ter a pretensão de valer apenas enquanto corresponda ao é do ente e consiga dizê-lo como ele é. Mas a proposição jamais será um simples molde ou uma simples representação das coisas.

Agora, no entanto, o que é dito sem conexão não parece ser constituído apenas pelos nomes (homem, cavalo etc.), mas também pelas próprias categorias, das quais se formula um esboço geral (1b 25 ss.). Como é possível distinguir as categorias da ideia de relação? Não está no centro de seu sistema a do *prós ti* (duplo, meio, maior etc.)? Sua universalidade garante sua aplicação *a muitos*. Sua função é justamente a de *conectar* os múltiplos. É evidente que aqui se pensa na categoria apenas como o meio para dizer o ente como tal, o este-aqui *haplôs*, segundo seu onde, seu quando, seu pontual agir ou sofrer: «eis, é aqui, jaz ou está em pé, corta ou é cortado». Mas isso não constitui ainda uma verdadeira *katáphasis*, a afirmação de algo plenamente determinado em relação ao ente. As categorias são aqui consideradas todas na perspectiva da primeira e fundamental, da *ousía*, portanto: a «coisa dita», o *legómenon*, segundo seu sentido *prótos kaì málista*, aquilo por meio do qual ele é o que é, a ipseidade de seu aparecer. Essa *ousía* é a *kyriótata legoméne*, é *kýrios*, *senhorio* sobre qualquer outro significado atribuível ao termo; formas e gêneros (*eíde* e *gene*) também podem ser chamados *ousíai*, mas *segundas*. Elas devem sempre se referir à primeira. É por força dos gêneros (animais) e espécies (homem) que o *lógos* chega a definir algo, a apresentar-se como *katáphasis*. Mas as *deúterai ousíai* se reduziriam a puros nomes ou, até mesmo, a *flatus vocis* se não se referissem sempre à *ousía* do este-aqui, ao *tódi ti*. Elas devem sempre significar, por fim, algo unitário e absolutamente determinado. «Se não fossem as substâncias primeiras, seria impossível que existissem as outras» (2b 5-6); e seria possível compreender no sentido ontologicamente mais consistente: é a *ousía* primeira que faz ser o ente; nenhum ente é possível sem a «causa» da primeira *ousía*. Mas se trata de uma causa imanente para a constituição de todo ente. Todo ente parece tê-la em si e manifestá-la-fazer-lhe signo por meio da própria irredutível ipseidade. *Causa* e *coisa* se «convertem» reciprocamente. (O significado das categorias aristotélicas, na qualidade de *perì tôn ónton*, é de todo assumido no neoplatonismo, também em polêmica com a lógica estoica: vejam-se os primeiros dois tratados da VI Enéade).

A *Metafísica* realiza, aprofundando-o, um percurso análogo. «Tudo o que está contido no horizonte de uma definição (*en tôi horismôi*) deve ser *uno*; a definição, com efeito, é um *lógos* que se refere à *ousía*, e, portanto, deve ser o *lógos* de qualquer um» (1037b 24-26); «Parece impossível que seja *ousía* aquilo que se predica (*tôn legoménon*) de forma universal. Principalmente, é *ousía* de cada ente aquilo que é própria e exclusivamente dele» (1038b 8-10); «É evidente que nada do que é universal [podendo-se atribuir a mais coisas, das quais mais coisas participam] é *ousía*; que nada do que é predicável em comum indica, *semaínei*, o *tóde ti*, mas só *toiónde*, a qualidade, o caráter do ente [de que espécie ou gênero ele é etc.]» (1038b 35-1039a 2); «A *ousía* não pertence a nada mais senão a si mesma e ao sujeito que a possui e do qual é a *ousía*» (1040b 23-24). O *tò tí estin* indica a *ousía* (1028a 15) e a *ousía* parece indicar o *tóde ti* (*Categorias,* 3b 10). Os dois termos se implicam necessariamente, sem, no entanto, se sobreporem. Indicando (*semaínein*) a *ousía*, o aparecer do é do ente desvela à interrogação sobre a própria *ousía*; indicando (*semaínein* ainda!) a individual realidade do *tóde ti*, a *ousía* explicita que está exclusivamente no referir-se o próprio fundamento a este último. É *alethés*, plenamente evidente, como a *ousía* significa o «aquilo que aparece manifesto», *tò deloúmenon*, na qualidade de «*átomon kaì hèn arithmôi*», «indivisível e um em número» (3b, 12). Portanto, primeira verdade-*alétheia*: *ousía* é a manifestação unitária e individual do essente, em relação à qual qualquer outro significado seu deve mostrar-se secundário e à qual deve se referir. Segunda verdade: a predicação por meio de espécies e gêneros, a que se articula categorialmente, é capaz de corresponder à *ousía*. A primeira é uma com o ente *deloúmenon*, com o *manifestado*. A segunda, com o ente como dito, *legómenon*. *Verdade primeira* é o imediato *é* do ente; verdade segunda é a da *symploké predicativa* que o representa naquelas conexões de gênero e espécie que lhe competem. É evidente que o eventual erro na correspondência entre predicação e essente de forma alguma diz respeito à *verdade primeira*. *Primeiro*, sob qualquer ponto de vista, é o ser *alethés*, a manifesta evidência do essente, *tò ón*, o *é* do ente, em sua concretude e motilidade. O erro pode consistir apenas nos modos como o *lógos* o representa.

A *ousía* é primeira como é primeiro o conhecível em relação à ciência; os *prágmata* preexistem à *epistéme* (7b 24 ss.). Mas, de fato, não se trata de realismo ingênuo. É claro que não são os entes como *legómena* a preexistir! Nem as conexões que operam definições e discursos são re-produções da conexão entre os entes. O que é pressuposto é simplesmente, *haplôs*, a unidade individual do este-aqui. E entre as formas da predicação e as conexões dos entes intramundanos relações de analogia e correspondência devem poder ser demonstradas. O *kategoreîn* é verdadeiro na medida em que mostra *funcionar* concretamente na representação dos entes. Mas não «representa» o *átomon* do manifesto *tóde ti* a não ser como rastro, sinal, referência a ele. Em seu dizer, imanente a seu dizer predicativo, está o signo-que-remete ao *tóde ti*. Não outro discurso, muito menos uma definição. O *lógos*, sem mudar em nada a própria estrutura, é em si, ao mesmo tempo, *signo da ousía* individual. Ele não é compreendido caso se esqueça ou se ignore esse seu ser-signo; caso se cancele do *lógos-horismós* o *semaínein*, apaga-se o sentido do próprio *lógos*, uma vez que este é tal na medida em que sempre, por fim, volta-se à ipseidade do ente reconhecendo-o como próprio fundamento — mas um fundamento que não pode dizer senão «silenciosamente», fazendo menção a ele.

O que pode significar, então, o *«lógos tês ousías»* sobre o qual se discute nos *Tópicos,* VIII, 3? Como compreender que o *lógos* torna manifesto justamente o *«tò tí ên eînai»* do ente (153a 15)? Qual *symploké* poderia exaustivamente corresponder à individualidade de sua *ousía*? É claro que nesse contexto se fala da definição resultante do emprego correto de categorias, gêneros, espécies — e seu emprego é correto, sua definição subsiste, quando abraça o conjunto completo dos predicados realmente predicáveis do ente. Mas a *ousía* é *antes* de todos os predicados, mesmo que aparecendo em todos como aquilo a que eles remetem. Na expressão *«tò tí ên eînai»*, no contexto dos *Tópicos*, ressoa a «regressão» aos conceitos que tornam possível a definição do ente. Mas aqui ela parece parar. A um ulterior e mais radical passo «para trás», que é «adiante», *prós*, para, *contra*, *gegen* a *alethés*, o fundamento infundável da *ousía*, passo que deixa no *lógos* seu rastro evidente, convida a *Metafísica*.

2.2. *Quod quid erat.* O *tóde ti* faz signo para a *ousía*; cada *ousía* é individual, mas não há uma única *ousía*. Não existe *ousía* universal, nem o termo pode ser assumido como um universal no pensamento (*diánoia*), que se exprime no *lógos*. Nenhum «universal» é hipostasiado, como se fosse um «objeto». Apenas existem *entes individuais*, sobre os quais é possível asseverar proposições *gerais*. Muitas e de diversa natureza, portanto, são as *ousíai*, das quais a metafísica quer ser ciência *plural*, mas seu sentido comum só poderá ser aquele retirado de todo o percurso desenvolvido até aqui: *ousía* é o que faz do ente *id quod est*, indubitavelmente presente e inconfundível em seu aparecer. Mas como deve ser compreendida essa presença? Seu ser *alethés* é sinônimo de absoluto desvelamento? A verdade de seu aparecer é assimilável ao *legómenon*, ao ente como predicado? E o *lógos*, por sua vez, manifesta-se de maneira exclusiva nas formas da predicação-definição? Essas perguntas são forçadas pela *referência* recíproca entre *tóde ti* e *ousía*.

A aporia, já implícita na distinção entre *ousía kyriótata legoméne* e *deúterai ousíai*, é esclarecida na *Metafísica*, 1028b 33: também a *ousía* é dita (*légetai*), analogamente ao *tò ón*, de muitos modos (*pleonachôs*). «Dicitur autem substantia-*ousía*, si non multiplicius, de quattuor máxime», mas os quatro modos não são absolutamente equivalentes. *Tò génos*, o gênero, é, no caso, *ousía* segunda; o gênero caracteriza o *tóde ti* exclusivamente em sua relação com os entes que compreende em si. Ainda menos poderá «tocar» a individualidade ou o *realissimum* do ente o universal (*tò kathólou*). Por outro lado, poderá a *ousía* ser compreendida como, literalmente, *substantia*, o que jaz como fundamento de todo ente, como sua matéria, *hýle*? Por certo, não, uma vez que nenhum ente é genericamente «material». Nada aparece que não esteja *assinalado*. A matéria em si é um universal mais abstrato do que a mais abstrata ideia (poderemos considerá-la uma *construção lógica*, cujos elementos constituintes sejam justamente os entes individuais, ou os particulares dos próprios entes, que, «quando acontece de estar presente um observador, podem se tornar *dados* do sentido daquele observador», B. Russell, *Misticismo e lógica*, 1917). Será *morphé*, então, o modo mais coerente de compreender a *ousia*? Isto é, a forma em que se especifica e determina tudo o que aparece, a forma em que cada ente se dá à visão (naquela conexão entre *eidos* e *theoría*, que estabelece o «fatal» primado do ver ao longo de todo o pensamento do Ocidente)? Mas nenhuma forma se manifesta a não ser *assinalando* uma matéria, e de modo algum podemos encontrar uma forma senão *de-senhando-a*.[2]

2   Cacciari, em um jogo com o termo *segnare* — que acima traduzimos por *assinalar*, mas que também significa *marcar* —, utiliza o verbo *disegnare* — *desenhar*. [N. T.]

Matéria e forma são inseparáveis e ao mesmo tempo constituem as condições do devir. Mas nem mesmo seu *sinolo* (seu formar, juntas, um *inteiro*) poderá valer como *lógos* definidor da *ousía*. Mesmo que seja *antes* da forma, que ela guie todo o processo que conduz a coisa a seu ser si mesma, a sua realização, compreende--se também que a forma é causa da coisa, ou a própria coisa teorizada no que a torna tal e não outra — resta a *ousía* que o ente é por si só e que nenhuma matéria específica e nenhuma forma universal parecem poder subsumir nem separadamente nem em sua *symploké*. Resta o quarto modo de compreendê-la: «*tò tí ên eînai*» (1029b 1 ss.). Parece-me que aqui acontece o aprofundamento decisivo, que ao mesmo tempo é «volta», do texto metafísico.

Considerando o problema em termos de pura coerência lógica, *logikôs*, é necessário afirmar, com base em todo o percurso realizado, que o «*tò tí ên eînai*» radicaliza e explicita o sentido de *ousía*. É preciso iniciar a partir da tradução; a expressão é gramaticalmente bastante clara: *quod quid erat esse*, o que o *tò ón* era. A presença do essente implica, por isso, um imperfeito. E o implica bem no momento em que com ele se pretende exprimir o *kath'hautó*, o para si simplíssimo. «Tolhe» qualquer pertencimento teu a espécie ou gênero, tudo o que partilhas ou de que participas, «tolhe» tudo o que te «compete» fazer ou padecer: eis o que és por ti mesmo, segundo a medida do «*tò tí ên eînai*». Se te predicasses por meio de algo que predico também a outro, não te predicarias segundo o que pertence exclusivamente à tua *ousía*. Isto é, não exprimirias a *ousía* segundo o modo do «*tò tí ên eînai*», uma vez que, por necessidade, acabarias por referi-la a outro. Acreditarei determinar para ti, mas, na realidade, determinarei apenas o que tens em comum com o outro. Portanto, a interrogação em torno da *ousía* diz respeito à definição do ente, mas parece concluir-se com esta aporia: poderia haver uma definição última, autêntico *horismós*, apenas onde se pudesse chegar a asseverá-la sem implicar o referimento de uma coisa a outra («*mè tôi állo kat'állou légesthai*»,

1030a 11). Todavia, esse referir-se talvez não seria constitutivo de toda predicação e de todo juízo? Não está implícito na própria pergunta «o que é o ente»? Como predicar algo que pertence somente a um ente, qualquer que seja ele? Poderíamos talvez responder pronunciando seu *nome próprio*. Mas o nome não é definição — mesmo que admitido que o nome não seja puramente arbitrário ou convencional. Mesmo assim, nem mesmo o *lógos* poderá satisfazer a pergunta, uma vez que opera por meio de conexões e conjugações, nas quais os termos assumem seu sentido apenas como elementos do conjunto. E, entretanto, cada um deles existe («resiste») por si, é; e, se esse seu «é» é esquecido ou apagado, parte-se o todo. Impredicável, talvez, mas necessário. O «*tò tí ên eînai*» é seu rastro evidente, imanente à disposição do discurso. É o rastro de uma definição que excede toda noção, de um horizonte sempre além, que, todavia, compreende em si tudo aquilo que do ente se consegue ver e predicar a cada vez de modo determinado.

A aporia é detectada com a máxima clareza. O *tò tí estin*, o «o que é», poderá ser compreendido de modo absoluto se indica a *ousía* primeira e de outro se se refere a cada uma das categorias. Com efeito, podemos nos perguntar «o que é» a qualidade ou a quantidade etc. (1030a 17-20). No entanto, resta o fato de que o «*tò tí ên eînai*» primeira e absolutamente pertence à *ousía*, e que apenas por analogia podemos atribuí-lo às categorias. A diferença é evidente: o «ser-aí» das categorias é em si determinação lógica, enquanto a *ousía* que faz signo do «*tò tí ên eînai*» é o maximamente real. E, portanto, as categorias, voltando-se sempre para a coisa, tendo sempre em mira o ente, aliás: provindo do *thaûma* que o ente produz, sempre deverão assinalar essa última «definição» do *tò ón*, que, por definição, escapa delas. Essa perspectiva abre a uma consideração diversa do ente, sem por isso constituir uma conclusão que coloque em crise o discurso até aqui desenvolvido. Ao contrário, exprime seu coroamento lógico. Todas as formas em que *tò ón* foi predicado, ou assumido como *legómenon*, realizam-se no «*tò tí ên eînai*», que as abre para o *semaínein*, à indicação do indefinível. O *semaínein* contesta tão pouco o *lógos* que resulta firmemente inscrito na estrutura do discurso em que este último se desenvolve. Mas nem mesmo o *lógos* o realiza fechando-o em si. Aqui a realização se torna abertura. O *lógos* não pode, segundo o próprio *méthodos*, mostrar-se conclusivo. A evidência que chega não é a última palavra — ou melhor, não é a última luz. Última é a luz que ilumina a *não-presença,* isto é, a «impotência» do discurso a resolver em si, como pura presença, o «*tò tí ên eînai*» do ente.

Assim, parece que «*tò tí ên eînai*» e o que cada ente é por si mesmo são uma única e mesma coisa (1031b 8-10). Mas como será possível chegar à *epistéme* do ente se não se conhece o que o constitui essencialmente em sua singularidade? E isso poderia levar a uma aporia que na sequência não teria condições de ser desenvolvida ou a conclusões puramente céticas. Se a *ousía* não é nem universal nem composta de universais, será *asýntheton* (1039a 17-18), refratária ontologicamente a qualquer conexão ou conjugação. Mas o *lógos* é conexão. O *lógos*, então, não terá nada a ver com a *ousía*? Tem a ver de modo tão essencial a ponto de só se referir a ela. De múltiplos modos o *lógos* predica o ente. Mas, de todos, reconhece também o limite. E é *lógos* enquanto mostra a consciência do próprio limite, o horizonte do próprio definir. Esse limite se mostra no último termo que diz a *ousía*, e que de modo algum tolhe ou supera os precedentes. «*Tò tí ên eînai*» indica aquilo que excede toda definição da *ousía* como matéria, forma, sínolo, potência, ato, em suas recíprocas conexões, mas não no sentido que para ela constitua uma definição mais geral. A expressão não indica algo mais universal, mas, em vez disso, o *realissimum* jamais conceitualizável da presença do ente.

Podemos colocar uma separação qualquer de princípio, *logikôs*, entre o «*tò tí ên eînai*» atribuível às *ousíai* sensíveis, intramundanas, corruptíveis e as dos entes que sempre são? O ente corruptível é composto de matéria e forma, e compreendê-lo exige alcançar sua causa. Mas isso nos parece tão definido como o Ente supremo. No primeiro, é um movimento, um processo que conduziu a essa concretude determinada. O outro, ao contrário, é não gerado, eterno. Mas, na qualidade de essentes, ambos ipseidade. Mudam as formas da predicação — não pode falhar a impredicabilidade do «*tò tí ên eînai*». O texto metafísico chega aqui a uma tensão extrema: a procura desse horizonte último do ente não será então um procurar *nada*? «Pergunta-se o porquê sempre neste sentido: por que algo convém a outra coisa» (1041a 10-11). Se perguntamos por que *esta* coisa é ela mesma, o que procuramos? Se não colocamos o *este* em referência a um outro de si, como podemos defini-lo? Definir é mostrar a diferença entre *este* e *outro*, e, portanto, colocar em relação com o outro de si. E então? É evidente que perguntando o que é o ente nós procuramos essencialmente sua *causa* (1041a 27). «*Tò tí ên eînai*» se declina assim no conceito de causa, e a causa primeira (o *eidos*) será a forma que determina ou assinala a matéria (1041b 8-9). Mas assim, portanto, *declina-se*; a voz originária permanece aquela da *ousía kyriótata legoméne* que é própria de *cada ente*. E a própria causa para poder mostrar-se como efetiva causa *desta coisa* deveria indicar a própria indivídua singularidade. Talvez, então, «*tò tí ên eînai*» não seja objeto de pesquisa, se pesquisar significa determinar-definir. Mas a pesquisa nem mesmo teria lugar se não se mostrasse, *alethés*, o essente — e o essente assinala *sempre* o indefinível da própria e concretíssima singularidade. Ao *é* que indica seu nu existir, e que *não-é* a cópula por meio da qual ele é colocado em relação com outro para poder analisá-lo e julgá-lo. Esse *não-é* em relação ao ente como *legómenon* assinala a originária abertura do *thaûma* e desvela o *Magnum opus* do *kategoreîn*, justamente quando o horizonte atingido por este último parecia querer concluir tudo.

Que esse rastro ou referência seja imanente ao texto que procuramos escutar parece mostrar-se evidente no final do Livro VII. Se procurar o porquê do ente significa procurar sua causa, e a primeira causa é o *eîdos* que lhe assinala-determina a matéria, mas que não pode dar-se senão imanente nela, a explicação do «*tò tí ên eînai*», que parecia exaurir a interrogação sobre os significados de *ousía*, torna a ficar problemática. O ente sensível composto (que não é um monte, *soros*, de elementos justapostos, mas, antes, uma *sillaba*, algo não redutível às letras que a compõem assim como a carne não é apenas fogo e terra, 1041b 11 ss.) impõe a procura de uma causa que não pode ser, por sua vez, nem elemento nem composto de elementos, caso não se queira cair em uma regressão ao infinito. *Tò ón*, o essente em sua individualidade, *cada* essente, é irredutível ao «monte» de seus componentes, é *uno*, porquanto em toda parte ele possa resultar precisamente analisável. A consideração do ente como parte de um todo não pode esconder aquela segundo a qual cada um, em si, forma um todo. Sua presença remete a uma causa, que não pode ser explicada simplesmente dando razão à soma de seus elementos. E essa será sua *ousía*. Mas com qual nome indicar «aquilo» que faz nascer *tóde ti*, justamente *este*, segundo esse caráter singular, composto, por certo, de partes, mas irredutível a elas? Como fazer signo da causa da *ousía*, uma vez que *ousía* seja dita segundo o «*tò tí ên eînai*»? Aqui reaparece a arcaica palavra: *phýsis*. A *ousía* se constitui, em sua integridade, *katà phýsin*, segundo a *phýsis*. Physis não deve ser entendida como *stoicheîon*, elemento material, mas *arché*. Início, comando, princípio é Physis, «aquilo» que faz com que a *ousía* do ente nunca seja um «monte», aquilo que dá a cada ente a *sua* forma. À pergunta «*tò tí ên eînai*» corresponde, por fim, não esta ou aquela causa determinada, mas a própria *arché* que desde o início guia e informa, e, como tal, permanece indeterminável. Última «substância» é Physis (1041b 30), princípio da indivídua presença de todo ente, presente em cada um, na concretude de seu ser sínolo, mas jamais presente em si, em sua inteireza. Jamais se poderá, por isso, chegar a «traduzir» de fato «*tò tí ên eînai*» antes de ter «traduzido» Physis. Agora podemos tentar apenas provisoriamente.

Quod quid erat esse, dizia a Escolástica, ou *quidditas, vel essentia*. As expressões de fato não são equivalentes. *Quidditas* ou *essentia* poderiam, de forma muito melhor, traduzir *ousía*. É evidente o sentido dessa tradução: «*tò tí ên eînai*» é aqui compreendido como aprofundamento-radicalização de *ousía*, isto é, na mesma perspectiva do significado desse último termo. Qualquer rastro de desvio ou de volta é apagado. O problema ainda é reduzido ao das formas de predicação do essente, considerado, digamos, em sua «tremenda» seriedade, *quo talis*. Do mesmo modo, afirma-se a perfeita continuidade entre *física* e *metafísica*, entre ontologia como discurso sobre as substâncias sensíveis e compostas e teologia como discurso sobre o Ente suprassensível, puro ato. E não há dúvida: todas as *ousíai* são ontologicamente conexas, e, por isso, a respeito delas pode haver *uma* ciência. Nada de *hyperoúsion*! Nada que não seja *ousía*. Mas esse indubitável «parricídio» em relação a Platão significa que à *ousía* correspondem perfeitamente os termos do *lógos apophantikós*? Que as formas do *lógos* são isomórficas à *ousía* dos entes? Em suma, que o ente-dito, *legómenon*, é o ente real, *quo talis, alethés*, como ele se mostra diante de nós? «*Tò tí ên eînai*» não é nada de *hyperoúsion* — mas, por isso, é também efetivamente predicável? Ou sua definição indica, antes, o limite do definível? O que assinala a passagem da *ousía* ao «*tò tí ên eînai*»? Podemos articular a *ousía* segundo os múltiplos significados do ente, mas justamente essa operação se revela problemática para o «*tò tí ên eînai*», que ainda estaria indicando a absoluta ipseidade do próprio ente. Aqui, quase parece que se está procurando por *nada*, ou, porque este é este, recorrendo a termos exclusivamente atribuíveis ao *este* e que não convêm a mais nenhum outro. E, todavia, o *este* significa a *ousía primeira*, irrenunciável, da qual a própria busca surgiu e à qual é preciso voltar, se o círculo do saber deve ser salvo. Mas o círculo inicia determinando-definindo e se conclui, pelo contrário, indicando «aquilo» que do ente não parece poder ser definido. Este «aquilo» faz signo de si no «*tò tí ên eînai*». Presença e epifania: a da *ousía* do ente. E assim a diz o presente de *eînai*: *estí*. Mas o ente *não* é apenas *estí*, não é só presença. O ente «era» o que *nesta* presença se esconde, era a causa que deixou essa *coisa* em sua própria singularidade, aquilo que a gerou nessa forma indivídua. E podemos remontar a essa origem apenas *imperfeitamente*. Ou seja, nunca poderemos fazê-la presente, reduzi-la ao presente perfeito do *theoreîn*. Nenhum essente tem *uma* causa. Esta, por isso, só é indicável no *imperfeito*. O essente, indicado segundo o «*tò tí ên eînai*», *era*, em sua causa, de modo precedente a qualquer predicação, a qualquer *lógos*. *Ipsum ens erat*, «antes» de aparecer para nós como a *ousía* que o discurso pode determinar. Maravilha e desânimo que sempre acompanham o pensar e sempre o «desorientam» em sua natural tendência a manter o ente perfeitamente *legómenon* e a reduzi-lo ao presente do ato que o predica. Mas o imperfeito, *ên*, de fato não tolhe o presente, o particípio presente, *tò ón*, que indica o movimento aqui-e-agora do essente em seu ser todo-composto e em seu participar do todo. Imperfeita é a própria presença. O tempo presente da relação *ousía-legómenon* tem em si o imperfeito que faz signo para a imemorável *phýsis* do essente, assim como o *ên*, o *era*, só é compreendido no coração da presença, parando nela, por meio da *epistéme* que determina seus elementos e formas.

No *De interpretatione* se dizia: afirmar que um ente simplesmente como tal *é* não significa nada. Verbos e nomes predicam algo (em seu ligar-se em um discurso), mas por si só não dizem, de fato, que o *legómenon* do qual tratam *é*. Em outros termos, o *é* do discurso seria apenas cópula: a conjunção «que não é possível pensar sem os termos que conjuga» (16b 19-25).

A afirmação «que é» não define nenhum ente. Mas, vimos, na predicação o ente subsiste apenas como conexo àquilo que ele *não-é*, ao outro de si. «Qui attingit rem in diffinitione, attingit rem in alteritate», diz uma das *Conclusões* de Pico, evidentemente inspirada em Nicolau de Cusa. Mas como chegar ao ente *in praecisione suae unionis*, naquilo que o constitui precisamente por si mesmo, em sua indivídua e singular unidade? Essa via não é praticável por meio do *kategoreîn*, uma vez que é impossível predicar algo (por meio da cópula) sem lhe atribuir nada além dele mesmo. Essa via é, por isso, apenas pensável? Muito mais: ela é imposta pelo próprio horizonte ao qual chega o *lógos-horismós*. O *tò ón*, a presença do ente que ressoa em *ousía*, não-é sem o «*tò tí ên eînai*», não-é sem a proveniência da *phýsis* que é a causa última de sua forma. O *lógos* sempre se dirigirá a ela no *imperfeito*, deverá sempre *declinar* no imperfeito as formas por meio das quais se dirige a essa *arché*. Mas se trata da forma em que se faz signo para a própria *haecceitas* do ente! Com o imperfeito não se indica nada de abstrato ou vago; não é possível usar o presente para dizer, *justamente da pura presença*, o que constitutivamente escapa da rede, da *symploké* do *lógos*. O imperfeito é, no discurso, o rastro de seu horizonte-limite e, ao mesmo tempo, da pré-potência de Physis re-velando-se no rosto de todo essente.

O texto metafísico «conclui» assinalando a diferença imanente da coisa mesma, que o próprio essente re-vela: seu ser-aí presente re-vela seu eterno e sustentador passado. Não um não passado seu morto, mas seu *im-perfeito*. Sempre a coisa «era» em relação ao ser-dita aqui-e-agora, e assim seu ser-dita permanece sempre im-perfeito em relação ao «*tò tí ên eînai*». O percurso da *tóde ti* para a *ousía* e para o «*tò tí ên eînai*» não se desenvolve, de fato, em uma linear continuidade, mas de modo aporético, ressaltando a diferença entre seus momentos. A presença determinada do ente, *tò ón*, não remete ao *infinito* de «ser» — mesmo que essa permaneça uma diferença a ser considerada —, mas ao «*tò tí ên eînai*» constitutivo da *ousía* do próprio ente. A diferença é absolutamente imanente à *ousía*, à presença, que não pode, por isso, ser compreendida *unívoca*. Com maior razão, essa diferença vai além daquela, óbvia, e a respeito da qual Aristóteles é de todo consciente, entre *ónta* e *legómena*, uma vez que esta está como fundamento da própria *epistéme*, isto é, da busca voltada para fazer corresponder a conexão do discurso àquela conexão real dos *prágmata*. Se a ordem dos *verba* re-presentasse perfeitamente a das *res* não haveria busca, interrogação e, portanto, nem mesmo ciência. Representar é constitutivamente imperfeito — e este só pode ser compreendido com clareza quando se descobre não poder predicar *logikôs* o «*tò tí ên eînai*», o im-perfeito do ser-aí do essente. Nenhuma iluminação repentina; apenas o *méthodos* da própria ciência chega a esse êxito. A diferença fundamental não se dá entre ente e outro do ente, mas é constitutiva do ente, e deverá, por isso, ser invocada por todo discurso ontologicamente válido. O *méthodos* por meio do qual se chega a formulá-la é todo definível. E é ele, não qualquer intuição «superior», qualquer arcana *sophía*, que se desvela no *semaínein* «*quod quid erat*», no indicar e considerar o essente, como é necessário, segundo sua *quidditas* ou *haecceitas*. *Semaínein*, por isso, não pode de forma alguma ser tratado como um equivalente de *légein* e muito menos de *kategoreîn*. É o signo evidente, o rastro daquilo que torna a interrogação irredutível ao presente, ao *agora* da presença do ente. Mas aquilo que é possível porque a própria presença do ente é *mais-que-presente*. Por isso, não falta a instância ontológica. O *semaínein* não implica que a *ousía* valha, então, como pura categoria lógica, capaz apenas de fazer signo do *tóde ti* (como pretende Colli, traduzindo *Categorias*, 3b 10). O *semaínein* revela, pelo contrário, como o próprio ente predicável, *legómenon*, deve também aparecer, sob outro aspecto, impredicável. Mas esse seu aspecto não é de fato da própria natureza dos outros, não é de fato um dentre os outros significados do *tò ón*. Exprime o último e imprescindível, uma vez que diz respeito à própria ipseidade do *tóde ti*, jamais perfeitamente presente e, por isso, nunca dominável. Corresponder à Physis que nessa singularidade se re-vela representa a destinação infinita do pensar.

Ao Uno remetem todas as *ousíai*; aquilo que liga todas elas, daquelas sensíveis ao sumo Ente, é o ser-uno de cada uma. E una é também esta ou aquela categoria, esta ou aquela *ousíai* segunda. Esse Uno é todavia numerável, uma vez que imanente ao múltiplo das *ousíai*, e não se dá senão como unidade de cada uma delas. É o Uno que as conta e determina. E, no entanto, também aqui o rastro leva além: esses multi-uno indicam em seu conjunto a Physis como *a* Ousia. Mas Physis não é determinável como um essente, nem como complexo, conexão de essentes; nem mesmo sua unidade pode equivaler àquela que caracteriza cada uma das *ousíai*. O Uno da Physis (e é necessário que seja Uno se é *ousía*) marca, portanto, uma *diferença ontológica* em relação àquele da totalidade dos outros essentes. Trata-se da explicitação da diferença já interrogada entre *ousía* e «*tò tí ên eînai*». O Uno de Physis é o Uno que compreende em si o «*tò tí ên eînai*» de cada ente, a causa última por meio da qual cada coisa é simplesmente aquilo que é. Pressuposto de todo *thaumázein* e conclusão reveladora de todo *lógos*. Esquecê-lo ou apagar seus rastros significa acreditar que o universal lógico pode subsumir em si a presença do ente; esquecer que a *alethés* da coisa, do *prâgma*, revela *quod quid erat*, que a presença-*ousía* se declina sempre também no im-perfeito, significa apagar nas formas universais da predicação o selo da singularidade irredutível de cada ente, do *ídion* que marca a própria coisa, e com isso seu *diferir* do *lógos*. O Uno ao qual remete a Physis-*ousía* é o Uno que salva em si o porquê da singularidade de cada um dos essentes. Porque sem porquê, correspondente ao *thaûma* que está na origem e que sempre se renova. Círculo paradoxal, *aberto* a seu início tanto como a seu fim.

2.2.1. *Non alia sed haec vita sempiterna.* O aparecer do ente não pode coincidir com o aparecer da totalidade, da inteireza de suas determinações. Segundo o discurso da «lógica», a coisa coincidiria, então, com *toda* a classe de suas aparências segundo as diversas perspectivas em que resulta perceptível. Mas desse «termo» é possível, na realidade, apenas aproximar-se infinitamente. A singularidade do ente não se manifesta de forma integral na finitude do aparecer. Em um só evento, no este-aqui determinado, não pode exaurir-se o aparecer do essente em sua substância última e em verdade. Aqui a *diferença*, que de fato não é cisão ou separação. O aparecer aqui-e-agora do ente, seu ser *phainómeno*, está necessariamente em relação com sua totalidade ou inteireza. Indica seu *pre-existir,* faz signo para seu ser eterno. Mas seu Uno, a unidade eterna de todas as suas determinações e de todas as formas de seu aparecer fenomênico, não aparece. Podemos dizer — comentando Severino e discutindo com ele — que a Luz ou o Céu da verdade dos essentes jamais se manifesta na finitude do aparecer: aí apenas se re-vela. Nosso Céu é atravessado não só por bandos de pássaros, mas por nuvens que com o Céu partilham a essência, que são sua sombra perene, e a Luz nos vem apenas filtrada por elas. A verdade do ente só aparece na luz do fenômeno, ou, simplesmente, aparece. O aparecer está sempre em função da perspectiva daquele para quem aparece e do meio que sempre se interpõe, a impedir toda direta relação entre coisa e *perceptum* (a singularidade inicial da coisa é sempre pressuposta, mas nenhuma equação está à altura de descrevê-la). O aparecer como tal, sua Luz, permanece indeterminável na finitude do aparecer. Mas, caso se pretendesse aniquilar tal finitude, caso se avançasse a instância de um *theoreîn* capaz de eliminar-lhe o véu, então a posição se tornaria em tudo análoga à que considera o essente perfeitamente redutível ao *legómenon.* Em ambos os casos, que eu considere o essente uma pura presença de fato logicamente determinável, ou que afirme *vê-lo* em sua eternidade, avanço sempre a instância fundamental de poder com perfeição o ver-*comprehendere* em sua inteireza ou verdade. A superação da concepção do ente como oscilante devir entre não-é e não-é não pode significar aniquilamento da finitude do evento. Estamos imersos em seu aparecer. Nele, não podem se manifestar nem a imediatidade singular do ente nem a totalidade dos entes. No aparecer são apenas aparências, *Erscheinungen*, que podem aparecer. Então, é uma errância tanto crer que tais aparências são a verdade do essente quanto crer que são meras aparências, privadas de toda relação essencial com a verdade, ou meras representações que nenhuma função liga à própria matéria da coisa (substância, aqui, no sentido da *hýle*), esquecendo assim a Luz intranscendível em que todo aparecer está imerso, mas que jamais se manifesta como tal.

Ultrapassar a *concepção* niilista do tempo e do devir não pode coincidir com a superação da finitude. Só podemos pensar de modo processual, não simultâneo. Só podemos pensar *dis-correndo*. Já pensar a eternidade do essente não pode ser um simples intuí-lo. Um desvelamento *fanerológico* pleno do essente é impossível nos limites da linguagem-*lógos*; nestes, dá-se apenas uma fenomenologia. Todavia tão impossível quanto é colocar uma abstrata separação entre as duas dimensões. Já definir a contradição comporta não permanecer dela prisioneiro. Na linguagem que testemunha o destino (mas não pode ser seu Aparecer, porque já o fato de designá-lo altera sua face) aparecem rastros da Alegria que é a superação não abstrata da própria contradição. A própria linguagem, uma vez que coloca em questão as linguagens que predicam apenas a terra isolada, torna-se um rastro desse tipo. Essa linha — de *Oltre il linguaggio* (1992) a *Oltrepassare* (2007)[3] — não me parece em contraste com o caminho que aqui se desenvolve, voltado para revelar o «inconsciente» ou «inaudito» sobre o *ón*, que se re-vela

3 Ambos, textos de Emanuele Severino. [N. T.]

no discurso metafísico. O contraste, nesse caso, diz respeito a *éschaton*: Alegria não será plenitude e integridade, desvelamento pleno do Aparecer, mas intuição da eternidade-verdade do essente, uma vez que custódia em si da própria *léthe* inapreensível. O apagamento de *léthe* faz dessa dimensão do atual aparecer do ente (como o discurso o toma) algo que, em si, não participando de sua eternidade, o «testemunho do destino» considera nada. Mas tal testemunho contradiz a si próprio no momento em que afirma «não-é».

O que aparece? Por certo, aparece a variação — e, claro, o aparecer das variações é niilisticamente assumido pelas linguagens do Ocidente como um tornar-se outro de si, até a forma extrema desse tornar-se-outro, que é o tornar-se-nada. A essa consideração do ente, Severino opôs outra, por meio da qual o aparecer das variações, e o próprio transformar-se do ente, são o sobrevir e o sair dos essentes eternos do círculo do Aparecer. Isso significa que os eternos *aparecem*. A loucura não consiste em considerá-los aparências, mas em separar seu aparecer de seu ser-eterno, em vê-los apenas como fenômenos e em reduzir o fenômeno ao contingente. Mas, se devem aparecer, não podem, no aparecer, mostrar, a cada vez, o próprio ser *aiônico*. Essa finitude torna inevitável a própria errância: a possibilidade desta última se funda, com efeito, na impossibilidade de que a verdade ou eternidade do essente anule o fenômeno em seu necessário aparecer iridescente. A superação da confusão é, por isso, apenas abstratamente pensável, uma vez que tal superação coincidiria com o anular-se do finito. (Se o próprio erro é um eterno, como diz Severino, que valor é possível dar a expressões que indicam sua superação ou realização? O erro é eternamente ultrapassado, como o sonho pelo despertar. A eternidade de todo essente não tem nada a esperar, e da mesma forma deverá ser para o erro, para o discurso que isola a aparência em seu ser-aparente.) A consideração do essente chega a ponto de apreender sua irredutibilidade à presença determi-

nável, a ponto de conceber sua singular *necessidade*, a abrir-
-se, no interior do «*tò tí ên eînai*», a seu *próprio* pré-existir — e,
todavia, a Verdade do próprio eterno Aparecer e a Luz que no
Aparecer torna visível a eternidade do essente podem ser indicadas, ao final do *méthodos* do *lógos,* mas jamais predicadas.
Nem mesmo na Alegria o poderão, uma vez que ela não é «discursiva». Sua experiência comporta a identidade entre Luz ilu-
minante e Luz do próprio olhar que naquela se «endeusa»: uma
perfeita *clarificatio* do olhar. A coisa esplende em sua Luz, e a
Luz daquilo que «era» saber-conhecer, e que *agora* é Alegria,
lhe corresponde.

Quais rastros essa Luz encontra na linguagem? O mais potente é o do *élenchos*, da refutação do «inegável» niilismo que
é o Senhor dos «habitantes do tempo» (aqui, a meu ver, o discurso de Severino chega a sua força máxima). Nada começa a
ser; loucura pensar o devir do essente a partir do na-da.[4] Todo
essente é — e «simplesmente» aparece (e seu aparecer, como
já vimos, jamais poderá coincidir com a manifestação de sua
inteireza). Nenhuma experiência pode dizer qual é a sorte do
essente quando não aparece. O niilismo afirma que *não-é* mais,
que cessou de ser. Mas essa ideia — de que o não-aparente seja
nada — não é atestável por nenhuma experiência. Ela permanece uma pura ideia, aliás, contradita pelo fato de que o próprio
senso comum tende a pensar como «real» a coisa enquanto per-
siste em ser, mesmo quando não é percebida.

Mas não seria possível sustentar o mesmo também para
a afirmação de que o que saiu do círculo da aparência todavia continua a ser? Não é também esta uma ideia? Por certo,
não podemos fazer experiência dela, mas podemos dizer que,
nesse caso, não é a experiência o metro a partir do qual julgá-la.

---

4 O jogo de linguagem utilizado por Cacciari — *ni-ente* — perde inteli-
gibilidade em português, uma vez que, como no inglês, o termo *nada*, em
italiano, forma-se com a negação (*ni*) do ente (*ente*). [N. T.]

O fato de que o ente *é* e continua a ser ele mesmo, além do círculo do aparecer, pode ser afirmado sobre a base *inegável* de que do Nada nenhum essente pode vir, e sobre o fundamento de o «*tò tí ên eînai*» concluir que o mesmo *ainda será*. Mas se trata de um discurso, o qual não podemos representar em uma real experiência. Caso o pretendesse, a crítica que leva ao niilismo não se retorceria e se voltaria necessariamente contra ele? A experiência conduz, com efeito, apenas à certeza «negativa» em torno da impossibilidade de sustentar que, saindo do aparecer, o essente cesse de ser. E, além disso, com base na experiência (realizada pelo mesmo caminho de «Europa o Filosofia»), estão, por certo, à altura de mostrar o que significa conceber o essente como contínuo tornar-se outro de si, como, concebido dessa forma, parece ele próprio, por fim, *requerer* ser transformado, violado, consumado. A experiência diz a diferença radical entre conceber o ente *sub specie nihili* ou, pelo contrário, *sub specie aeternitatis* (este, para Wittgenstein, é o modo como apenas a obra de arte pode chegar a concebê-lo), mas não pode *mostrar* a eternidade de todo essente, nem a totalidade dos essentes, isto é, a inseparabilidade de todo essente do todo do Aparecer. Mas é eliminável, então, a referência ao *possível*? O ente que é, é sempre o ente que *pode* aparecer, que, mesmo sempre sendo, pode ou não se dar na forma do *phainómenon*. Mas não podemos dizer que é, a não ser quando aparece, quando sua potência de aparecer se faz ato. O automanifestar-se do ente não pode excluir ser pensado como o que *podia* manifestar-se. De modo algum a forma do manifestar-se do essente é pré-determinável; dizemos eterno aquilo que aparece, mas nada sabemos dos eternos que *podem* aparecer. Não podemos isolar o eterno do essente que aparece do eterno do infinitamente Compossível, do qual todo essente-eterno provém. Nem tudo aparece; o que aparece não é o Céu do Aparecer; a luz que consente ver as aparências não é a Luz do Céu do Aparecer.

Nesse Céu, tudo *está*, mas de modo algum podemos afirmar que aquilo que nele *está* deva aparecer.

2.2.2. *Divinum determinatum.* Os termos da questão sobre a redutibilidade do essente a seu aparecer determinado são colocados de modo radicalmente diverso nos grandes comentários medievais, tanto árabes quanto latinos, da *Metafísica*. Porquanto substanciais diferenças intercorrem entre eles, a empresa *onto-teo-lógica* se apresenta com tal compacidade a ponto de impedir qualquer ulterior «referência».

Ens soa aqui como *prima conceptio intellectus*, a primeira e mais geral das noções, muito mais do que como *tò ón*, em si e para si essente. A interrogação sobre a *quidditas* do *ens* não se desenvolve na direção do «*tò tí ên eînai*», mas para, podemos dizer, na *ousía*. O problema do imperfeito parece perder toda relevância e interesse. *Quidditas* ou *essentia* significa *quod quid est*, aquilo que o ente *é*. *Res* será dito o ente definido segundo sua essência; *ens*, se pelo contrário o dissermos apenas como tendo o ser, se o considerarmos apenas pelo fato de que é, sem ulteriormente determiná-lo. Portanto, a essência, *quidditas*, apenas especifica-determina o *esse*. A essência desenvolve a fundamental função, na metafísica tomista, de limitar o *esse* e, assim, permitir explicar a multiplicidade das coisas-*res*. A essência de cada coisa explica o «quanto de ser» dessa coisa, o grau de sua participação na plenitude do ser. Uma vez que cada coisa *não-é*, portanto, senão na medida em que participa do ser. Por isso, os entes aparecem todos «limitados» em seu ser; seu *actus essendi* é sempre finito, e justamente esse limite designa, no fundo, sua *quidditas*. Enquanto no «*tò tí ên eînai*» se tocava o horizonte último da *entidade do ente*, aqui a *quidditas* exprime a *participação* do ente no ser, ou melhor, o fato de que o ente propriamente é-existe apenas por participação. Mas não se trata de uma «referência» ao ser, que possa abrir à consideração da *diferença* entre ser e ente. O ser, que a essência do ente realiza em *actus essendi* determinados, não tem, em última instância, nada de geral, universal, comum. O *esse commune* permanece como abstração intelectual, que nunca poderia explicar a *actualitas* das *res*. É o *Esse divinum*, absolutamente existente, que faz-ser os entes, que os torna partícipes da suma perfeição, *perfectio omnium perfectionum*: existir, portanto. *Esse ipsum* é Deus, causa da essência determinada de cada coisa. Mas isso significa que *in re* essência e existência se distinguem ontologicamente, e que só Deus «est igitur ipse sua essentia» (*Contra os gentios,* I, 21, 3). *Esse* e *ens* acabam coincidindo uma vez que Nele o *esse* é perfeito em seu pleno existir e o existir é a própria essência de Deus. Por isso, o *Esse ipsum* deve dizer-se *Ens divinum,* ou «divinum esse est determinatum» (*Super Sententiis,* I, d. 8, q. 4). Todas elas expressões recorrentes por toda parte em Tomás e que sublinham como o círculo entre os múltiplos graus de «perfeição» das *quidditates* e o *perfectissimum omnium* do *Ipsum Esse* deve ser compreendido como realizado e insuperável. A *quidditas* de todo ente encontra nele explicação e definição. A causa do ente já não é interrogada segundo o *semaínein* que indica o «*tò tí ên eînai*»; sem dúvida e verdadeiramente, ela é *encontrada* no *ens divinum*. A diferença entre as *ousíai,* que marca o «pluralismo» ontológico da *Metafísica*, não só não comporta como exclui, pelo contrário, o fato de que se possa atribuir o *ipsum esse* a apenas um Ente. Todas as *ousíai* participam do ser, no sentido de que todas pertencem ao horizonte do *tò ón*. E sobre o *tò ón,* sobre o *tóde ti,* sobre a *ousía* nos interrogamos, não sobre o *ipsum esse,* de todo comum ou abstrato, por um lado, ou apenas divino, por outro, o qual, por sua vez, «converte-se» *immediate* em Ente.

É certo que a metafísica pensa o ente sensível, intramundano, composto de potência e ato, matéria e forma, e necessariamente marcado também pelo *symbebekós,* diferente *radicitus* das *ousíai* em movimento, mas eternas, e pelo Ato puro do Theos, que tudo move atraindo para si. Mas todas são *ousíai* com mesmo título e nenhuma dá o *esse quo talis* às outras. Os *ónta aisthetá*, os entes sensíveis, não são os únicos; um raciocínio essencialmente *físico* explica. Deve haver outra *ousía* além daquelas que constituem a natureza sensível, ou não poderá haver demonstração da motilidade do essente em geral. E o discurso demonstra que a causa desse movimento é a *Causa causarum*. A *arché* primeira é apenas «*tò prôton tôn ónton*» (1073a 23-24), o primeiro *dos entes*, o qual não manifesta, na evidência de seu existir, senão o fim imanente de cada um: realizar-se, *perficersi*, mostrar-se *vida em ato, enérgeia zoé*. Todo o sistema se desvenda como análises das *consequentia* do *ens in quantum est ens*. A *ousía* de todos os outros essentes não depende do Deus enquanto *são* (e, portanto, enquanto não teriam em si a razão do próprio existir), mas enquanto vivendo se movem, agem e o *tempo-chrónos* marca seu movimento. Quando o imperfeito de sua *ousía-presença* se define *actu* na Presença do Ente supremo, quando ao *quid* daquilo que *era* sua presença se responde com a absolutamente última Causa, com a perfeita Coisa-Causa, então apenas pode falhar a ideia da *diferença* ontológica, e Ente e Ser podem converter-se perfeitamente um no outro. Mas, se o ente em sua própria *ousía* jamais pode ser predicado, em nenhuma de suas partes, com o simples infinito «ser», como *ipsum esse*, como ser em geral, mas sempre declinado no *estí*, justamente sua determinabilidade categorial desvelará aquilo que dele permanece indeterminável — e aqui, no coração do *tò ón,* se colocará a *diferença*.

O *ens actu existens infinitum*, o Ente *idêntico* ao *ipsum esse*, em seu *Nunc aeternum*, em seu Agora, anula a diferença que fazia signo de si na relação entre a presença da *ousía*, de *toda* «substância», e seu aparecer junto como *quid quod erat esse*. O *esse* da metafísica (justamente em sua relação essencial com *tà physiká*, aliás, de forma mais radical, com a Physis) é sempre o *é* de cada *ousía*, todas comuns no possuir o *é*. Nenhuma pode afirmar gozar do ser *ao infinito*. É *forma* o Motor imóvel mesmo — perfeitamente predicável como necessária realização de todo o sistema. A perfeição de tal forma, pensamento-de-pensamento, supera e resolve a fecunda aporia que se abria na vontade de compreender a singularidade essencial do *tóde ti*? Parece que essa conclusão será imperiosa, caso assumamos literalmente a *teologia* aristotélica. Seu Theos por certo conhece apenas o Agora eterno. Mas, todavia, existe como todos os outros essentes (e não é, além disso, pensamento-de-pensamento *todo* pensamento?). O *tò ón* se predica *unívoco*. Não há ente que possa dizer-se contingente enquanto de outro ente deriva seu simples e nu existir. E então o *é*, ainda que *declinação* do ser-infinito, não poderá compreender-se em sua realidade sem a possibilidade do «era» que faz signo para o *a-óriston*, para o «tempo» que indica o sempre indeterminável.

Se a consideração do ente como tal, isto é, a metafísica, conclui-se na perfeita *theoría* do Ente, participando do ser-sem-essência do qual apenas os outros entes são (posto que dizer essência é dizer determinação e, portanto, negação de seu ser absoluto), então todo *im-perfeito*, no passado como no futuro, *deve* ser excluído ou reduzido a mera contingência. Mas, com isso mesmo, acaba por se excluir qualquer possibilidade de compreender «aquilo» que excede o horizonte da definição. A consequência epocal desse «apagamento» talvez ainda não tenha sido adequadamente pensada. Uma vez que a *Causa causarum*, sua verdade, não é concebida como *indaganda*, mas já como indagada e, por fim, subsumida nas determinações últimas do próprio discurso metafísico, «aquilo» que excede toda determinação de *ousía* torna-se «objeto» de um saber que excede o filosófico. Se nenhuma ciência pode se constituir a não ser em torno do ente, e o ente é em si pensado como todo determinável, todo subsumível no *legómeno*, apenas *além* dos limites de seu discurso será possível, então, «tocar-se» o infinito impredicável. O teo-lógico se identifica assim com o metafísico, e o místico cessa de poder ser compreendido de modo filosófico. A conclusão do caminho metafísico-teológico não pode mostrar-se nem como mistério nem como *adveniens* (o Ente *ipsum esse* é, e basta, não foi nem será: *Ego sum qui sum*), e o impredicável, o que se mostra irredutível ao *lógos apophantikós*, será reduzido a puro mistério *para além do essente*. Como então uma *sacra doctrina*, que quer custodiar em si a noção de que «incomprehensibilia esse» (*Contra os gentios*, I, 8), dispõe-se e se estrutura — no sentido de mostrar o próprio acordo com a metafísica (que é também *teologia naturalis*), ou naquele de uma exegese do *Revelatum*, ou, ainda, no sentido de uma perene luta *contra si mesma*, justamente com o intuito de fugir da tentação inevitável de querer se «provar» — é de todo secundário em relação à questão fundamental: o ente é tudo aquilo que pode ser predicado, e a ele se opõe *o místico*, em uma acepção exclusivamente suprassensível, supramundana, que não diz respeito, por fim, senão à experiência absolutamente subjetiva e imparticipável do singular (tornando com isso mesmo de todo evanescente a fundamental diferença, que deve sempre ser invocada justamente na experiência mística, entre psicológico e espiritual).

A posição do neoplatonismo deve ser reportada e compreendida nesse contexto. Em seus momentos mais altos, ele representa a tentativa de indicar o Místico como racional realização do discurso metafísico. Mas a tentativa não seria capaz de dar certo sem retraçar, *imanente ao próprio texto metafísico* — isto é, imanente à própria *ousía* —, a diferença entre predicável e indizível. A tentativa devia fracassar visto que o «*epékeina tês ousías*», para além de qualquer determinação de essência da celebérrima passagem platônica, à qual voltaremos com mais delonga, era compreendido abstratamente como além do ente, e, com isso, de modo algum concordável com a *epistéme* aristotélica, a não ser considerando esta da mesma forma que uma mera propedêutica física e lógica.

2.2.3. *A coisa em Kant.* Voltamos, assim, ao *tò ón*. Devemos sempre retornar à sua constituição e à correspondência do *lógos* a ele. Consideração ontológica que não permite nenhuma derivação do *estí* do *cogito*, tampouco alguma intuição do *esse*, por si infinito, abstrato do *estí*. A uma consideração como essa nos obriga também aquele outro grande «contemporâneo» que é Kant. Por ora, apenas chamamos a atenção para as memoráveis páginas da «Doutrina transcendental do método», que concluem a primeira *Crítica*.

O *método* quer ser a determinação das condições formais de um sistema completo da razão, capaz de responder à «desconfiança» que constitui a verdadeira preocupação teorética e existencial de Kant: a «desconfiança» representada pelo ceticismo. O significado do método é, no entanto, irredutível à problemática gnosiológica. As duas espécies fundamentais de conhecimento, a matemática e a filosófica, que Kant aqui analisa, diferenciam-se, no essencial, por causa de sua relação com a *coisa*. A primeira é o conhecimento racional fundado «aus der *Konstruktion* der Begriffe», por meio do qual se requer «eine *nicht empirische* Anschauung», fundada sobre a construção de conceitos que se exibem, sim, à intuição, mas mediante representações que não são de modo algum retiradas da experiência sensível, representações totalmente a priori. A segunda, pelo contrário, funda-se sobre conceitos a priori, mas estes não podem ser representados na intuição «a não ser por meio de um exemplo que me é dado pela experiência (*das mir Erfahrung an die Hand gibt*)». À matemática só é dada, a priori, a forma em geral do aparecer (*Erscheinung*), espaço e tempo, e, em tal forma, mediante figuras e números, ela opera, estendendo-se felizmente por força própria, «ohne Beihülfe der Erfahrung», sem o socorro da experiência. Capacidade, além disso, extremamente perigosa, uma vez que facilmente induz à ilusão de que a razão humana possa ter, «em outros casos, a mesma sorte», e, portanto, a crer que o conhecimento matemático possa valer como modelo em geral para todas as ciências. Com o simples conceito, pelo contrário, a filosofia não chega a nenhum resultado. A matemática poderá tornar intuível uma figura apenas com base no conceito; a filosofia deverá considerá-lo, pelo contrário, apenas *in concreto*, enquanto compreende em seu ser universal o *particular* de uma experiência empírica. A filosofia lida com a *matéria* do aparecer, que apenas na percepção, a posteriori, é representável e jamais poderá «fornecer a priori a intuição do objeto real (*des realen Gegenstandes*)». É por isso necessário limitar-se a afirmar que «o único conceito que representa a priori esse conteúdo empírico das aparências é o conceito da *coisa* em geral (*des Dinges überhaupt*)».

Ding, Gegenstand — sinônimos? Aqui será preciso, a seu tempo, recorrer a um amplo *excursus* também «etimológico», bem como, ainda antes, a uma «gramática» do verbo «ser». Por ora, coloquemos em primeiro plano isto: a filosofia lida com a *matéria* do aparecer. E o conceito mais geral e imprescindível que representa a priori esse seu conteúdo é o de coisa, *tò ón*, *prâgma* (até mesmo seus diversos timbres serão examinados). A diferença fundamental entre matemática e filosofia não é, portanto, gnosiológica, mas ontológica. O objeto da matemática se dá, também ele, à intuição, mas como o *este* construído pela própria razão. O objeto da filosofia é, pelo contrário, verdadeiramente *Gegen-stand*, o objeto real que, como tal, a percepção apreende apenas a posteriori. O equívoco fundamental (do qual, me parece, não escapou Russell) consiste em ler *more mathematico* o transcendental kantiano, como se Kant interpretasse o conhecimento sintético a priori com base no modelo do a priori matemático! As formas a priori do intelecto *se fundam* sempre sobre aquelas da *estética* transcendental, e seu conceito-base se refere aos objetos reais que elas são chamadas para sintetizar (não para construir!): o de *Ding*. Mas não é por isso que a matemática está «livre» da ontologia! Os dois usos da razão são, *ambos*, fundados sobre a presença dos dois elementos próprios do aparecer dos entes: de um lado, a *forma* em geral do próprio aparecer e, do outro, a *matéria* do aparecer, *das Physische*. E essa matéria não deve ser compreendida de forma abstrata; ela indica o *algo, ein Etwas, tóde ti,* que se encontra no espaço e no tempo, um ser-aí, *Dasein,* que corresponde à sensação, *Empfindung,* e do qual jamais a filosofia poderá fornecer a intuição a priori.

Nessa distinção, já Kant adverte as falhas destinadas a determinar a *krísis,* a qual constituirá o drama da filosofia husserliana. A matemática, tão potente a ponto de construir o próprio objeto e de se tornar, por assim dizer, «Meister der Natur», não acabará por esquecer de onde chegam esses conceitos puros de espaço e tempo, com os quais lida quase de modo inconsciente, uma vez que constituem sua natural habitação? Não acabará por julgar inútil a investigação sobre a origem dos conceitos puros do intelecto, deles se servindo como meros instrumentos para as próprias operações? E isso não acontecerá de tal modo que ela cessará de considerar o *limite* da própria validade, desconhecendo a ontológica necessidade da razão filosófica? Podemos reformular a interrogação também nos termos do discurso até aqui desenvolvido: se *tò ón* é o absoluta e simplesmente predicável por meio das categorias, gêneros e espécies, e além do qual é *nada,* a razão matemática está destinada à *monarquia;* se é necessário, por outro lado, reconhecer no aparecer o *Dasein,* corresponder ao *algo* absolutamente determinado, que suscita a interrogação sobre o ente em geral, e diante do qual *nos* interrogamos, isto é, interrogamos esse *Dasein* que nós mesmos somos, a razão filosófica permanece sendo necessária. Não se trata de questão, obviamente, que possa ser resolvida «à mesa», mediante a discussão entre «escolas» de pensamento. A necessidade do *méthodo*s, do caminho que uma época empreende, decide-se por si. Para nós, é dado apenas procurar compreender o sentido.

Mas como será definível a atual e singular presença do *ser-aí-aqui*? A razão matemática exige e promete definições exatas de seu objeto. Mas pode fazer isso porque seu objeto é um *positum*; a matemática o constrói autonomamente a partir de si em todas as suas partes, a priori. Um definir dessa natureza resultará impraticável para a filosofia. Serão então palavrórios? Não, deverão ser *explicações*; um objeto, *Gegen-stand*, sempre poderá ser designado por múltiplos predicados, pensado segundo diversos olhares ou perspectivas; novas observações poderão eliminar ou corrigir as precedentes, assim como «o conceito jamais está em confins seguros (*zwischen sicheren Grenzen*)». Desejando ser rigorosos, «nem mesmo um conceito dado a priori — por exemplo: substância, causa, direito, equidade etc. — poderá ser definido» (aqui, Kant explica a diferença entre as «duas razões», citando conceitos que aparentemente também são objetos das «ciências exatas» ao lado de outros, que se referem a «ciências morais», justamente com a finalidade de tornar evidentes a diversidade e a amplitude do campo em que deve se aplicar a «razão filosófica»). A definição matemática emerge da análise de um objeto construído a priori, o qual «não pode conter nem mais nem menos do que contém o conceito»; a filosofia certamente visa à representação completa de seu objeto, mas, uma vez que ela sempre tem a ver com uma experiência empírica, dessa representação reconhecerá a priori os limites: suas proposições nunca poderão pretender um valor apodítico ou a evidência do axioma. Seu campo é o da *Exposition* ou *Darstellung*: ela «explica» como segundo conceitos a priori é possível procurar «certa unidade sintética daquilo que não pode ser representado intuitivamente a priori (pelas percepções)», uma vez que sua *res* não é construção da própria razão.

As proposições filosóficas não definem-demonstram apoditicamente, mas nada é concedido, colocando tal limite, ao ceticismo. Seu âmbito positivo é o da *certeza, Gewissheit*. Proposições que tratam do *Dasein*, da *matéria* do aparecer, nunca chegarão à evidência dos axiomas matemático-geométricos (aliás, tornam-se palavrórios caso se tente), uma vez que sempre deverão se mediar pela experiência, expor as condições da própria aplicação a uma experiência *possível*. Não em uma experiência abstratamente compreendida, «de laboratório», mas em uma *temporalmente* determinada, da qual se pressupõem a variabilidade, a multiplicidade dos aspectos, a polivocidade. O essente se diz *pollachôs* — e todos os *legómena* podem alcançar o grau da certeza, nunca, no entanto, da axiomática evidência. Certeza se liga, então, à categoria do *provável-possível*. Em outros termos, a certeza das proposições filosóficas, justamente porque ela não se articula nem se exaure na análise de conceitos dados a priori e imediatamente apresentados, como tais, à intuição, *permanece sempre dúbia*: «immer zweifelhaft». O *méthodos* da filosofia é aquele do *diaporeîn,* da interrogação que *está* na aporia e se desenvolve, aprofunda-a, não aquele que se conclui na evidência e resolve a coisa no conceito. É certo, por exemplo, que tudo o que acontece tem uma causa, mas eu reconheço a certeza da proposição apenas por meio da experiência do *das Physische*. A certeza indica o grau de probabilidade com que uma proposição sintética pode determinar-se temporalmente em uma experiência concreta. Também aqui as diferenças de fato não são apenas gnosiológicas, não dizem respeito à coisa «ressuscitada» no pensamento. Evidência e certeza estabelecem diferenças ontológicas: entre a coisa construída, que se dá como tal à própria intuição, por um lado, e a coisa objeto da descrição e da explicação, da *Erklärung*, irredutível à «construção», a coisa como *Gegen-stand, ob-iectum*, por outro (que de fato não é, todavia, aquele de um ingênuo realismo, uma vez que ela *está* enquanto representa por meio do juízo sintético, juízo que, por sua vez, é produzido pelo próprio ser-aí, pelo próprio *Dasein*, que constrói demonstrações, definições e axiomas). A transformação dessas partições e distinções, dessa *symploké*, em abstratas separações é o drama que se abre com Kant, e é pelo próprio Kant profetizado nas páginas do *Opus postumum.*

O nexo certeza-probabilidade remete àquele que parece representar o limite último da filosofia transcendental. Um conceito empírico pode ser *explicado,* isto é, *desenvolvido* de modo que mostre sua capacidade de fornecer uma síntese da experiência, mas nunca poderá estabelecer que essa síntese seja apoditicamente necessária. Universais são os conceitos, mas eles não constroem a priori o próprio objeto, e, por isso, a síntese que se opera por meio deles será sempre e apenas *possível.*

Que a coisa exista é necessário (o conceito de *Ding* em geral), mas por nada é necessário que exista de certo modo e não possa existir de outro. Universal e necessário é o conceito de *Ding,* não de *Dasein,* de *tóde ti,* da presença, *ousía,* do *este* como determinado-determinável. O conceito de *Ding* é como o fundo da universalidade de todas as formas a priori do intelecto, e mais: *participa* de todas. Caso não seja compreendido, estas se tornam puro formalismo lógico. A razão filosófica é a lógica-*lógos* do provável-possível *descrevível-representável* nos limites da única certeza. Mas possibilidade significa também abertura; o possível da *Erklärung* faz signo para o limite que encontra a predicação da *ousía.* A predicação do ente não pode concluir-se afirmando apoditicamente que assim ele *é,* como se pudéssemos intuí-lo em seu Agora eterno. O essente pode aparecer de modo diverso, ele era e será. Mas é sobre a necessária face *deste Dasein* que lhe aparecem os tempos. O «era» é sua atual proveniência; o «será» a sua também atual, mas imprevisível por causa do conceito, destinação. Eles aparecem, re-velam-se *actu* em sua presença, *ousía.* A categoria do possível não empobrece o significado ontológico da coisa. De modo oposto, se a coisa permanecesse conceito geral, ou se a filosofia pudesse tratá-la como um objeto seu construído a priori, o *Dasein* teria falta justamente da *perfectio omnium perfectionum*; o ato de existir, ou seu *actus essendi* não poderia, com efeito, ser considerado imanente a seu *poder*. Dado que a categoria do possível reconhece na coisa exatamente isto: *poder*. Na experiência da natureza que nosso ser-aí constrói se afirma que o essente *pode*, em seu movimento, em sua *enérgeia*, «além» de toda determinação categorial, de toda representação e de toda certeza — enquanto a razão filosófica, como a coruja de Minerva, segundo suas formas a priori, só chega a explicá-lo, descrevê-lo, esclarecê-lo em seu aparecer, cuja origem, cuja Causa (e, portanto, cujo porquê último de sua forma ou figura) no aparecer se re-vela apenas *pre-potente* em relação a todo *lógos apophantikós*. Mais uma vez: o presente do ente, a *ousía*, o *Ersheinung*, representado nas formas do intelecto, para Kant, só pode ser *pensado* como *mais do que aparente presença*.

É decepcionante para a razão despojar-se da alegria de querer «ostentar os títulos e honras da matemática»? Não poder assegurar sob seus pés os próprios e sólidos fundamentos (uma vez que a terra sobre a qual constrói é *terra real* e, portanto, *terrae motus*) da razão matemática? É uma dolorosa renúncia admitir que sua missão se limita ao «fornecimento dos materiais que bastam para uma habitação (*Wohnhaus*) bastante espaçosa para nossas ocupações no plano da experiência»? Pelo contrário, a definição desses limites é expressão de seu rigor. Ela tem a ver essencialmente com o *habitar*. O habitar pressupõe um horizonte definido. Não se habita o *á-peiron*. Mas os limites do habitar não são rígidos confins. São o confim que olha necessariamente para além de si no mesmo momento em que é assinalado. Seu próprio desenho faz signo para «aquilo» que excede seu conteúdo. O lugar da casa é também «aquilo» que transgride seu confim. O lugar da casa também sempre *diz respeito* ao *Un-heim*; a casa olha para «fora». Lugar significa perspectiva ou ponto de vista, e cada perspectiva terá relação com todas as outras, mesmo que a totalidade dessas relações permaneça indeterminável. Também a caverna platônica é caracterizada, como veremos, por ser *aberta*, uma paradoxal prisão. De forma análoga, o essente é teorizado por aquilo que significa além de sua simples presença. A experiência que amadurece e se articula no *lógos* que habita «no interior» não é apenas a que interroga os fundamentos da própria razão matemática e a relação desta com os «lugares» da filosofia, mas é também a que apreende o ente em sua participação no todo em si indefinível, que não apenas não silencia, mas interroga a irresistível necessidade do sujeito de significar de algum modo o que o *logikôs* não consegue predicar.

O interesse da razão não consiste apenas em determinar os limites do saber («was kann ich wissen?»), nem mesmo em indagar como o sistema do intelecto pode concordar com a razão prática («was sol ich tun?»). É interesse vital da razão considerar também aquilo que ao sujeito é possível esperar («was darf ich hoffen?»). Nenhuma reivindicação seria menos razoável do que inibir a representação, até mesmo do puramente imaginável (sustentava Giovanni Vailati em um brilhante ensaio de 1905, *La ricerca dell'impossibile*). Aqui, possibilidade parece quase assumir o sentido do ser concedido, de um poder que nos chega, que adquirimos «desde fora». Como se o esperar, do qual nada sabe o intelecto, fosse um dom. Ao mesmo tempo, esse dom indica nossa falta. Uma vez que nos limites do saber nada é dado esperar, eis que a essa «miséria», ontologicamente ligada à própria potência do intelecto, responde outra faculdade. Ao poder (*können*), aparentemente satisfeito consigo, do saber (*wisse-Wissenschaft*) corresponde o «direito», concedido a nosso ser-aí, de esperar, com o qual fazemos signo para a irreprimível necessidade de transgredir o limite do habitar. *Dürfen* indica falta e necessidade; desde o fundo da necessidade, que amadurece no próprio *coração* do exercício do saber e da prática ética, do *wissen* e do *sollen*, o ser-aí *pode* pro-jetar a si mesmo no impredicável, de forma análoga a seu conceber a presença do ente até nesta apreender a indizível singularidade. O sistema da razão é o sistema desses limites, que se entrelaçam nos próprios termos que utilizamos para indicar-lhe as partes. *Poder* se diz de muitos modos como *pollachôs légetai* o ente, e nenhum desses pode estar só, isolar-se, ou pretender silenciar os outros, sob pena de o próprio rigor do sistema falhar. Justamente a finitude do ser-aí que assim se exprime é a imagem da infinitude de seu interrogar. Interminável, jamais dogmática ou axiomaticamente concluível, é a experiência da coisa, que assume como próprio a priori o conceito generalíssimo de *Ding*; interminável o *Sollen*, que assume como fim a vida conduzida segundo o imperativo moral; interminável a necessidade, que leva a esperar (e o conteúdo da esperança está essencialmente no fato de que a liberdade possa realizar-se de modo perfeito, ou de que o mundo acabe por corresponder ao sistema dos nossos desejos). É apenas o cético dogmático (*alter ego* do idealista dogmático) que considera *nula* a exigência de ultrapassar o empírico. Por certo, o verdadeiro ceticismo é chamado a manter os olhos bem abertos «diante do menor passo da experiência»; e o filósofo crítico, com base nisso, tratará transcendentalmente as condições da própria experiência. Mas, assim, também o dever e o esperar representam experiências fundamentais da finitude do ser-aí, não expressões de um anseio vazio. A filosofia é chamada para afrontar essas experiências sistematicamente; seu sistema pode dizer-se realizado justamente em seu ser-aberto também a estas. Mas a abertura do sistema deve se manifestar em seu próprio fundamento, isto é, no mostrar-explicar como a verdade-substância do essente, a coisa *kath'hautó*, «transcende» o simples aparecer de sua presença, como o «é» que define as distintas perspectivas em que essa presença aparece, o *estí* do *lógos* que categoriza, deve se conjugar ao «é», que indica *busca* e inexaurível aproximação da singularidade do essente que coincide com a totalidade de suas aparências e das relações entre elas.

3. *Pensamento e linguagem.* Onde aparece esse caráter de finitude do ser-aí senão justamente na faculdade que por antonomásia nos caracteriza? No fato de que tudo que podemos dizer ou dizer que sabemos, ou dizer que podemos fazer ou dizer que nos é concedido ou nos é direito saber, devemos dizê-lo — ou assinalá-lo, indicá-lo por meio do silêncio *do próprio dizer*? Isso de modo algum implica que o dizer seja tão onipotente a ponto de reduzir o próprio silêncio a si. O dizer não diz nosso limite, a não ser expondo o próprio limite do dizer. Procuraremos demonstrá-lo. Por ora, reflitamos sobre esta pergunta, como nos impõe essa metafísica da finitude que Heidegger ensinou a ver em Kant: «saímos», verdadeiramente, dos limites (ou, talvez, poderíamos dizer, da gaiola?) da linguagem ao interrogar o ente, a essência, o ser, o aparecer do ente (fenômeno)? Mas não existe *a* linguagem. Dá-se, de todo modo, a *forma locutionis*, para usar a expressão dantesca, uma forma geral que nos permite adquirir, com base em uma «matriz» inata, qualquer linguagem. Todavia, é *nesta* ou *nestas* linguagens que pensamos e falamos, não n'*a* Língua. Serão então as categorias e as ideias que até aqui viemos articulando inextricavelmente ligadas às linguagens em que as expressamos e nas quais habitamos?

Pergunta que tem uma longa história, a partir das pesquisas de Trendelenburg sobre Aristóteles, história já muitas vezes analisada, mas que talvez tenha conhecido seu momento teoricamente mais significativo com o ensaio de Derrida, «O suplemento de cópula. A filosofia face à linguística», de 1971,

que discute com o breve e densíssimo ensaio do grande indo-
-europeísta, Émile Benveniste: «Categorias de pensamento e
categorias da língua», publicado em 1958. Para sua tentativa
de explicar como as categorias aristotélicas haviam sido determinadas por categorias linguísticas próprias da língua grega
(crítica já desenvolvida, justamente, por Trendelenburg — e
pouco importa que ele a ignorasse), Benveniste com frequência
foi acusado de «determinismo linguístico». Algumas de suas
expressões também parecem justificá-lo. De fato, ele fala de
«transposições» das categorias da língua, de «projeções» con-
ceituais desta última: a forma do termo marcaria assim a categoria *ousía*, enquanto aquela do adjetivo marcaria o *quanto*
e o *qual*, o comparativo marcaria a *relação*, o verbo na forma
ativa e passiva marcaria respectivamente o *poieîn* e o *páschein*
(fazer e sofrer), o verbo na forma média marcaria o *keîsthai*
(jazer). Apenas entidades linguísticas, portanto? É evidente
que, se assim fosse, toda a metafísica aristotélica apenas re-
presentaria um colossal naufrágio, uma vez que ela se funda
inteiramente na passagem-nexo entre o *kategoreîn* e *tò ón*. Mas
a demonstração desse naufrágio não poderia por certo ser sustentada apenas observando a analogia entre estruturas linguísticas e expressões de conceitos. Se Benveniste pretendia, com
sua análise, colocar em jogo a base global do texto metafísico,
eliminar toda diferença entre este e as categorias de uma linguagem determinada, ou de uma família linguística, sua tentativa ainda poderia parecer de uma ingenuidade gigantesca.
É no contexto da finitude in-conclusiva do discurso sobre o
essente que ele assume, pelo contrário, toda sua importância.
Como é concebível que não houvesse na filosofia clássica consciência do *problema* da relação entre língua e pensamento? Essa
consciência se manifesta na própria expressão «*tò ón légetai*» —
o ente *se diz...* A abertura para o *thaûma* do ente acontece por
meio da linguagem (isto é, de suas palavras, seus verbos, a *symploké* da frase).

Mas pode o *lógos* «convir» à intuição do ente? E poderá ser, então, *esse lógos*-linguagem a constituir-lhe a *marca* originária? A interrogação começa uma vez estabelecido o limite: que a língua não é uma *casca* que envolve o pensamento puro e que a possibilidade do pensar esteja ligada à faculdade que marca nosso ser-aí, aquela, justamente, do *légein* (mas, antes ainda: do significar, do simbolizar em forma *radicius* diversas daquelas próprias de outras espécies, formas que possuem também elas a propriedade da «infinidade discreta», o caráter inovativo-criativo e os mecanismos recursivos de combinação, que Chomsky colocou no centro de seu estudo da linguagem em geral). Derrida entende que nisso consiste o núcleo da argumentação de Benveniste, e isso partilha com ele. Nenhuma novidade substancial nem mesmo para esse propósito: trata-se da ideia-chave da grande tradição humanística de Dante a Vico, tradição que permaneceu todavia ignorada por Heidegger (e por Derrida), ou acolhida apenas nos rastros que havia deixado nos Herder e nos Hamann.

A língua «empareda» por isso a filosofia (Nietzsche)? E isso mesmo no sentido daquele limite que não é rígido, determinístico confim, contra o qual, no entanto, sempre batemos de frente, a ponto de fazer com que sangre (Wittgenstein — quem, todavia, ensina que ao mesmo tempo é preciso desconfiar da gramática!). Nisso, não está em uma contradição? Não; a expressão de pensamentos é linguística; não posso formular, ou, no máximo, *pro-duzir* de outro modo meus pensamentos (a menos que os considere reações instintivas). Mas o próprio fato de sentir dolorosamente o *golpe* de minha cabeça contra a estrutura da linguagem é *signo* de uma diferença entre o pensamento e a linguagem, de que o primeiro não está na segunda como um conteúdo num continente, de que a linguagem e essas determinadas categorias linguísticas em que «habito» de fato não estão originariamente ligadas às formas de meu pensar. Em suma, é preciso compreender o nexo entre as duas dimensões como um inextricável e insuperável *transcender-se* recíproco. Pensar e falar mostram-se inseparáveis e jamais unidos, a não ser na tensão que caracteriza ambos ao se unirem. A linguagem representa o pensamento, não a realidade, mas a representação jamais será idêntica ao representado; a própria *vida* de uma língua consiste no esforço ininterrupto de exprimir o pensamento; a língua «morre» quando contém em si apenas um *pensado*.

A língua *predispõe*, não determina de modo mecânico, a certa forma da interrogação filosófica, «chama», podemos dizer, a teorizar o essente segundo certas perspectivas. Isso vale tanto para Aristóteles quanto para Kant. E para cada filosofia ocidental vale ainda mais, posto que *todas* se estruturam sobre a língua dos gregos. O pensamento de fato não é simplesmente livre ou «autônomo» em relação à língua. E, se o fosse, construiria castelos de areia. Ao ser lida dessa forma, a crítica de Benveniste não é direcionada a Aristóteles, mas ao reconhecimento da absoluta seriedade com que este afronta o problema da relação entre língua (grega) e categorias metafísico-ontológicas. Mas não teria a própria linguagem pressupostos? Ela predispõe as formas do pensar sem ter nenhum pressuposto? E qual energia (*vulcânica*, chamava Florenskij, que a advertia em cada som de cada palavra) a modifica continuamente? Não pode, é certo, ser considerada um sólido e imutável fundamento, sobre o qual construir a permanência de nossos saberes. «Aquilo» que a inquieta e a transforma é «aquilo» que a transcende: o *fazer* do pensamento que de forma ininterrupta a en-*contra* como o próprio limite. Pressuposto da linguagem é a irresistível vontade de significar-simbolizar própria de nosso ser-aí. Não uma vontade «anárquica», mas que se move segundo normas e formas imanentes à linguagem, e por nada redutível à evidência «lógica». Falar é psicológico, não lógico, repetia Heymann Steinthal (*Grammatik, Logik und Psychologie*, 1855), que finalmente está sendo redescoberto — o que não significa, é claro, que seja «ilógico» ou que a «ética do pensamento»

(Herbart) não possa consistir em procurar incansavelmente a expressão lógica dos pensamentos.

O que senão a vontade (que, de fato, não cabe a nós «decidir») de *fazer-e-pensar* «força» a cada vez o limite da linguagem na qual estamos «lançados»? E o que ela indica senão que a faculdade do *légein*, o ser dotado de *lógos*, remete a uma relação do pensamento com o essente mais originário, *pre-potente*, em relação àquele que no *lógos* se torna consciente problema e interrogação aberta? A linguagem para o pensamento e o pensamento para a linguagem são dois «fundamentos» que se tolhem tão logo colocados, ou limites que são transgredidos no momento mesmo em que os «de-senhamos».[1] O pensar, o ser dotado de pensamento, obriga ao significar, e dentre as formas potencialmente infinitas do significar a forma humana em específico é a expressão verbal. Ela não pode, por isso, exaurir em si as possibilidades do pensar, muito menos o pode sua forma lógico-racional.

A interpretação do «problema-Platão» dada por Chomsky (em *Language and Problems of Knowledge,* de 1988, entre outras obras) ajuda a compreender mais a fundo essa relação. À «mão original da natureza» (Hume) não podemos atribuir apenas os princípios da faculdade da linguagem, mas (como no caso do *Mênon* platônico) certos aspectos do conhecimento em geral. A própria velocidade e a precisão com que o *in-fante* sabe adquirir os princípios da linguagem e seu vocabulário devem nos levar a concluir que ele tem à disposição *conceitos* precedentes à experiência, e que a língua se aplica a estes. «A aquisição do vocabulário é guiada por um rico e invariante sistema de conceitos» (Chomsky). Existe uma *compreensão intuitiva* de conceitos como mundo físico (o *Ding* ou *das Physische*, de Kant?), intenção, vontade, causa, finalidade, que acontece de modo precedente a qualquer expressão linguística sua e que esta sempre

1 Ver nota 2 do capítulo anterior. [N. T.]

pressupõe. À criança — continua Chomsky — *se dá* o *falar*, mas de fato não se trata do preenchimento de um continente vazio, que acontece por meio do hábito, da imitação, do treinamento, de modo semideterminista. A linguagem se refere constitutiva e *filosoficamente* às pré-compreensões intuitivas. «Aprendemos» a falar para exprimi-las. Pertence a nosso patrimônio biológico não só a simples *forma locutionis* (a matriz comum das línguas que se manifesta no ser, suas variações sintáticas sobre um único tema), mas a ele também pertencem as formas (*Gestalten*) que são conteúdo de intuições elementares, estas que com aquela forma estão necessariamente em relação. Encarnando-se em determinada linguagem, aquelas intuições assumirão timbres e características específicas, próprias de sua história e da história da família linguística a que ela pertence, mas sempre permanecerá uma *ontológica diferença* entre, por assim dizer, *forma cogitationis* e *forma locutionis*.

«Ilusão linguística» é crer que as estruturas da língua «exaurem» o pensamento, ou representam o inabalável fundamento, tanto quanto «ilusão teoreticista» é acreditar que o pensamento possa chegar a se dotar de um próprio *lógos* capaz, apenas ele, de predicar a essência do ente. O pensamento concretiza a linguagem; não nasce dela, mas nela se encontra, a habita e a vive. Dela não pode se livrar senão para retornar a ela. Em relação a ela, não é «autônomo» senão para transformá-la e refundar-se em suas estruturas sempre *in itinere*. Em outros termos, subsiste um «excedente» constitutivo entre a palavra e o sentido que o falante lhe dá. A filosofia pretende tornar evidente esse sentido *na própria palavra*. Pretende fazer signo da experiência que todo falante realiza: a experiência da *distância* entre o que ele diz e a «substância» daquilo que gostaria de comunicar, assim como entre o que se propõe comunicar e o que *dá a compreender* (Ortega). Não é possível dizer com precisão aquilo que se vê ou se sente. De maneira análoga, ao «fixar» o olhar em um particular de uma forma complexa, não será possível «medir» esse particular em relação a outros com a mesma precisão. Nenhuma linguagem pode competir com a polimorfia dos *Erlebnisse*. Essa distância é imanente à própria voz. O «desentender-se» entre dois falantes é a imagem da diferença *na palavra* entre o que ela significa e o que com ela o falante pretendia significar. O que assinala claramente o fato de que a linguagem revela um lado «interno» irredutível à simples função comunicativa. Todo falante assume inconscientemente a palavra por aquilo que ela *significou*, e nela opera a re-atualização, talvez alterando-a por completo. É essa operação que marca nosso ser-aí, e é isso que a filosofia quer trazer à evidência. Toda palavra é portadora de passado, e neste abre o *Abgrund*, a ausência de fundamento último. Mas a partir desse passado vem à tona — e é o pensar que faz a palavra vir à tona, sempre a agitando, de modo que signifique aquilo que ainda não tem significado. O *cogito* sempre se agita na linguagem, mas na medida em que a direciona ao abismo que em toda palavra se abre e, ao mesmo tempo, à *adveniens* que ela promete. O que não se pode dizer é por definição aquilo que não *se pôde* dizer. Nada proíbe que se deva (*sollen*) tentar dizê-lo ou que se espere (*dürfen-hoffen*) poder dizê-lo. Nós distinguimos toda palavra por meio do sentido, ou, ainda, de forma mais radical: pelo timbre com que em nós ressoa. Mas a palavra permanece *esta*, pertencente a este horizonte linguístico, e só significa em seu contexto, aliás: no contexto determinado da frase em que acontece. Todavia voltar-se à palavra, a seu *tóde ti*, implica interrogá-la. No *lógos* da filosofia a palavra se interroga, como que se desdobrando; supera seu aspecto de meio ou instrumento para se tornar *a problemática*, *das Fragwürdiges* por excelência. Existem equivalentes entre as diversas linguagens para dizer «o mesmo»? Toda mecânica transposição é a priori excluída. Mas o comum, o *Xynón*, subsiste, *pre-potente*. É, antes de tudo, o comum da relação *locutio-cogitatio*; é o comum da própria origem-abismo da palavra-*verbum*, que remete à «primeira» de todo *lógos*; é o comum da interrogação das formas da linguagem, que é *imanente* a seu próprio articular-se, e que nela explica o «agitar-se» perene. É a própria infinitude do interrogar que a cada vez é necessária que se manifeste ou se re-vele na finitude dessa determinada e finita linguagem (Heidegger). E, por outro lado, que razão poderemos atribuir ao devir das línguas (e não da linguagem em suas propriedades fundamentais) — que justamente Dante, pela primeira vez, pretendeu indagar cientificamente — senão a de que o pensar está sempre antes e além da «gramática»? O que sempre procuramos dizer «além» dos limites do atualmente representável nas formas que esta última historicamente assume? Ótimo sinal — advertia Valéry, em uma passagem de seus monumentais *Cahiers* — não encontrar a «palavra justa». Quer dizer que estamos considerando um fato mental, não uma sombra do dicionário.

Devemos, no entanto, reconhecer o limite que essa *symploké* de referências comporta: a razão filosófica, em sentido kantiano, não pode exprimir-se por si só, dispor de uma linguagem sua, própria, perfeitamente aderente à forma daquilo que é pensado. Ao comum, *Xynón*, o *lógos* acena desde o *interior* de determinado sistema linguístico. A interrogação aí se articula, trabalha e o transforma, mas não o ultrapassa abstratamente. É o limite que assinala a finitude mesma do ser-aí. Apagando-o, a razão filosófica gostaria que seu dizer o essente fosse o essente, ou que subsistisse entre os «dois» uma perfeita equivalência, ou que o homem fosse *ab initio* o animal dotado de *lógos*, ou que o *lógos* se constituísse logicamente, ou que entre os *lógoi* determinados, «naturais», fosse possível uma perfeita traduzibilidade, isto é, que estes não fossem nada mais do que instrumentos ou convenções. Mas como é possível pensar em convenções-artifícios que não foram estabelecidos por ninguém? Que convenção é aquela que não tem «autor»? E que os signos, os *grámmata*, talvez possam ser considerados artifícios, com os quais construímos, de forma totalmente paradoxal, vocabulários das *vozes*?[2] Nenhuma forma do significar é interpretável em uma chave simplesmente convencional ou funcionalista. E todas remetem, em conjunto, a um Comum, a um *Xynón*, que todas procuram indicar sem poder determinar, tão pouco a nossa disposição ou a nosso «serviço» quanto são o falar e o querer. Fazer signo para ele desde o interior dos limites da linguagem, analisando-o e reconhecendo-o, é talvez a missão da razão filosófica. É o que, de modo substancial, o próprio Benveniste convidava a fazer, e sem isso não se dá compreensão, e muito menos desconstrução, do texto metafísico.

3.1. *A terrível palavrinha.* Quando Heidegger afirma na *Introdução à metafísica* que o «ser» está essencialmente implicado com a natureza da linguagem, que um essente não pode ser para nós se não compreendemos o que «ser» significa, e que sem essa palavra «*não haveria em geral nenhuma linguagem*», como devemos compreender seu pensamento? Ninguém poderia ser menos suspeito do que quem com tanta força reivindicou o próprio pertencimento a uma «família» linguística, aliás: a uma só língua «matriz». Entretanto, justamente os ensaios de *A caminho da linguagem*, para não citar outros, dizem o quão dramaticamente ele advertia acerca dos problemas de «traduzibilidade» entre estruturas linguísticas que parecem radicalmente diferentes. Então, por que a afirmação drástica desse «primado» do ser, *eînai*? É apenas o persistente resíduo do logocentrismo ocidental? Encontramo-nos diante de um Heidegger que se esquece justamente do aspecto mais subversivo do pensamento de Nietzsche (que desde os escritos precedentes a *O nascimento da tragédia* tinha reduzido «ser» àquela que chamava sua «mais mísera origem empírica»: o respirar — e

---

2 O autor joga com a expressão «vocabolari delle *voci*»: *vocabolario* pode ser traduzido por *dicionário* e *voce* por *voz*. *Voce* também tem o sentido de *entrada* ou *verbete* de dicionário. [N. T.]

veremos como justamente esse nexo, além da fundação etimológica, é, pelo contrário, de fundamental importância)? Um tributo tardio ao mito indo-europeu? Difícil não encontrar também aspectos desse gênero na «grecidade» heideggeriana (mais ainda em sua «ignorância» sobre o significado também filosófico da *latinitas*, de Roma, sempre considerada na ótica vulgar da civilização *welsche*. Nisso, em certo sentido, é clamoroso seu «retrocesso» em relação à *Bildung* ideal da *Goethezeit*), mas certamente é impossível reduzir sua posição a tais aspectos.

Por toda parte devemos banir o *eînai* (*Teeteto*, 157b 1)? Obedecer a Protágoras? *Nenhuma* «voz», claro, é mais tremendamente incompreensível do que o verbo «ser» (Wittgenstein, nos rastros de Russell, dedica a esse problema uma proposição central do *Tractatus,* a 3.323, na qual mostra os equívocos que podem ser gerados por usar a mesma palavra em modos e contextos diversos). Justamente porque «ser», a despeito daquilo que nele «vê» a *dóxa*, não tem nada de universal em si. É notório como em muitas línguas essa voz não aparece. Mas ela, onde aparece, está longe de assumir um significado unívoco nos próprios idiomas indo-europeus. As raízes, os elementos-base (irredutíveis? Não; simplesmente, «além» dos quais, linguisticamente, não podemos remontar) de suas diversas conjugações o mostram com evidência. *Sat*, *ón*, *ens* (o essente), *asmi*, *eimí*, *sum* (são) podem encontrar um sentido comum na ideia do subtrair, do encontrar um lugar, do estar (*estar* espanhol, em sua relação com *ser*, equivale ao que em latim se dá entre *esse* e *existere*), mas indicando também, na raiz do *eimí* grego, o parentesco com andar, o mover-se, o sentido da motilidade como marca da vida do ente (*eimi*, eu vou). Em sânscrito, *sattva* pode ser traduzido como *ousía*; *satya* como «verdadeiro»; é o timbre que ressoa em *ásty-estí-est*, é, o essente é, *está* em seu aparecer, existe e está «em forma» diante de nós, *kalón*, íntegro, perfeito; dele é modelo o sumo Ente aristotélico. E, todavia, acontece de para as diversas pessoas, no mesmo tempo do verbo, a mesma língua usar radicais diversos: *bin* (*ich bin, to be*) não se funda sobre a raiz de *sind, sein,* que é a mesma de *sumus, esse,* mas sobre a de *-bhu, -phy,* sobre a qual se formam em sânscrito, como em grego e em latim, os termos que designam o nascimento, o crescimento, o ek-sistir, o tornar-se: *phýsis, fio, fieri.* Ao problema que Physis significa já nos referimos, justamente a propósito da metafísica aristotélica, e a ele devemos ainda voltar detidamente. Agora, para complicar as coisas, basta refletir sobre o fato de que a própria raiz em latim está na base dos termos que indicam o passado (perfeito, não im-perfeito!), *fui,* e o *futuro,* o ser-sido e o não-ser-ainda. Exatamente isto é Physis: um ser-sido que jamais passa, um passado que sempre se futura, jamais cessando de ser, um devir «tranquilo», para dizer com Hegel. O termo latino *natura* (particípio futuro) exprime com perfeição essa ideia (diferentemente daquilo que Heidegger sustenta). Os diversos tempos aí aparecem como originalmente harmonizados. Por outro lado, também *sein* e *wesen* assumem apenas de modo secundário o sentido de um presente e de um passado; a raiz *-vas* exprime a ideia do habitar, do residir de modo estável (*vastu,* casa, residência; talvez o grego *ásty,* cidade; *Vesta,* a divindade da lareira), da presença que perdura, *anwesen,* ou do demorar-se no ser-presentes. O que *verdadeiramente* é, também não podia ter sido e não poderá deixar de ser.

Não se poderia, então, pensar em «substituir» o verbo ser com termos que indiquem, de tempos em tempos, esses diversos significados? Exercício que se mostra de todo supérfluo, uma vez que esses diversos significados se manifestam já no interior das formas em que «ser» é declinado por cada idioma. Ou melhor, poderemos dizer que nas diversas línguas nunca se encontra simplesmente o *Ser.* As próprias línguas são a crítica em ato de qualquer substancialização do verbo. Mas e se considerarmos o ser como cópula? Esse seu «uso», comum em todas as línguas indo-europeias, não indicaria alguma «essência» do «ser»? Nessa tão difundida ideia talvez esteja em jogo, de fato, uma projeção mecânica de estruturas linguísticas determinadas em categorias lógicas e metafísicas. Os linguistas podem ajudar potentemente a filosofia a se livrar da tirania de similares projeções (para citar a última e importante contribuição nesse sentido: o livro de A. Moro, *Breve storia del verbo essere*, 2010): de modo algum é universal-necessário que seja o *estí* a exprimir a relação lógica. Mas isso não exaure absolutamente o problema: o que significa, nas línguas indo-europeias, que aquilo aconteça ou possa acontecer (uma vez que em muitíssimas situações exprimimos essa relação sem recorrer à cópula)? Perguntemo-nos: que *pensamento* produziu esse resultado? E esse pensamento pode mostrar-se e ser de algum modo significado como *comum*? O *é* da cópula é tão pouco substancializável quanto o do ser no infinitivo presente. Com efeito, a cópula quer significar uma equivalência? Ou uma simples analogia? Ou indicar, de modo ainda mais simples, a possibilidade de uma comparação? Com que «força», em suma, pretende ela significar? Apenas o contexto e a natureza dos elementos categoriais envolvidos podem responder. Mas cada contexto só pode refletir o problema do qual partimos: para colocar-se em relação, *prós ti*, com outro de si, o essente, ou uma qualidade do essente, deve principalmente ser tal, isto é, consistir como um *tóde ti*, algo que *é*. A cópula é projeção, em nossos idiomas, do *é*, não do «ser», não de um «ser» *entificado*, reduzido e resolvido «no infinitivo», que, como afirma Andrea Moro, torna-se uma espécie de «verbo prenome», que pode ser seguido por todos os predicados possíveis. É o essente, ao contrário, que na cópula se move, *vai* para a relação com o outro. *Comum* não é a forma da cópula, mas a ideia da necessidade da relação *in uno* com o consistir do ente em si mesmo, com a parada do ente em si, justamente em seu andar. Nenhum decalque de um idioma do outro para exprimir essa ideia, nenhuma mera repetição do mesmo mediante diversos «instrumentos». Cada língua é inovadora, não só porque não conhece limites em seu intrínseco transformar-se, mas também porque jamais «repete» em si aquilo que por outras é dito. E, todavia, é possível que se dê uma língua que não contenha em si, como seu *próblema*, o pensamento ou compreensão intuitiva que na cópula se exprime? A traduzibilidade diz respeito às formas da interrogação e não às «respostas» que por vezes podem se encarnar nas diversas línguas. Nomes e verbos nada mais são do que provisórias expressões do *thaûma* do *é* do essente, isto é, de sua motilidade, de sua vida, de seu ser-em-relação.

«Ser» é verbo *ativo*: indica a atividade do essente. De modo mais preciso (e com base em tudo o que vimos até aqui): o particípio *ens* não pode estar sem a coisa a que se refere; é a evidência da *res* que conta, sem a qual o *ens* se torna uma miragem. O *ens* assume, por isso, um significado apenas na *oratio* — discurso em que o *tóde ti*, do este-que-é, faz-se problema. Podem existir idiomas em que «ser» seja dito de forma diversa segundo os objetos a que se refere — mas será que existe um em que não encontre expressão o ser-ativo do ente *in re*? Sua tendência a colocar-se como *enérgeia*? Pode ser o «ser» sem vida, pergunta-se Platão no *Sofista*? Pode existir um idioma no qual se encontre um análogo de «ser» apenas na passiva (não falo, é óbvio, do uso do verbo como auxiliar para formar a passiva. E também nesse caso seria preciso lembrar da anedota do juiz romano que diz ao mártir: «Sabes que tenho o *poder* de te matar?». E este lhe responde: «E tu sabes que tenho o *poder* de *ser morto*?»)? A função de cópula é sucessiva, secundária. Ela «decaiu» (Benveniste, «A frase nominal») do *estí*, que coloca o ente em toda sua problematicidade diante do falante, como a coisa que lhe diz respeito essencialmente, a própria inevitável *Sache*. O *estí* com o qual se afirma: a *este* não posso fugir, com este devo medir minhas faculdades, minha capacidade de *fazer*. Esse é o meu *destino*. Não se trata de encontrar um equivalente universal da palavra «ser», mas de indicar o que nesta se pensa, necessariamente, e encontra assim expressão nos limites dessa ou daquela língua. E, portanto, de interpretar também aquilo que se pensa quando, em determinados idiomas, dele se faz um substantivo, um nome, sem se precipitar a liquidá-lo como *flatus vocis*. «Ser», «o ser», é uma possibilidade concedida a nossos idiomas para exprimir com força total *aquele aspecto* do «ser» que consiste na continuada demora do essente. Mas essa dimensão é inseparável da outra, pela qual ele é apreendido em seu crescer e devir. Natureza, particípio futuro de *gigno*, foi e é. O ser deriva desse *é*; e para este constitui uma abstração tornada possível por determinadas formas linguísticas, mas, com efeito, não é abstrato aquilo que essa abstração indica e que nela se pena: a substancialidade do aparecer do essente em geral, além de suas específicas manifestações, no próprio ser *atividade, enérgeia*.

É o *Dasein*, não o ser-aqui, mas justamente o ser-*aí* existencial, que afirma «ser», transcender em si seus «momentos», contendo-os em si. Universal não é o «ser» como substantivo abstrato, mas a expressão do «quem» é o tempo (Heidegger), do sujeito que se interroga sobre a própria temporalidade. Universal não é o «ser» como verbo, «mas a noção de tempo gramatical» (Moro); o verbo vale como suporte da expressão da temporalidade do ser-aí. Mas a necessidade de que se dê essa expressão torna possível também aquela da identidade do *é* do *tóde ti*, identidade que se mantém por meio de todas as formas de seu aparecer; o «ser» como identidade plural, como o «são» de todas as suas aparências, *Erscheinungen*. Sem a «variável» *tempo* seria impossível, para Kant, o próprio *falar*. Mas nas declinações do tempo se pensa sempre a permanência do *que-é*. E mais: é possível pensar que tudo aquilo que ek-siste e se torna seja dado simultaneamente, que tudo já esteja eternamente inscrito no presente da *ousía* do ente. Há linguagem que não se volte, que não se *aproxime* da expressão dessas relações, que não procure dar voz a esses *pensamentos*?

Não «algo», por isso, *tò eînai*, mas *próblema* do reconhecer-se do próprio essente como permanente no devir. De certo modo, assim podemos interpretar as duas dimensões do verbo: a cópula como relação, na qual está em jogo essencialmente o *estí* dos elementos que se relacionam; o «ser» como relação do essente consigo mesmo, como afirmação de seu *habitus-habere* irrenunciável: o *existir*. «Ser» é o tempo do ente que, em sua *parousía*, na presença plena do próprio *estí*, contém em si o imemorável passado e o imprevisível futuro. Nada que se abstraia em uma dimensão absolutamente separada. Os tempos de «ser» podem dizer-se com verbos diversos — e com frequência se dizem com diversas raízes também em nossos idiomas —, mas não pode acontecer que o ser-aí não tenha expressão temporal. O perigo representado pela hipostasiação de «ser» não deve impedir de apreender o pensamento que a produziu: na presença do ente os tempos que a constituem também não são imediatamente presentes. O *é* aparece apenas como o *é* do agora, do *nyn*. E essa hipostasiação parece fugidia, a ponto de impedir uma ciência do *tò ón*. Se no agora do *é* não se manifestam imediatamente todos os seus tempos, é necessário que um signo de seu conjunto apareça de algum modo revelável. Deve haver rastro da «integridade» do *é* no rosto de seu aparecer aqui-e-agora. (É a questão que aqui já apareceu na discussão com Severino.) Para esse rastro faz signo o «ser». O essente não é «finito» no agora, não é simplesmente o *este* que agora é, mas não-era e não-será; ele é, pelo contrário, in-finito, *é* aquilo que foi e *é* o que será. Em seu revelar-se, esse in-finito ao mesmo tempo se esconde. Na concretude dessa relação imanente à linguagem, assume seu verdadeiro significado o heideggeriano «die Entbergung verbirgt sich», a natureza desveladora do essente ama fechar-se. Mas isso que no aparecer sensível se fecha pode, todavia, ser dito: «ser». Uma vez que a palavra é, sim, voltada ao *tò ón*, mas para *lançar luz* sobre sua *ousía*, até, como se viu, desta revelar a própria impredicabilidade.

Nossa língua *pensa* isso. Ao pensá-lo, coloca o problema de sua traduzibilidade com outras línguas-pensamentos. Como as outras línguas pensam esse problema? Ou, de fato, não o pensam? As línguas não são caixas de ferramentas, tendo cada uma dessas sua função determinada, e prontas para o uso. As línguas *agitando-se cogitam*, advertindo, na conversa entre os falantes, faltas, necessidades, limites. Uma língua nunca tem — a não ser, talvez, no caso de meras transliterações — o mesmo nome ou o mesmo verbo de outra para significar algo, ou de fato pode não os ter, mas isso não significa que nela não se possa exprimir o rastro, o timbre, a expectativa quase daquilo que lhe «falta». Uma língua é em si sempre aberta àquilo que ainda não disse. Nosso «ser» sofre da abstração do neutro, do *Ipsum esse*, ou, de modo mais geral, da ilusão linguística de que haja algo como o «neutro»; sofre por não poder «declinar--se», conservando intacta a própria força, na viva concretude dos entes que predica, por não poder ser *nomen agentis* concretamente diferente ao indicar as diversas ações da qual o essente é capaz. E, no entanto, essa ideia pode ser apreendida no movimento do verbo. De forma análoga, é possível que os idiomas que «proíbem» os usos de «ser» que para nós se tornaram *habitus* «sofram» por não poder compreender no infinitivo as diversas determinações do aparecer, por não poder exprimir no *esse* a *enérgeia* última do *tò ón*. A conversa é o único lugar onde essas diferenças podem se manifestar com a máxima evidência e reconhecer a própria necessidade. A conversa não é o lugar irênico da síntese, mas do reconhecimento tanto daquilo que nos falta como daquilo que nos é necessário.

4. *As três vias.* É tempo de reconhecer que o célebre «outro modo de ser» (Lévinas e seu entorno...) é rastro imanente na nossa linguagem e no texto metafísico, se compreendido em sua autêntica radicalidade. E, se assim não fosse, nunca aquele «outro modo de» poderia ter se exprimido. A interrogação sobre o essente que se aprofunda até o imperfeito de sua *parousía* se mostrou também na «etimologia» de «ser», desconstruindo nesta qualquer pretensão hegemônica, mas não por isso afirmando uma universalidade vazia. Aliás, em «ser» faz signo de si mesmo, re-velando-se, o *«tò tí ên eînai»*, o «era» da *ousía*, e o timbre *futurus* de seu inapagável pertencer à Physis. «Ser» não apenas reforça, chegando quase a substancializá-la ou reificá--la, a *ousía*, mas indica o que em sua presença se oculta: a proveniência, o «poço do passado», de um lado, o *adveniens semper* daquilo que é como *particípio futuro*, do outro. Uma vez que, justamente, se Physis é dita substância última do essente, *ousía* vale, aqui-e-agora, como a totalidade dos seus tempos: passado remoto, imperfeito, futuro, ou ainda, aquilo que se funda no imemorável (e do qual a própria presença é signo sensível), o imperfeito do movimento que ao jamais se tornar se realiza, o perdurar eterno do essente além deste agora.

De fato, é tal perspectiva irredutível ao «tremendo» Parmênides? Existe uma interrupção tão absoluta entre o «ser» do eleata e o *tò òn pollachôs légetai* aristotélico? Ou são modalidades *radicalmente diferentes* de exprimir a mesma *paixão pelo essente*, por seu ser *kalón* e, todavia, em constante luta, *agón*, com o que sempre o ameaça, paixão que caracteriza o grego? Iniciamos «a contrapelo», pelo próprio Aristóteles, aliás: pelo Pseudo-Aristóteles de *Sobre Melisso*. Eterno, *aídion*, é (para Melisso) *aquilo que é*; sendo eterno, o *ón* também será infinito, *ápeiron*; sendo infinito, o *ón* será *uno* (diferença com Parmênides a respeito disso? Diferença que emergiria também na afirmação da natureza *ápeiron* do essente. O próprio Pseudo-Aristóteles parece colocá-la em destaque: 976a 1). O essente a nós se manifesta como *muitos* — e assim nos aparece realmente, em relação com a *aísthesis*, com a percepção sensível —, mas o *lógos* «não aceita que as próprias coisas assumam no devir todas as diversas formas em que aparecem» (a interpretante tradução é de Reale), não aceita que *tò ón* seja muitos, mas afirma que é uno, eterno, infinito, inteiramente o mesmo. Em nenhum lugar o *ón* é subsumido em uma abstrata, ou simplesmente «lógico-linguística», categoria de «ser». Nem o Pseudo-Aristóteles polemiza com Melisso em defesa desta última: ele afirma, ao contrário, com energia, a pluralidade das *ousíai*, sua concreta multiplicidade e, como consequência, a necessidade que tem de predicá-las de modos diversos. Mas como pode o *ón* não ser muitos? Ele *parece* muitos (e, por isso, a ele *parecem* corresponder muitos nomes; os muitos nomes dependem ontologicamente do fato de que ele se manifesta, *dokímos*, diz Parmênides, e daí veremos o significado, como multiplicidade e variação), mas o pensamento intui-*vê* (e isso é sempre o timbre que no eleatismo assume o *noeîn*!) que, para ser muitos, *tò ón* deveria perecer e o *não-ente* nascer (974a 21). O essente é a «categoria» geral; *tò ón* e *tà ónta* são expressões de todo análogas: tudo, *pánta*, aquilo que aparece, se intuído *orthôs* (974b 5), tem as características do *ón*. Aquilo que os mortais chamam Physis é a unidade do essente, não sujeita a nenhuma transformação nem mistura. Essa é a posição do eleatismo em geral, como também Aristóteles a compreende em *De caelo*: Melisso e Parmênides não têm razão *physikôs*, do ponto de vista da ciência física, ao afirmar que *nenhum dos entes* se gera ou se corrompe. Existem, com efeito, *entes* absolutamente não gerados e imóveis, mas eles devem ser objeto de tratamento diverso em relação ao da física (isto é, eles constituirão o *prâgma* da metafísica, como interrogação sobre o ente em geral, em todas as formas que assume e em todas as categorias que o predicam). Portanto, a atenção dos eleatas seria toda *perì phýseos*, assim como soa o título de suas obras: *perì phýseos* ou *perì toû óntos*; eles não admitiam a existência de nenhuma outra *ousía* além daquelas *aisthetaí*, sensíveis, e, todavia, sustentavam que justamente estas possuíam as características de eternidade, imobilidade e unidade que pertencem apenas às *ousíai* suprassensíveis. Muito além da crítica aristotélica, e muito além da diferença que ela aqui aponta entre as diversas espécies de essentes, é levado «tremendamente» a sério o «testemunho» de Melisso e de Parmênides de que uno, eterno etc. não são atributos do essente, mas constituem sua intrínseca natureza, isto é, a intrínseca natureza dos essentes como *todo* e de cada um considerado em si. O *noeîn* a intui, a apreende, a *toca*, não «voando» além do aparecer sensível, mas justamente manifestando-o em sua verdade.

À sólida casa do essente é iniciado o *koûros*, que as filhas do Sol acompanham, depois de ter deixado as habitações da Noite. Ele aprenderá a dar justiça (*díke*) à natureza divina do *ón*. É Dike que, abrindo para ele a poderosa porta que o separava da Deusa, abre-o *ao aberto*: um *chásma achanés* se escancara diante dele (*chásma*: mesmo sentido de *cháos*, o mesmo sentido da abertura originária, do manifestar-se sem início e sem porquê da totalidade do essente, do Aparecer; *achanés*: o *chásma* é aberto por todo lado, todo escancarado em sua imensidão; o *koûros* finalmente encontrou a porta do *labirinto*; eis que dele sai; *tò achanés*, o imenso mar do ente à sua frente se manifesta; a Deusa o acolhe e começa a ensiná-lo como fazer-pensar para navegar segundo a verdade, isto é, segundo aquilo que ela mesma é).

A Deusa não ensina disciplinas ou ciências particulares, e muito menos o que ensina é *polymathía* como um todo, um conjunto de diferentes doutrinas. Ela faz com que o jovem, cuja má sorte o conduziu à sua *presença*, aprenda o *Pánta*, o todo: a Deusa, com efeito, lhe aparece *alethés*, além daquelas portas que ainda a escondiam. Não seria Aletheia se fechasse algo; e, portanto, *tudo* deve se manifestar em seu discurso (que, aqui, à diferença de Heráclito, é *mŷthos* — e no termo ressoa toda a profundidade iniciática da grandiosa «cena»). Seu discurso é idêntico a seu Aparecer. Mas *pánta-todas as coisas* significa o essente, e todas as formas nas quais o essente é percebido, dito, intuído. Apenas a tradução-interpretação substancialista do *ón* torna esse luminoso *mŷthos* uma doutrina obscura, em alguns aspectos contraditória e confusamente dualística.

É necessário indagar tudo, aprender tudo e permanecer persuadido sobre aquilo que se aprendeu (*pánta pythésthai*, fr. 1, 28). Como se articula esse *pánta*, mesmo que permaneça um todo indivisível? Passagem delicadíssima: tão *logo* Dike abre a porta que protegia a Deusa, e a própria Deusa *abre* a boca para *dizer-tudo*, a unidade ameaça se dissolver. O uno, tão logo *dito*, não mais é Uno. O *Parmênides* de Platão encara essa aporia e constitui seu desenvolvimento lógico. Mas ela se origina na disposição do próprio texto de Parmênides. Como resolvê-la? No sentido de que a natureza do *ón* domina a constituição e todo essente, e por isso é aquela de sua própria totalidade; o múltiplo dos *ónta* não acrescenta nem subtrai nada disso. Para compreender essa totalidade é preciso seguir um caminho que está *fora* daquele dos homens. Isso significa que a realidade que a Deusa revela é absolutamente outra em relação àquela com a qual têm a ver os mortais, ou que os mortais imaginam? De modo algum — como para o Logos de Heráclito, que os homens não sabem escutar, apesar de o experimentarem cotidianamente, também aqui a realidade é una, comum; e tal é a Verdade porque vê o Comum, caminho pelo qual os mortais, por outro lado, não sabem se decidir (*ákrita phŷla*, fr. 6, 7), incapazes de decidir segundo o *lógos, krínai dè lógoi*, fr. 7, 5). O que veem os homens? Sonhos, fantasias, miragens? Trocam o não-ente pelo ente? Não; consideram exclusivamente *tà dokoûnta* (fr. 1, 31). Exclui-se que a expressão possa assumir um valor apenas negativo ou mesmo depreciativo. *Tà dokoûnta* são os entes considerados desde o ponto de vista das *dóxai* dos mortais. Os *muitos* de Melisso que se mostram nascer e perecer. Os muitos, o oceano das dessemelhanças, onde se afoga a natureza intacta, unitária do *ón*. Deles, não se pode dar *uma verdade que persuada* (fr. 1, 30, *pístis alethés*), mas a Verdade que *tudo* ensina sabe que às *dóxai* corresponde a *realidade* do aparecer dos muitos, na fixidez de seu diferir, no isolar-se de cada essente em relação ao outro. *Tà dokoûnta* são o ente em seu aparecer aos mortais; e, uma vez que *tà dokoûnta* também *são*, devem ser apreendidos (justamente como autênticos *mathémata*); é *necessário* apreendê-los, porque tudo penetrando e atravessando, tudo se dá também necessariamente na forma do *dokeîn*, do aparecer-parecer — mas é possível apreendê-los apenas segundo os próprios princípios da *dóxa*, isto é, *dokímos*. (A tradução, então, do fr. 1, 31-32, poderia soar assim: «Mas, no entanto, deverás aprender também aquilo a que correspondem as opiniões dos mortais, uma vez que é preciso reconhecer que aquilo que é *dokímos*, segundo a medida do aparecer-parecer, como convém a essa sua natureza, penetra todas as coisas e todas atravessa».) O erro, se de erro se pode falar, consiste em considerar *tà dokoûnta* a única realidade, aliás: no não as intuir como, de fato, apenas o aparecer daquilo que o essente é como tal, ignorando a primeira e fundamental doutrina da Deusa: o coração que não treme, perfeitamente redondo, de Aletheia, da verdade do essente. Inegável a palavra, o *mŷthos* da Deusa, mas inegável também a existência dos *dokoûnta*. Inegável que o Inegável não tem a potência de negar o erro que sempre a *dóxa* repete ao considerar *tò ón*. Não devemos, então, seguindo a mesma linha do discurso de Severino, afirmar que inegável só é a própria *controvérsia*, o próprio *com*-flitar entre o Aparecer da Verdade e as formas como se manifesta à *dóxa*, segundo as medidas e a natureza desta? Se a palavra da Verdade é Inegável, então inegável é a própria «errância» da consideração dos entes como *dokoûnta*. E, uma vez que a Deusa ensina *tudo*, é necessário ensinar também a inegabilidade das *Erscheinungen* e dos nomes com os quais os mortais as exprimem. Mas como o coração da Verdade poderá ser *atremés*? Apenas se a própria controvérsia não treme, se ela mesma é *inquebrantável, insuperável e inegável*.

Physis é ao mesmo tempo *tà dokoûnta* e o *realissimum* do *ón*, que a Deusa manifesta. É necessário também que o essente apareça na forma do *dokeîn*. Mas essa pode ser compreendida em sua verdadeira natureza na Verdade do todo. Vejo a realidade do aparecer apenas se intuo o que é o essente em seu próprio «coração que não treme». Apenas se o essente se manifesta segundo a «medida» da Aletheia, posso indicar como ele deve aparecer também *dokímos*. De outro modo, é inevitável que o aparecer seja considerado sua única realidade. Mas em que consiste esse «coração»? Em alguma misteriosa «essência»? Em uma *quidditas* fechada ao olhar? «*Leûsse... nóoi...*», determina a Deusa: *olha*, mas olhe com o olho mais agudo, *fixe-o dentro*, diria Dante, olhe com atenção extrema até *in-tuere* (*nóoi*), até colocar seu olho dentro da coisa, até *endeusá-lo* nela, isto é, justamente no *ón*, no essente. O que *vê*? Que *é*. Mas o que é? O sujeito aqui só pode ser *tò ón*: o essente é. O *estí* domina também aqui; é este *estí* a *arché* de toda «declinação» de «ser». A trilha da Persuasão, que segue a Verdade (o que significa essa expressão? Que a trilha não é a mesma da Verdade? Mas cairemos, assim, em uma interpretação que confunde o processo *também* iniciático, que aqui por certo é indicado, com um esoterismo inconcebível nesse contexto, a partir do momento em que Parmênides se dirige aos mortais e *escreve*, e seu «livro» quer ser «público», ainda mais do que o de Heráclito. Portanto, só pode se tratar do caminho que se desenvolve a partir da escuta do *mytheîsthai* de Aletheia, e que de modo algum a esconde), desvela isto: que o ente jamais poderá ser separado de seu *é*, nem quando estiver ausente nem quando for apenas conteúdo da memória (da arcaica potência de Mnemosine aqui se «destaca» o *máthema* filosófico!). Até mesmo as coisas ausentes *são* solidamente *pareónta* (fr. 4: *parousía* do ente, ele brilha *alethés* mesmo em sua ausência!). *Intua* bem: jamais poderá dizer-pensar que o que é não-é, ou que na-da é (fr. 6, 1-2; fr. 7, 1).

Todavia, aqui aparece uma aporia muito fecunda: duas são as vias de pesquisa que se podem pensar (fr. 2, 2), *apenas* duas: uma, que (o ente) é, outra «que não é e que é necessário que não seja» (fr. 2, 5). Dessa última, afirma-se que é de todo *inescrutável* (*panapeuthéa*: inescrutável e incapaz de produzir qualquer persuasão); como, de fato, poderia escrutar ou exprimir (*phrázein*) o não-ente? (Talvez pudesse dizer *querer* que o ente não seja; nesse caso, afirma *que-é*, e assim é o movimento de sua *vontade* que anseia pela universal *decreatio*. Leopardi? Schopenhauer?) Já se disse que também essa via é pensável, enquanto em 6, 1 isso parece estar excluído. O caminho que segue para a Verdade é apenas o primeiro. No entanto, a Verdade parece *pensar* também o segundo. Para proibi-lo *deve* tê-lo pensado. É esse o caminho verdadeiramente *decidido* por aquele que a Verdade persuade. Entre os dois, a diferença se anuncia como um autêntico ultimato. Como compreendê-lo? É possível apenas deste modo: é pensável que o essente seja na-da. É pensável que em nada este consista, que ele não seja nem mesmo aparecer (*tà dokoûnta* marcam ainda *outro* caminho), mas puro fantasma, mera ilusão. Aqui está o cruzamento fatal, aqui é preciso tomar a primeira e fundamental *decisão*: «a favor» do essente, da plenitude do *ón*, afirmando que a própria Verdade exige que ele seja e que é impossível que sendo não seja, e rejeitar a outra via que conduz a não *ver* mais nada, não ver *o nada*. Mas já pensou a verdade e, portanto, carrega-a consigo. Um rastro desse pensamento «proibido» não pode não se encontrar em seu coração. Talvez o rastro de um apagamento: «o que é» apenas é pensável e dizível — e todavia porque «é» e não na-da? *A* pergunta, a *Urfrage*, nasce com a própria interrogação metafísica, e a ela não responde a via da Verdade que afirma a impossibilidade da proveniência do ente desde o na-da. Não pode haver separação abstrata ou estranheza entre os dois caminhos. Não só no instante em que Aletheia *diz* (e há quem, Parmênides, *escreve*, então, aquilo que a Deusa disse) sua unidade não pode mais ser a do Unum absoluto, mas o próprio *mŷthos* que só permanece (fr. 8, 1-2) caso se confronte necessariamente com o «abandonado». A sombra deste último é destinada a lançar-se sobre o caminho do *estí*. E talvez o *universal momento cético* aqui encontre o fundamento originário contra o qual a filosofia luta sempre *em* si mesma.

Pensar que o essente não-é constitui uma posição irrevogável tanto quanto o pensar-dizer que é e não pode não ser. Trata-se de *decisões,* e, como tais, também sob esse ponto de vista, inseparáveis. Diversa de ambos é, pelo contrário, a vida dos homens errantes, no sentido do vagar aqui e lá entre *tá dokoûnta*. Incapazes de afirmar tanto «que é» quanto que «não é». É a incerteza, a duplicidade, o ser lançados aqui e lá que lhes caracteriza o existir. Estes de fato não afirmam que o essente «não é», mas que ao se tornar se transforma, que toda vez é diverso, que no tempo se modifica e aparece um outro. Seu caminho é o que diz a um tempo, *ao mesmo tempo*, que o essente é e que não-é, que pode ir do é ao não-é, como do não-é ao é (*palíntropós esti kéleuthos*, fr. 6, 9). Para eles, *tò pélein* e *ouk eînai* (fr. 6, 8) são considerados o mesmo (*pélomai* tem exatamente o sentido de mover-se, do circular, indica o *ek-sistere* do essente, e evidentemente também o *eînai* sucessivo mantém seu timbre: não abstrata contraposição «lógica», mas intuição eficaz do contraste entre presença e ausência, entre vitalidade do ente e na-da). Suas *dóxai* contrastam com o *lógos pistós*, que exprime a intuição (*nóema*) fundamental da Verdade, e, no entanto, pelos vários motivos já indicados, elas devem ser aprendidas, e aprendidas em *ordem*. Não formam um «monte» de palavrórios. Os mortais dão nomes às coisas, pretendem predicá-las de forma que correspondam ao *cosmos* que elas mesmas constituem. Mas da unidade desse cosmos não compreendem o fundamento, não entendem o *necessário*: que todo essente *é*, e nisso «que é» consiste a própria unidade dos *pánta*. A ordem de suas palavras-nomes resulta então simplesmente *enganadora*? Como traduzir o *apatelón* de fr. 8, 52? *Apáte* tem uma longa e complexa história (M. Detienne a explica em *Os mestres da verdade da Grécia arcaica*, com uma referência particular a Simônides), que se entrelaça de diversas formas com a de *dóxa*. Seu sentido não parece ser o do engano por meio da *mentira* ou da astúcia voltada para a fraude, mas, antes, o da *ilusão*. *Apáte* é a construção de «ordens» por meio das quais não se dão caminhos seguros, que temos a ilusão de saber percorrer. Os mortais não pretendem enganar com seus nomes, mas vão por um caminho que acham que sabem, que *se con-duz*[1] pela Aletheia (partilho, assim, da tradução de Reale: «A ordem sedutora das minhas palavras»). Mas eis o paradoxo, mais uma vez fecundo! É indubitavelmente a própria Aletheia a pronunciar e a querer que sejam escutadas! Como não lembrar da voz das Musas nos versos 27-28 da *Teogonia*: «Muitos *pseúdea* sabemos dizer similares às coisas reais (*etýmoisin*: o verdadeiro porque corresponde ao real; trata-se da mesma correspondência, já encontrada, no sânscrito *sat, sattva*), mas também sabemos, quando queremos, cantar *alethéa*»? *Pseúdea* não podem indicar claramente apenas o falso (uma vez que aparecem

---

1 Cacciari utiliza o verbo *sedurre* (com hífen: *se-duce*), e a ambiguidade de significados em italiano — *seduzir* e *conduzir* — se perde em português. [N. T.]

similares ao verdadeiro-real — e a própria construção retorna em Parmênides, fr. 8, 38-39: nomeia todas as coisas estabelecidas pelos mortais, convencidos de que fossem *alethê*), mas se distinguem *radicitus*, de todo modo, da voz-canto que desvela o autêntico *é*. Que Verdade também deva querer dizer *pseúdea*, a ordem se-dutora dos nomes, é *necessidade*. Não seria Verdade se não dissesse *tudo*, se não soubesse *dar razão*, com seu *lógos*, também do «erro». Mas, então, como compreendê-la *uno*?

Escutemos como Aletheia *canta* (são versos, não nos esqueçamos!) o *mŷthos* do caminho «que é». Assim que «acrescenta» algo à visão-intuição, à *epopteía* do «que é», não acaba, também ela, por nomear, iludir e seduzir? É necessário aproveitar-se até o fim da palavra que a Deusa, nesse ponto, pronuncia: ela não dará uma definição ao afortunado *koûros*, mas *sémata*. Indicações, rastros, signos, referências — tentativas, podemos dizer, mas tentativas significativas de aproximar-se do *estí*. A *ousía* se anuncia como in-fundável desde a origem. A intuição se apresenta, faz signo de si mesma. Como rejeitá--la? Se o essente, *eón*, não fosse eterno e não gerado, de onde teria nascido? Do não-essente, *ek mè eóntos*? Se o *eón* nasceu, não-é, e assim será. Se não permanece *tautón*, o próprio, o essente necessariamente é pensado como «não-é». Mas esses *sémata* pretendem assim significar que o *eón* é abstrato Unum, *Nŷn, nunc aeternum*, que o dizer «que é» proíbe qualquer articulação interna sua? Impossível interpretar assim o *Hén*, o Uno que se atribui ao essente (fr. 8, 6). As características do *eón* são as da perfeita integridade e inteireza. Ele é *oulomelés*, *oûlon*, um todo que permanece firme em si mesmo, não um *atomo*. O essente se junta ao essente (fr. 8, 24). Por isso é chamado *synechés*, termo que também podemos traduzir por «contínuo», mas apenas se escutamos profundamente seu valor: é o *sýn* que constitui seu núcleo duro. O essente *tem* o essente, é indissoluvelmente ligado a seu ser. Mas, de modo ainda mais profundo, esse *sinequismo* diz respeito ao *cum* do pensamento do essente.

O *eón* não se divide em nenhuma de suas partes, e pensamento e coisa o são. O essente não é *diairetón*, e isso comporta, obviamente, que tenha *partes*, mas que estas não possam se separar e tampouco ser explicadas em seu funcionamento abstraindo-as do todo. Todo o ser do essente é mantido perfeitamente *em uno*; nenhuma parte se faz «soberba» (*hyper-hýbris*!) sobre as outras; todas são *comuns*, isto é, têm *ousía* idêntica. E, se têm, têm permanência comum justamente no existir (*syn-échein*: como um ter a própria casa, *oîkos*, um habitar juntos; na mesma acepção o termo soa na famosa passagem do *Górgias*, 508a: «Dizem os sábios, Cálicles, que céu e terra, deuses e homens são mantindos juntos [*synéchein*] pela comunhão e pela *philía...*»). Não é o Uno-Ser «além» do ente; é o Uno do essente como perfeitamente todo e conexo de forma inextricável em todas as suas partes. O Uno que tem «em forma» o essente, que desde sua forma jamais o faz «de-lirar». Nenhum *eînai* em geral, assim como nenhum Unum, pode «destacar-se» de tal visão, que de tantos *sémata* dispõe: isto é, da visão que para o *eón* se extingue o nascimento e em sua morte não mais se crê (fr. 8, 21). «Unum Parmenidis non Unum absolute, ut creditur, sed Ens unum» (Pico, *Conclusiones*). A verdadeira convicção, expressão-signo da *krater è Anánke*, da inviolável Necessidade, remete a plenitude de «ser» ao essente; o *eînai* é apenas *do essente*, como íntegro, inteiro, junto de si, contínuo. Mas também *vida* em si; não seria *tò ón* se não fosse vida. É vida plena e completa, não ideia. Portanto, também seu *nŷn* deveria ser compreendido como falamos primeiro do «ser» como *verbum agentis*. É possível compreender «foi» e «será» em sentido «niilista» (o erro que acontece no fr. 8), mas também em sentido do *nŷn éstin* (fr. 8, 5), como *totalidade* dos tempos. O *eón* íntegro em si em seu aparecer é também a integridade *agora* de todos os seus tempos. Ele é *agora* aquilo que foi e será. E, caso se compreendesse diversamente, como seria possível no *nŷn* exprimir-se seu *oulomelés*? Isso não acabaria por transformar o *nŷn* em átomo de tempo?

A integridade da vida do *eón* ou abraça em si integralmente, em uno, tudo o que, assim como *synechés,* o constitui — sem dividi-lo em momentos sucessivos, em que o sucessivo é morte do precedente, como acontece na «ordem» disposta nas palavras dos mortais —, ou ela não poderá aparecer realizada, e, por isso, correrá sempre o risco *mortal* de separar abstratamente o *eînai* do *é* do *eón.* Por outro lado, Melisso (fr. 8) parece compreender justamente dessa forma as palavras do mestre: aquilo que o ente era e o que agora é são o mesmo, de forma diversa do que os mortais sustentam, e usa, como lembraram tanto Calogero quanto Mondolfo, a mesma expressão que retornará em Aristóteles, e que está no centro de nosso discurso: o que o ente era («*hó ti ên*») *é agora* na atualidade de sua presença-*ousía.*

O caráter do essente é o comum de *todos os essentes, tà ónta.* É de Physis que fala a Deusa. Se o *eón* não tivesse a natureza de que ela indicou tantos *sémata,* se o *eón* tivesse vindo do na-da e fosse ao na-da destinado, como poderia Physis aparecer não gerada e eterna? Como poderia de um «monte» de nascimentos e mortos vir a Vida? Portanto, o discurso da Persuasão abraça a totalidade do essente. *Pánta,* todas as coisas devem manter-se ligadas umas às outras, assim como em si faz todo *eón.* Se o todo não fosse *perfeito*, deveria encontrar-se algo que o excede, portanto teria um início e um fim; caso se movesse, transformar-se-ia, e, assim, seria e não seria, ao mesmo tempo, segundo a ordem *apatelón* dos *dokoûnta.* Isso ou aquilo, necessária *krísis*: ou é, e a Necessidade o mantém «nas correntes do limite» (fr. 8, 31), o obriga à realização (se assim não fosse, «faltaria tudo»), ou não-é. Como compreender esses majestosos *sémata*? A que *remete* a ideia desse «limite extremo, *peîras pýmaton*» (fr. 8, 42), que realiza a forma do *eón*, conferindo-lhe o aspecto de uma esfera bem redonda, a partir do centro igual em toda parte (o que de modo linear corresponde à figura do sólido coração da Verdade)? Aqui é a energia do *mýthos* que verdadeiramente ainda dá força e alimenta o *noeîn.* Paula Philippson, em seu *Untersuchungen über den griechischen Mythos* (1944), lançou uma viva luz sobre esse nexo. A *ideia* que aqui impera é a do Okeanos de Hesíodo, arcaico sumo Deus que vincula-contém em si, em todo conexo em seu fluir sempre igual — isto é, *imóvel* —, a totalidade dos entes. O giro não-gerado e eterno é análogo ao do Sol, representado no Proêmio pelas astutas (*polýphrastoi*) éguas e pelas *Heliádes koûrai* (sobre estas, K. Kerényi, *Töchter der Sonne*, 1944). Círculos, ambos perfeitos, que não conhecem nem nascer nem se pôr, em que *uno* é a aurora e o pôr-se, como *una* é a estrela que anuncia os dois instantes. O *é* do essente é abraçado-governado por «este» É, que tudo guarda em seu *periéchein*. Infinito é o desenvolver-se do *periéchon* que mantém «em forma» o todo, assim como todo singular essente, mas o que neste se contém e neste toma forma está fechado no limite, encontra cumprimento por sua própria perfeição. Ilimitado e limite se contradizem apenas pelos nomes que a eles dão os mortais, assim como por sua «dupla cabeça» se contradizem noite e dia. Ilimitado é o limitante, o Deus que «*cingit caelum*» (Cícero). Infinito é o círculo, uma vez que todo ponto seu sempre é infinitamente início e fim, e não-início e não-fim, mas perfeita é a figura que desenha. Entretanto, o Deus que «envolve o céu» (e que podemos pensar que se dilata ao infinito permanecendo sempre idêntico a si, eterno *limite uma vez que eterno limitante*) não é abstratamente outro em relação ao que contém. O que contém são *ónta*, são os essentes marcados pelo *é*, realizados em sua própria forma exatamente como o *periéchon* (cuja primeira ideia aparece, talvez, com o *ápeiron* de Anaximandro: vejam-se as pesquisas ainda fundamentais de Mondolfo, *L'infinito nel pensiero dell'antichità classica*, 1956). Nenhuma contradição entre o essente *atéleston* (fr. 8, 4), que não tem *télos*, e o «acorrentado», *ouk ateleúteton* (fr. 8, 32), *tetelesménon* (fr. 8, 42). «Acorrentado» é o próprio «limite extremo»; também Okeanos infinitamente se realiza em seu círculo, e assim também o Sol, segundo necessidade. Infinita é a finitude da forma realizada; imortal o *é* de tudo aquilo que vive no próprio limite.

Neste ponto, no labirinto da filosofia não encontramos o Nietzsche *mais grego*? O que é para ele o mundo (*die Welt*)? Um «monstro» (*ein Ungeheuer*) de vontade de potência? Por certo, sim. Mas in-finito, imenso? Não, «uma sólida, firme massa de força [...] sem princípio e sem fim [...] que não se torna nem maior nem menor [...] de grandeza imutável [...] sem crescimento, sem entradas [...] ao mesmo tempo uno e múltiplo [...] um mar de forças tempestuosas e furiosas em si mesmo», que sempre retorna do desencadear-se do múltiplo da unidade, que abençoa a si mesmo «como o que retorna eternamente» (*Fragmentos póstumos,* junho--julho 1885). A ideia do infinito é a decrépita repetição da ideia teleológica, eterno devir, de um mundo que teria como próprio Fim a incansável criação de «novidade». No pensamento do eterno retorno se ofusca uma involuntária memória do *ouk ateleúteton* parmenidiano? Por certo, neste a vontade afirma que nada é possível querer para além da eternidade do essente, além da *alegria* de ser-parte da dança de combinações-harmonia que a constituem. Se, para Nietzsche, o olhar fosse, pelo contrário, ocupado pelo essente singular, em seu isolamento do todo, e, portanto, por seu «retorno» individual, aquele pensamento supremo produziria apenas suprema náusea.

O todo é finito, tem *télos*, caso contrário de outro proviria e em outro se resolveria, e, assim, não seria isso que é evidente, *alethés*, ou seja: *que é*. Mas desse todo finito jamais se pode sair. É a corrente que tudo liga e que liga a forma de todo essente a se manifestar como *ápeiron*. M. Detienne ilustra isso bem em um magistral ensaio («O círculo e a ligação», 1974). Em Homero são chamados *apeírones* os laços fabricados por Efesto, que prendem Afrodite e Ares. O vínculo é infinito quando sua natureza se revela inseparável, inextricável. Se a corrente tudo *circunda*, se sua forma é perfeitamente *periéchon*, jamais poderá encontrar seu fim, *tékmar*, e, todavia, uma vez que envolve *tà ónta*, porque os contêm todos, também será finita. No interior do limite infinito é então necessário traçar o caminho; para nele navegar é preciso os *sémata*. A navegação é sempre *ligada* a estes, a seu manifestar--se, a sua *alétheia*. O essente *está no signo* que o cumpre e constitui seu *télos*. Mas, uma vez que está na inextrincabilidade do Necessário, este seu limite é, ao mesmo tempo, infinito. O *ápeiron* não é mais aquilo *de que* provêm os *kósmoi* em sua completude, a qual, por isso, será sempre relativa, como em Anaximandro. Infinito é o próprio *péras* do essente. Seu ser-finito, seu *ser-aí*, é infinitamente inseparável de si mesmo; a corrente que vincula o essente ao essente não tem limite. Seria possível dizer do todo, como de todo *eón*: porquanto possas «ignorar» o essente, este essente, jamais poderás sair de sua «rede», sempre encontrarás seu confim. Infinitamente se manifesta o caráter inultrapassável de seu limite. Justamente por isso, é o seu eterno, seu imóvel aqui-e-agora e sempre. Ele é *ánarchon ápauston* (fr. 8, 27), não conhece nem *arché* — princípio, nem cessação, porque infinita é a vinculação que o mantém e o faz uno. Não conhece mestre quem está no necessário. A corrente que mantém o ente e o torna em si perfeito, a corrente que proíbe o *não-é*, coincide com a plenitude insuperável do próprio ente como *enérgeia*. Não há «outra» eternidade, não há separação entre *aión* e *chrónos*. Aionica é a vida do *eón*, todo inviolável (*ásylon*, fr. 8, 48), mas porque tudo, em sua integridade, ele domina (*kýrei*) em seus invioláveis confins. Segundo testemunhos que estão de acordo sobre o eleatismo, a ideia deve também exprimir o *vínculo infinito* que liga cada ente ao todo, *pân*. A *dóxa* os compreende em sua separação — e assim subsistem como *tà dokoûnta*. Aletheia, pelo contrário, manifesta-os como Uno. Mas se trata do Uno dos essentes, não do Unum em que eles se resolvem deixando de *existir*, colocando em dúvida seu próprio «que são». A *dóxa*, sempre oscilando, não é, de fato, como em certos aspectos pode mostrar-se em Platão, *metaxý* entre sensação e ciência; antes, ela abre perigosamente o caminho para a via impensável-indizível: que o ente não-é. Uno e *ens* parecem «converter-se» apenas se, por um lado, todo *ens* é intuído como uno, e, por outro, todos os *ónta*, *todas* as coisas, se vinculam na «rede» inextrincável do infinito *Periéchon*.

Perì phýseos: Physis é a Verdade de todos os caminhos. A Deusa os diz todos. Todos inegáveis. Nenhum deles permanece no escuro, escondido. É a via do *nóos*-intuição que não pode ser contradita. É também a via da afirmação absolutamente oposta: que o ente *não-é* — esta última nem mesmo é uma via, mas a simples negação da primeira. E, mesmo assim, ela abre um abismo no próprio coração de Aletheia, uma vez que Aletheia não pode não a pensar. É a via (terceira via) do nexo entre *dóxai* e *dokoûnta*, que é necessário também percorrer para dar razão para aquilo que os mortais experimentam (via que não nega o «é», mas o confunde com seu oposto, predicando-os ao mesmo tempo — justamente isso, todavia, torna impossível pensá-la simplesmente separada da verdadeira intuição, do *noeîn*). Antes disso, podemos acrescentar, é o próprio *é* de Aletheia, do Aparecer como tal, o *é* da sua luz, que na palavra se exprime, e, portanto, na palavra já não coincide com aquela luz. No entanto, a luz não pode não iluminar, tocar todo essente, e, por isso, seu próprio exprimir-se irradiando, por meio do qual seu Unum se faz *dois*, mostra-se necessário. Physis é a conexão inextrincável, finita-infinita, de tudo isso. Luz que ao se manifestar no uno se esconde; aparecer dos *dokoûnta*; caminho do *noeîn* à intuição do *é* do essente; negação do *é* ou afirmação de que o essente é na-da (e abertura, por isso, ao abismo da vontade de pensar o nada). Aletheia é a manifestação desse *conflito* todo, desvelamento do todo de Physis.

4.1. *Sobre o parricídio.*   Quando o *Parmênides* platônico coloca em evidência as aporias do Uno-Uno da primeira hipótese e articula seu discurso desenvolvendo-o no sentido do Uno-que-é, trata-se de uma forma de «parricídio»? Ou, pelo contrário, não pretende ser um retorno, por certo *platônico*, a

Parmênides, em polêmica com seus alunos mais extremados, Melisso e Zenão? Se a arquitrave lógico-ontológica do eleata consiste na afirmação de que pensar só pode ser pensar-o-essente, no sentido explicado no fr. 8, 34, isto é, a meu ver, em todos os sentidos em que se pode compreender o *houneken* («o próprio é o *noeîn* e esse *houneken* é o *nóema*»): o mesmo é o pensar e aquilo por meio de que ou em direção a que se pensa (o essente, que o ente *é*); o próprio é o pensar e aquilo (o essente) sobre o que este se funda; e, por fim, no sentido explícito, justamente, no fr. 3, «*tò gàr autò noeîn estín te kaì eînai*» — todos sentidos plausíveis e acordáveis, exceto, obviamente, o idealista, de um pensar que coloca ou produz o essente —, se isso, todavia, aparece aos filósofos subsequentes como o pivô do discurso de Parmênides, a henologia que neste se exprime só poderá ser interpretada como a unidade de pensamento e essente, e, portanto, na perspectiva do Uno-que-é. Que fique claro: entre *noeîn* e *eînai* não há cópula. Os dois são um imediatamente, mas permanecem dois. O pensamento *alethés* não é equivalente ao essente, mas apreende, *intui*, sua presença (mesmo quando, graças ao prodigioso reforço da memória que o discurso-*lógos* permite, ele não é perceptível pelos sentidos). Os *sémata* seguem-se à força extraordinária da intuição-revelação. A cópula vale para o caminho das *dóxai*, vale no discurso que diz respeito aos *dokoûnta*. Nesse discurso predicamos o essente atribuindo-lhe *outro* diferente do que ele é. Isto é, afirmando que é o que não-é.

Mas parar o *é* na plenitude afirmativa-intuitiva, que precede toda declinação e a própria cópula, não será equivalente a parar-se no indizível? A via do *daímon*, «que para todas as cidades leva o homem que sabe», é *polýphemon*, loquaz, não só fala, mas fala em torno de *todos* os caminhos, mesmo daqueles que distanciam da Verdade. Mas como pode o *noeîn-eînai* desenvolver-se em um discurso, quando é evidente que qualquer discurso implica um desenvolvimento temporal? É o problema levantado por Hegel, e infinitas vezes repetidos na sequência. Por sua vez, Hegel apenas interpretava nesse sentido o *Parmênides* platônico. Se o *mŷthos* que a Deusa pronuncia é o da perfeita presença, do *nŷn* do ente, ele não pode fazer-se discurso, *dis-correr*, e deverá permanecer, então, no Unum inefável, no Unum que jaz na *sigé*, no Silêncio (do qual, propriamente — e serão essas as consequências místicas últimas do assunto —, nem mesmo dever-se-ia dizer que é inefável, sendo também esta uma definição). Mas, então, como justificar que seja a própria Verdade a falar também daquilo que inegavelmente a contradiz? Isso parece comportar que Verdade possa dizer também o que não-é, em suma: que possa pronunciar o discurso proibido «que o essente não-é». É a via do *Sofista*, nos termos e nos limites em que Platão «ousa» tentá-la (e que retomaremos adiante): o essente não-é na medida em que não-é o outro de si. É impossível falar do mesmo sem falar daquilo que é outro do mesmo, ou melhor, o outro é aquilo que o mesmo não-é (em substância, trata-se do desenvolvimento da terceira hipótese do *Parmênides*). Isso implica que para conhecer o essente devo sempre colocá-lo em relação com outro, e que, portanto, a categoria fundamental deve ser considerada a do *prós ti*. A filosofia tem como missão falar-discorrer sobre o essente, *de re agitur*, mas para poder realizar isso deve afirmar que o essente não é Unum, que é *ao mesmo tempo* também pensar, e que o essente pensado é ele mesmo e *ao mesmo tempo* não-é outro de si, e que apenas nessa relação pode ser definido, uma vez que na definição necessariamente lhe serão atribuídas características que *não* pertencem de modo exclusivo à sua própria e inalienável *ousía*.

Mas todas essas chaves interpretativas acabam inevitavelmente projetando sobre Parmênides as posições teológico-filosóficas da grande tradição neoplatônica tardo-antiga (pela qual é notória a admiração de Hegel). Entendendo-se «etimologicamente» o *noeîn* de Parmênides, será possível ver, ao contrário, que ele é *uno* com o essente, como sua *intuição*. O *noeîn* não é um refletir sobre a coisa, mas se dá de uma só vez com seu manifestar-se. A corrente que infinitamente tudo envolve, envolve, *ab initio*, também *noeîn* e *eînai*. A Deusa, então, não *dis-corre*, mas manifesta os *sémata* do «caminho que resta». O peso da argumentação recai sobre quem a quisesse negar — e este descobriria que cai em insuperável contradição. Mas, será dito, a deusa também ensina *tà dokoûnta*. Sim, mas o *dokeîn* não equivale de fato ao simples erro. *É* o aparecer-parecer e, enquanto *é*, não deve ser confundido com o simples erro. É a *errância*, antes, o navegar dos mortais movidos pelo vento das *dôxai*, indecisos, pela mente errante (*planktòn nóon*, fr. 6, 6, não significa mera insanidade), a errância perene entre o *que é* e o *que não-é*, a qual, confundindo verdade e aparecer, nem mesmo pode chegar a afirmar o «é» dos próprios *dokoûnta*. Todavia, pelo mesmo motivo, subsiste necessariamente para os mortais também a possibilidade de um encontro com Aletheia, de um desvelar-se do verdadeiro, como, saindo do labirinto noturno, acontece ao *koûros*. Em suma, se o parricídio é cometido por Platão, este não deveria ser «descoberto» na ideia do Uno como Uno-que-é, ou no colocar na boca da Deusa o discurso *outro* de si, o discurso *não*-verdadeiro, mas no extraviar ou «obstruir» o caráter intuitivo do «anúncio» do verdadeiro, da revelação de Aletheia, no querer resolver discursivamente, *dialeticamente*, a relação entre o *princípio* e suas «provas», ou, caso se queira, no compreender os *sémata* como elementos do discurso, como demonstrações fundadas, portanto, em *princípios lógicos*. Desse ponto de vista, é preciso reconsiderar as *razões* da insistência neoplatônica na primeira hipótese do *Parmênides*, ao procurar colocá-la *além* da cadeia argumentativa. O neoplatonismo pensa assim «salvar» o caráter indemonstrável da intuição, a partir da qual inicia seu caminho. Mas aquilo que essa intuição pretendia «salvar» é constituído, ainda antes e mais radicalmente, por aquele mesmo problema do qual se origina, do *thaûma* que explica a necessidade do próprio discorrer: *que o essente é* — e é íntegro, realizado na própria singularidade, conectado inextricavelmente ao todo a que é vinculado, *synechés,* em si e para si, «encadeado» ao todo que é «encadeado» a si, uno-que-é relação com aquilo que ele não-é, e como tal predicável, mas ao mesmo tempo também de modo não suprimível, *unum. Unum* não no sentido geral e abstrato que soa em *tò eînai,* mas no sentido do infundável, impredicável singularidade o *tóde ti,* aliás: do «*tò tí ên eînai».* Aqui está o fundo e, ao mesmo tempo, o círculo infinito que envolve o essente.

4.2. *Relatividade e irrelatividade do Uno.* Os neoplatônicos declinam essa perspectiva fazendo do Unum, *desse* Unum, um absoluto Transcendente? Podemos enfrentar o problema discutindo os grandes textos *filosóficos* do neoplatonismo grego, mas pode ser menos óbvio e mais convincente examinar uma expressão radical do *misticismo* islâmico mais profundamente influenciado pelo neoplatonismo, e que encontramos em seu exponente talvez mais significativo, Ibn 'Ārabi. Sondemos um breve texto, mas de extraordinária importância, como *O livro da produção dos círculos, que compreende a correspondência do homem ao Criador e às outras criaturas,* composto no início do século XIII. A falta do verbo «ser» em árabe torna o confronto particularmente interessante. De um lado, o Islã exige que nada possa enfraquecer a ideia da absoluta transcendência divina, mas, de outro, essa ideia, justamente por aquela falta, não poderia exprimir-se na fórmula do *Ipsum esse.* O que o mestre sufi encontra em sua *ék-stasis* é indicado, com efeito, com o termo *wujūd,* o *Existente,* porque achado-encontrado com maravilha, com emoção e com infinita sensação de atração. O *Realissimum* se faz verdadeiramente um com o *thaûma* por excelência. O *Ipsum esse,* se assim se pode dizer, aqui é considerado exclusivamente sob o aspecto de sua energia existentificante, como o *Existente* que contém em si todas as possibilidades do *existir* como teofanias próprias. O na-da (*'adam*) é, por sua vez, considerado não a negação do essente, mas, pelo contrário, sua infinita possibilidade: o na-da não *é* senão a infinidade dos próprios possíveis, destinados à existência graças ao Existente. O sujeito de todo existir é, sim, o Criador, mas compreendido como plenitude sem início nem fim de todo possível existente. O sujeito do *é* de todo ente é seu existir. A ordem, a hierarquia entre os dois planos, não pode encontrar, obviamente, nenhum paralelo com aquela traçável, na ideia de Physis, entre essente e totalidade dos essentes (para um místico das religiões do Livro como Ibn 'Ārabi pode ser apenas o *nefas*, o sopro do Misericordioso, a «semear» os entes), mas é muito claro como a existência particular aqui vem a assumir um valor teofânico de todo diverso daquele que ela reveste na qualidade simplesmente de «criatura»: o existente aqui-e-agora *é* também, *ab origine*, no próprio Existente, e não como simples ideia, mas em sua real possibilidade de passar ao ato — e o Existente, por sua vez, «não-é» senão como a infinita totalidade dos existentes possíveis e em ato. Só há, em suma, o Existente, o *eón*. O Existente (sujeito) *é* toda coisa; *tò ón* é a expressão do Existente universal, *periéchon*, e toda coisa é *Unum nele*, não apesar da, mas enquanto manifesta a própria, determinada e singular *ousía*.

O problema, todavia, não pode dizer-se realmente resolvido, e é, aliás, a partir daqui que a perspectiva neoplatônica reafirma a própria instância. O Existente é, sim, em si tal *complexio*, e mesmo assim esta não seria caso não se referisse ao Unum do próprio Existente. Nenhuma relação é pensável a não ser, ao mesmo tempo, como relação com o irrelativo. E o irrelativo se manifesta, por sua vez, segundo um duplo aspecto: como o Existente *complexio omnium* (para Ibn 'Ārabi — mas também podemos dizer: como o vínculo universal da Necessidade que obriga todo essente ao próprio *é*, ao próprio *Da-sein*), e como a singularidade do Existente, do *ón*, que estamos destinados a encontrar (real *wujūd*!) ao final da investigação em torno de sua predicabilidade. Há um *ponto* que, no discurso, mas também na «invenção» dos *sémata*, acena a um «aquilo» que é necessário pressupor e sobre o qual é necessário traçar o confim: o Unum impredicável, não objeto do *kategoreîn*, mas, todavia, que *é necessário que seja*, sob pena de não poder *intuir* o próprio essente *kath'hautó*. O Unum não está aqui no neutro como «além» de todo uno numerável ou uno existente (timbre, este último, que nos parece advertir claramente na henologia parmenidiana), mas para indicar, de fato, seu exceder a possibilidade do ser-determinado. Exceder o *kategoreîn* — depois de ter batido a cabeça contra seu confim, isto é, de o ter *percorrido todo* — não é exceder a determinação do existir, mas, pelo contrário, reconhecê-lo como pressuposto e fundamento de toda interrogação. É evidente que justamente nos confrontos do Existente, *encontrando* o Existente, o místico assume essa perspectiva em sua forma mais radical: a irrelativa singularidade do Existente é *maius quam cogitari possit*. (Ainda mais em um contexto teológico-espiritual em que é preciso explicar como uma *passagem* real a relação entre Criador e criatura.) Ela deve ser considerada «pre-potente», a mesma ideia do *Xynón*, do Comum. O Existente pode, sim, ser compreendido como o Comum, mas o Comum, aquilo que constitui o fundamento de toda «harmonia», não pode ser antes da singularidade do *este*, do *seu* ser-uno (esse argumento sobre a «superioridade» do Uno sobre o Comum está no centro da «dialética» plotiniana). Nenhuma separação, nenhum esquemático dualismo, nenhuma abstrata hipóstase: é o existente, *tò ón*, cuja *ousía* abre à verdade de seu singular *é*, à abissal profundidade ou «passado» de sua irrefutável presença, aquilo que funda a inteireza e integridade do Todo comum dos *ónta*.

Neste ponto será necessário reconectar as linhas do discurso iniciado com o texto metafísico e percorrer mais uma vez seus rastros à luz do *epékeina tês ousías* platônico (o *quid* além da presença determinável), nó decisivo do *diaporeîn* filosófico.

5. *O quarteto*. Não creio que a busca de uma «concórdia» platônico-aristotélica possa se exaurir em um exercício erudito ou nostálgico de irenísticos humanismos. A *krísis* que se dá entre os dois «fundadores», no que conta do ponto de vista de época, é claríssima em toda sua dramaticidade, e nenhum escrúpulo filológico poderia atenuá-la. Mas que forma assume essa *krísis* no que concerne *ao* problema: como pensar e predicar *tò ón*? No fundo, a distinção platônica entre entes *kath'hautá*, as ideias, e entes definíveis apenas na relação com outros, *prós ti*, retorna em Aristóteles na afirmação do primado da *ousía* sobre todas as categorias, as quais significam apenas se referindo ao ente (*tò ón* que *não* se resolve, como procurou-se mostrar, nem em pura presença nem em mero *nŷn*). A diferença consiste no fato de que a valorização científica do ente empreendida por Aristóteles não pode reduzir o *prós ti* a apenas um gênero, mas contém uma multiplicidade de gêneros e espécies, todos autônomos e todos comuns no referir-se à *ousía*. A referência à *ousía* constitui, por assim dizer, a unidade transcendental das categorias; todas são na qualidade de representativas da «substância» da coisa. Elas exprimem modalidades do *existere* do *ón*. Os próprios princípios lógicos não são, de fato, simplesmente «lógicos»: o princípio de contradição é lei da relação entre *tà ónta*; as coisas não poderiam existir (e, como consequência, nem mesmo ser pensadas) se tal princípio não *existisse*. O ponto que em tudo isso de fato conta é a ideia de *ousía*: seu dar-se à visão e seu ser vista. Esse é o *thaûma-próblema* tanto para Platão quanto para Aristóteles. As categorias o resolvem? Ou a perspectiva aberta pelo «*tò tí ên eînai*» (e que percorremos a contrapelo no eleatismo) reabre a interrogação? A dialética das ideias o resolve? Ou justamente se abre ao problema da unidade última da *ousía* e, por isso, àquele do Uno, que Aristóteles pensa ter superado ao assumi-lo simplesmente como um dos diversos modos como se predica o ente, como elemento do *lógos apophantikós*?

Aqui se joga a relação de Aristóteles com a doutrina de Platão em torno do Uno (e, veremos, do Agathon, do Bem), e, portanto, o significado a ser atribuído à própria relação em Platão entre oralidade e escritura, entre doutrina não escrita e escritos exotéricos. Combinações que são liberadas de toda vaga auraticidade e levadas novamente ao caráter que sempre lhes é atribuído por Platão: trata-se de *mathémata*, doutrinas todas, ainda que compreensíveis, que *devem* ser compreendidas, e, mesmo que em formas diversas, comunicadas. O termo «místico» pode ser usado apenas no sentido de *iluminação racional*, «clareza que se produz de uma só vez no espírito» (G. Pasquali, *Le lettere di Platone*, 1938), apenas por força do longo e cansativo exercício do estudo filosófico e por uma condução perfeitamente ordenada pela própria vida, pelos próprios «casos» (*prágmata*). A respeito dessa iluminação Platão escreve na reveladora *Carta VII*. Ele chama de *mŷthos* (344 d 3) sua exposição, que é voltada para explicar por que Dionísio, escrevendo sobre os princípios primeiros e supremos da *phýsis*, não pôde escutar e compreender segundo o autêntico *lógos*, segundo o verdadeiro pensamento e a verdadeira palavra do Mestre, aquilo sobre o que escreveu. Um *mŷthos*, portanto, que nada tem de «mítico» e que, ao contrário, muito se assemelha ao *mytheîsthai* da Deusa de Parmênides: o anúncio de um *máthema* supremo, sim, mas de fato nada «outro» em relação ao *lógos*. Nem mesmo, todavia, passível de ser reportado imediatamente à sua estrutura discursiva, como se se tratasse de uma simples articulação ou aprofundamento desta última. Essa estrutura constitui-lhe, antes, *rastro e indicação*, mas não o resolve em si. Dessa *diferença* é marca indelével aquela entre oralidade e escritura.

A acusação a Dionísio (e a outros, parece: 341 c 1) está no fato de ter comunicado por escrito um *máthema*, ouvido por Platão, em torno ao qual «não há nem jamais haverá um *sýngramma* meu» (341 c 4-5). Primado da *voz*, afirmação da mera «exterioridade» de todo «meio» que materialize, procurando exprimi-la, a relação puríssima entre o *daímon* interior, «consciência», e a voz? Procedamos com ordem, sem antepor fáceis desconstruções à compreensão daquilo que é «construído». Esse *máthema* (que, como tal, nada pode ter de «misterioso»; nenhuma verdade está aqui «no abismo»), antes ainda de seu caráter oral, mostra o que não pode ser de forma alguma *rhetón* (341 c 5), como se dá, pelo contrário, para todos os outros *mathémata*. *Rhetón* (*eíro*), evidentemente, não significa «escrito», mas proferível de modo formal, com precisão (assim fala o reitor, justamente), conectando bem as partes do discurso (clara a afinidade com *eíro*, que significa apertar, prender, e daí, em latim, *sero*). A culpa de Dionísio, se bem compreendida, não é tanto a de escrever sobre o *máthema*, sobre o qual nos interrogamos, mas a de querer «encadeá-lo» ao *discurso*, como conexão de palavras e verbos, reciprocamente relativos. Isso se torna muito evidente a partir das imagens sucessivas de que Platão se utiliza: ele salta como *luz* (*phôs*) do fogo, *exaíphnes*, de modo improvisado — mas de forma alguma por acaso, uma vez que apenas depois de longas discussões durante uma vida em comum (*synousía... syzên* são os termos recorrentes) esse «improviso» pode se revelar. Nasce da arte *maiêutica* do *lógos*, mas o «excede», deste saindo como sua prole predileta. O *lógos* (que em si é todo *rhetón*) não se nega nem abstratamente se supera, mas se realiza nesse *árrheton*. Uma passagem de fato análoga ao sentido hegeliano do *Auf-heben*! O *lógos*, por ser totalmente como tal, é chamado a *recolocar-se* no plano do *árrheton máthema. Grámma* e *rhetón* continuam a cruzar-se também nas linhas seguintes: o que poderia ter feito Platão de mais belo e de mais útil aos homens do que trazer à luz (*phôs*) a *natureza* (*tèn phýsin*), se tivesse pensado que esta era escrevível-comunicável (*graptéa... rhetá:* 341 d5)? (Physis subentende aqui *máthema?* Trata-se da natureza dessa extraordinária doutrina? Ou, justamente, os princípios últimos de Physis nela estão contidos? Para mim, parece que ao menos a passagem 344 d 4-5, na qual se acusa explicitamente Dionísio por ter escrito «*perì phýseos ákron kaì próton*», não deixa margem para dúvidas: é sobre Physis que lança a interrogação.) A polêmica não diz respeito, portanto, ao *grámma*, à suposta materialidade do *grámma, sic et simpliciter*, mas a sua conexão com uma forma do comunicar que pretende exaurir seu *sujeito*, a Physis.

Platão não afirma, de fato, que o erro consiste em não ter mantido em segredo esse *máthema*, isto é, que este deveria permanecer «sectariamente» fechado no círculo dos adeptos. Essa condição, quando muito, é uma consequência do erro fundamental, que consiste em manter o *máthema rhetón*, ou seja, como conteúdo de um discurso que se desenvolve no «tempo» ao qual o discurso pertence, e que se estrutura, por sua natureza, segundo a intenção de definir o *ón*. Quem escreve ou discorre sobre o *máthema* demonstra, por isso, *não* o saber. Quem sobre ele escreve ou fala, no sentido etimológico de *eíro*, na realidade não fala nem escreve sobre ele. O que diz *não-é* a coisa que crê dizer. Sobre essa coisa, Platão nunca *discursou*, não por obediência a algum mandamento esotérico, por «comum» *mýstes*, obrigado ao silêncio sobre o objeto da *epopteía*, mas como *filósofo* que *sabe*, ao fim de seu *livre* estudo filosófico (do *prâgma*, do *fazer* que é a filosofia, o mais sério, *spoudaîos*, urgente, necessário de todos), como se dá «algo», um *prâgma*, que *se conhece justamente na qualidade de árrheton*, que se apreende ao intuir sua natureza não discursiva (e não será exatamente essa natureza a corresponder ao significado dominante, primeiro, «arcaico», de Physis? Veremos). Quem pretende *compreendê-la* na rede do *lógos*, na realidade, não só a perde, não só jamais a alcança, mas demonstra não saber nem mesmo a natureza dessa rede, ignorando seu limite. (Os limites do *lógos* são conhecidos quando se intui a *cadeia infinita*, primeiro entre os *sémata* de Parmênides, e, portanto, vê-se que o próprio *lógos está* no *periéchon* que aquela estabelece, seguindo seu necessário caminho.) O *lógos alethés* (342 a 3-4) se opõe à audácia (*hýbris,* diremos) daqueles que presumem que o próprio *lógos* seja o *periéchon* do todo. Mas há *razões essenciais* para afirmá-lo, razões que claramente, *alethés,* demonstram como o discurso deve alcançar o *máthema* que no instante se impõe, que assim que é visto nos faz certos de nós, que se lança contra nós como a luz da chama. E reaparece o *nóos* de Parmênides! É o *noûs* que apreende esse *máthema* — mas um *noûs* «ainda» por nada separado da concretude do sentir, do ser «atingido», uma espécie de percepção global, uma *intuição,* no sentido mais pleno do termo: 342 d 2.

E assim tem início a passagem decisiva de 342 a 7-344 d 2. Por necessidade (*anánke*) cada um dos *ónta,* das coisas *que são,* pode ser conhecido (*epistéme*) por três graus (ou meios, ou, ainda, ontologicamente, segundo três elementos de sua própria *ousía*). O quarto é a própria *epistéme,* que é alcançada por meio dos precedentes. O primeiro é o nome, *ónoma*; nenhuma informação-comunicação poderia, de fato, se dar se não partíssemos do nome; se faltassem os nomes, nossa concordância (possível sempre, e sempre a ser buscada) sobre o significado, qualquer *máthema* seria impossível. Mas o conhecimento do significado de cada *ónoma* certamente ainda não é *epistéme.* Se sei o que se quer dizer com o nome «círculo», mas ainda não sei desenhá-lo corretamente nem conheço alguma de suas propriedades, a *ideia* do círculo, isto é, a *realidade* que no nome é indicada, escapa de minha mente. É preciso definir o *ón,* e, por isso, o nome é ligado ao verbo: *o círculo é...* Estamos na ilusão linguística? Na projeção de estruturas linguísticas no interior do texto metafísico? No domínio da terrível palavrinha «é» (Rosenzweig)? Talvez, mas apenas *até este ponto*... Uma coisa se define apenas por meio de proposições, ou seja, essencialmente, graças ao *lógos-vinculador* do nome a *rhêma* (*rhêma-eíro*: de novo, o timbre do tecer-juntos, *sero* — mas como não pensar também em *reo*, no escorrer, no fluir e, por fim, no próprio *dis-correr*?). Podemos dizer: é essa vinculação a fazer do *nomen* um *verbum* verdadeiramente capaz de predicar-definir. No entanto, nem nome nem definição, composta como é de nomes e de verbos, podem gabar-se de uma estabilidade qualquer, podem pretender estar «seguros», fornecer fundamento sólido, *bebaíos* (o adjetivo indica a ideia do resultado de um processo; pode-se apenas *chegar*, *baíno*, a estar solidamente; na definição falta seu termo, ela ainda não o *alcançou*, ainda está *a caminho*). O que impediria de dizer redondo o reto, ou reto o redondo? Insuperabilidade do caráter convencional do nome, no momento em que se reconhece a necessidade. (Também os nomes são, portanto, apreendidos, como em Parmênides, que mais do que qualquer outro afirma seu infundamento. Assim, onde está o parricídio? No fato de que em Platão os nomes são colocados na *linha* da própria ciência? Sim, mas essa linha, por certo *não* rompida, como veremos, não termina com a *epistéme* construída por meio de nomes e definições.) O terceiro grau é constituído pela capacidade de *figurar* a definição. Difícil subvalorizar a importância teorética dessa passagem. A *epistéme* não se dá se a definição não é, por assim dizer, *construída*. Platão dá justamente o exemplo de um *demiourgós*. E é exatamente do Demiurgo que se trata! É ele que, tecendo as ideias segundo a *primeira sophía*, o número, as *mostra* na cósmica conexão dos essentes. Os princípios devem ser esquematizados à experiência sensível, devem ser *demonstrados*. Só então valem *inesgotavelmente*. O *eídolon*, o «terceiro», pode ser compreendido em toda sua importância epistêmica apenas se apreendido na perspectiva do esquema kantiano. A *epistéme*, o «quarto», por fim, é apenas o *in-tuir* (*noûs*) a natureza dos «três», e dela ter uma *alethés dóxa*. Não chegamos ao *noûs* que intui o *máthema árrheton*, mas a uma forma, podemos dizer, de fundada *certeza*, que nos *aproxima* do último *máthema*. Não estamos em seu *desvelamento*, mas em um grau de opinião que lhe é intimamente próximo. Por qual razão, percorrido o caminho que nos conduziu ao *noûs* próprio da *epistéme*, ainda *não* chegamos? Por que sentimos que estamos ainda *no escuro*?

Há uma *asthéneia* radical e insuperável do *lógos* como tal (343 a 1: e a mesma expressão voltará em Plotino), uma *inopia magna eloqui*, que neste momento deve ser reconhecida (vale repetir: esse reconhecimento só pode acontecer depois de ter atravessado todos os graus dos «quatro», considerados como um todo, em seu conjunto: 342 c 5). *Asthéneia* é muito mais que «inadequação», indica uma real impotência, uma deficiência constitutiva do *lógos*, de algum modo justamente uma ontológica *diferença* em relação ao *prâgma* agora em questão. Em que consiste essa sua incapacidade de alcançar perfeitamente *saphés* (isto é, de se tornar verdadeiramente *sophós*?): 342 b 7? O *lógos* só pode definir a qualidade (*tò poîon*) dos entes — podemos facilmente completar: sua grandeza, seu onde, seu *prós ti*, seu existir e ser ditos em relação aos outros de si. O *lógos* define o *fenômeno*, o ente tal como a nós aparece na percepção, que é sempre dúbia, confusa e refutável. Nomes, definições e *eídola*, figuras, correspondem ao fenômeno e apenas ao fenômeno se aplicam. Mas *intuamos* que isso não pode concluir a busca. Intuamos que a *psyché*, que a *intenção* fundamental e originária que nos havia movido, não se dirigia ao *como* do ente, mas ao *ón*, à essência do essente, de *cada* essente (343 a 1; 341 b 7), ao *realissimum* de tudo o que *é*. Intuamos que aquilo que descobrimos por meio da *epistéme* não é o que procurávamos, e que, portanto, permanecemos na *aporia*. Aliás, agora que apenas a esta finalmente chegamos, agora verdadeiramente a *estrada e a palavra faltam.* E é *resultado*, não naufrágio. Agora *vemos*, junto com a «imperfeição» dos «quatro», a *luz* do *máthema* pela qual se intui a natureza (*phýsis*) do *alethôs estin ón* (342 b 1), do essente em verdade, manifestamente real, intuição que, mesmo que não se torne uma só com seu objeto (assim como há semelhança apenas também entre filosofia e divina *sophía*), também é *perí*, em torno dele, gira em torno a seu «sol»: o *prâgma toûto*, a *ousía última das coisas mesmas*, que em seu aparecer consegue apenas re-*velar-se*. «Isso» excede o «quarteto», *mas todavia é máthema*. O *lógos* e a Musa filosófica do «quarteto» se constituem no interior do limite-*periéchon* que esse *máthema* desenha em torno deles, e, por isso, *mostram esse limite* como necessário para a definição de seu próprio significado. Pretender determiná-lo no interior do *lógos* seria inverter a relação entre as duas dimensões, mesmo pertencendo, *ambas*, à *ousía* da coisa. Acreditar, assim, poder colocá-lo por escrito, demonstra uma plena ignorância em relação a ele. O escrito, com efeito, só pode procurar definir de modo exato *o determinável*, mas, por isso, sempre corre o risco de esconder o caráter aporético, a incerteza, a dúvida que caracteriza o *lógos*, a partir do momento em que este último deve sempre vir «esquematizado» no lusco-fusco da percepção (veremos bem a pertinência dessa imagem ao comentar as passagens paralelas da *Politeia*). O escrito, todavia, procede por necessidade da percepção: os «quatro» visam à determinação do *como* do essente. Seu caminho tem como fim a *solidez* da definição. Mas, juntos à *epistéme*, eles estão, sim, mas apenas no fenômeno. Chegam, sim, mas não ao último. A própria *epistéme* se torna, então, *rastro* de uma intuição ou de uma *sophía*, que ela não-é e não tem (jamais como nesse caso «ser» e «ter» podem combinar-se). Rastro é *semaínein*, é signo, é *grámma*. Aliás, a coisa mesma, *prâgma toûto*, intuída «além» do como de seu aparecer, mostra-se, *ilumina-se* como *grámma*, *sêma* da própria impredicável singularidade, *grámma* da irredutibilidade do *ón* à reificada e mera presença.

O «quarteto» procede da intencionalidade da alma-*psyché* à intuição-*noûs* do *prâgma toûto*. A alma abre a esse caminho, é em si a *abertura* ao essente. Mas os «quatro» não exaurem sua sede. O «texto» permanece aberto; não corresponde, em sua «letra», à abertura demandada pela alma, por sua parte mais bela (344 c 7). Aquilo que o descerrar-se da alma exige é juntar--se ao maximamente Aberto, Physis. A alma *ek-siste* por isso, e isso é missão infinita. Como a Physis re-*vela* a razão de existir última do essente, assim o caminho da alma é demasiado profundo para que a própria alma possa *se* conhecer. Se os deuses não nos tolhem a sabedoria (344 d 1) e não caímos na *hýbris,* reconheceremos esses confins, mas justamente ao reconhecê-los intuiremos-veremos também qual *prâgma* os excede. Aliás, o experimentaremos na alma; ele também será percebido exatamente no interior de qualquer ato do *lógos*. Sua *experiência* não conduzirá a um «apagamento» do caminho do *lógos*, mas, pelo contrário, toda a via para chegar a sólidas definições (*bébaion* = *baíno,* ainda é preciso lembrar) se reconhecerá, por fim, como *signo* da impredicabilidade do *prâgma toûto*.

Todos os termos da *Carta* VII obrigam assim a lembrar elementos já analisados, do sentido aristotélico da *quidditas* ao inaugural de *eón* e Physis em Parmênides, e deverão, na mesma perspectiva, ser vinculados a outros *tópoi* fundamentais do assim chamado texto metafísico, além daquele próprio do classicismo grego. Mas agora é necessário ver nisso a relação com o próprio núcleo das «doutrinas não escritas», assim como tal núcleo se nos mostra — a meu ver com suma clareza — totalmente *alethés*, na *Politeia*.

5.1. *A última das ideias.* O *máthema* último da *Carta* VII aparece na passagem teoricamente decisiva da *Politeia*. A figura do filósofo *parece* finalmente ter sido definida: é aquele capaz de apreender, perseguindo com *eros* incansável, as realidades que são sempre em si e para si (484 b 5) congêneres à parte intelectiva da *psyché*, esta que deverá ser timoneira também da *verdadeira* pólis. Não é este o lugar para descrever todo o desencantado realismo com o qual Platão trata esse paralelo, a análise implacável das dificuldades quase insuperáveis que impedem a realização de seu projeto, e que ocupam toda a primeira parte do Livro VI. Concentremo-nos nisto: o filósofo é aquele que chega à *ciência* daqueles princípios, daquelas «realidades» que sempre estão, com base nas quais nos é dado conhecer a *ousía* mesma do ente, e sair do oceano *apatelón*, assim o chamava Parmênides, não marcado por caminhos seguros, da empiria e da *dóxa* (dimensão que, em si, Platão de forma alguma despreza, e ainda menos compreende segundo um paradigma abstratamente dualista em relação às ideias, como fica evidente a partir da famosa passagem sobre a «linha»: 509 d 6 ss.). Mas é suficiente essa *epistéme* para produzir o filósofo, e justamente aquele filósofo que deveria, com base no modelo do próprio saber e do equilíbrio alcançado *in interiore*, na própria alma, governar o navio da pólis? Não basta, como não bastam as virtudes, *aretaí*, sobre as quais já nos livros precedentes tanto se discutiu, e que uma a uma seriam «etimologicamente» compreendidas: *dikaiosýne, sophrosýne, andreía, sophía*. Não basta saber *definir* o essente; não basta aquela *sophía*, que se exprime na coragem, em um sentido da justiça certamente superior à deferência em face da lei escrita, e à moderação ou temperança ao administrá-la. Há algo mais alto, *meîzon* (504 d 4). Há um *mégiston máthema* (504 e 3-4; 505 a 2). A «psicologia» das *aretaí*, ligadas à «razão prática», mostra-se *asthenés*, aflita pela mesma *asthéneia* do *lógos* na *Carta VII*. De tal *máthema* os interlocutores de Sócrates-Platão ouviram falar, e não raramente. Mas o Mestre se retrai. Como poder discorrer sobre isso? Não, por certo, no sentido preciso do *lógos*; naquele do *mytho-logeîn* do *Fédon*, talvez. Mas, antes: por meio de um *signo que remete*, uma *sábia imagem*. Mais uma vez, um *grámma*. E nesse ponto Platão ousa pronunciar o «nome» do objeto do grande *máthema*:

Agathon (que podemos «ousar» traduzir apenas por Bem, uma vez que não pode ser confundido com *bona* genéricos; a tradução «bom», todavia, aquela proposta, por exemplo, por Vegetti, deve ser levada muito a sério, segundo uma perspectiva ontológica, nem ético-moral nem dualística: o Agathon funda, com efeito, a *bondade* de todo essente — e a concretude da relação entre Agathon e *bona* é claríssima nas palavras de Sócrates, 505 b 1-2). Também se o nome jamais poderá equivaler à coisa, o dado é lançado: de que «coisa» é *sêma-grámma* esse extraordinário nome?

Agathon é *ideia*, e ideia que deve poder ser ensinada, uma vez que é definida *máthema*. Última *ideia* entre as ideias, e sumo *máthema*. Para isso, não ocorre nenhuma *ékstasis* do mundo das ideias e dos *mathémata*. Mas, enquanto não se é *e-ducado* nela, não é possível dizer-se verdadeiramente filósofo, nem se será capaz de *fazer-pólis*. Agathon é uma hipérbole, mas tudo menos uma figura retórica! Não uma figura «exagerada» com a qual exprimir uma realidade normal (como quando se diz «montanha» para um amontoado de objetos), mas a ideia que unifica todas e a cada uma confere direção e sentido. Não tanto o ponto geométrico, no qual seus caminhos se resolvem, quanto a energia que as funda e alimenta, sua *ratio operandi*, o *paradigma* que as informa e lhes dá vigor: *enargès... parádeigma* (484 c 7-8). Caso não seja conhecida de forma adequada (*hikanôs*), não seria de nenhuma utilidade conhecer todo o resto (505 a 5-7). O «resto» é a «linha» que conduz até a dialética das ideias, linha *synechés*, toda conectada, do «segmento» em que ao imediato aparecer do ente corresponde o caráter imediato da impressão sensível àquele em que às puras imagens substituem-se figuras das coisas e das próprias obras do homem, figuras cuja consistência real é crível (*pístis*), àquele (passando à parte *noética* da «linha») que, *servindo-se* das imagens e figuras da primeira parte — isto é, com base na *experiência* aí maturada —, conduz a própria busca, interroga-se sobre a constituição dos essentes, e não pode fazê-lo, nesse grau, a não ser avançando hipóteses, «experimentalmente», até o último segmento em que se definem de forma não hipotética aqueles princípios que saberão «governar» toda interrogação do essente, princípios necessários e universais: a realidade que sempre-é das ideias em sua *symploké* dialética. Não se trata das diversas *navegações* que a alma realiza, mostradas em sua conexão, na *harmonia* mais potente de toda empírica relação. Cada grau tem *valor* em si e, ao mesmo tempo, funciona como mediador: a *dóxa* média entre mera sensação e *diánoia*, a argumentação hipotética; a *diánoia* entre *dóxa* e *epistéme*, a ciência dos princípios. O Caminho, então, é retornado: os princípios devem se demonstrar capazes de aplicações às *ónta*, à *phýsis*; a parte noética *diz respeito novamente*[1] à parte doxástica. Se o *daímon* não é o Deus, mas o divino mediador, compreende-se então por que essa filosofia é demônico-erótica. O *mŷthos* da Caverna só fará com que se retome esse esquema teorético, complicando-o e aprofundando-o, em uma imagem grandiosa e «fatal» para toda a civilização do Ocidente. O esquema forma a «tábua» ontológico-gnosiológica do processo por meio do qual podemos conhecer *determinadamente* os essentes, sua *ousía*. Mas eis que aqui, longe do «fechar-se», a perspectiva se reabre de forma prepotente. E se reabre apresentando não argumentos «lógicos» ulteriores, mas verdadeiros *ideogramas*. O que excede a «linha»? Qual *asthéneia* apresenta sua construção, todavia tão potente? O que é *demasiado*, *aga-*, para essa *asthéneia*, a ponto de ela não conseguir «compreendê-lo» em si e que, entretanto, não deve de forma alguma ser considerado uma abstrata alteridade em relação ao ponto conclusivo por meio do qual ela é alcançada? Como significar essa *arché* das próprias *archaí*, esse princípio dos princípios ou *máthema* dos *mathémata*?

---

1 Cacciari utiliza o termo *ri-guarda*, que, no contexto, deve ser traduzido como *diz respeito*. Todavia *riguardare* também significa *olhar novamente*, e, com o hífen, há um jogo intraduzível entre *dizer respeito a* e *olhar novamente*. [N. T.]

Seguimos os rastros do ideograma. Expor desse modo a ideia última e mais perfeita poderia fazer cair no ridículo (506 d 7), mas a tal Ideia não temos outra maneira de corresponder senão *aproximando-nos sempre*, isto é, sempre mostrando a distância que estamos de poder *determiná-la*. As razões dessa *asthéneia* são essencialmente teoréticas e são integrantes do «sistema». O ideograma desenvolve por isso uma função decisiva e imprescindível — muito mais do que nas famosas imagens-frontispícios barrocas do *Leviatã* ou da *Ciência nova!* Ele retrata o Sol. Nós o conhecemos como ente físico ou, caso se queira, também como deus *visível*. Mas aqui procuramos apreendê-lo como signo, rastro, referência. A experiência da «primeira navegação» pela Physis, pelo que nela aparece, nos diz que o Sol não apenas torna visível as coisas, mas é também fonte de sua vida. No entanto, o Sol é *aisthetón*, como todas as outras *ónta* que «acreditamos» existir (os entes que encontramos no segundo segmento da «linha»). Todavia, Ele, como tal, em seu próprio aparecer, é também outro: é um signo, aliás: é o signo-símbolo «daquilo» que excede não só o âmbito do sensível, mas também aquele, a este extremamente conexo, como se viu, do noético. Ele é o *primogênito* desse *Excedente*, desse «demasiado» em relação a toda determinação, e que, mesmo assim, em todo ente e em toda determinação de essência *se mostra*. O Sol *faz* luz, mas não é Luz. Nem é o Sol a única fonte do ver; se os olhos fossem cegos, o Sol poderia brilhar mil vezes mais e nem por isso veríamos. Para ver é preciso a luz do Sol e aquela que brilha no próprio olho do vidente, olho do corpo *e* olho da alma que contempla as ideias ou princípios, porque de outro modo *tà physiká* restariam para o homem no escuro. O Sol não é a luz que torna afins a pupila e o Sol. Deve ser Luz Agathon, apreensível apenas *en tôi noetôi* (508 c 1), para explicar a possibilidade de que Sol e olho, vidente e visto, correspondam-se — se *submetem*, diz Heidegger na interpretação talvez mais profunda de que dispomos do *mégiston máthema* platônico (em *Da essência da verdade*, mas também em *Sobre a essência do fundamento*).

Observando bem, nem mesmo a luz, *phôs*, como tal, pode ser o Agathon. Também ela é corpo, *aisthetón*; de fato, *atinge* dolorosamente aquele que, livre das cadeias, alça-se ao alto e dela faz uma experiência progressiva. Também a luz é um *determinável*. Mas seu signo-símbolo se faz mais próximo do Agathon do que o do Sol. Seu ideograma poderia verdadeiramente ser imaginado como o de um puro *cháos*, do Aberto — mas do Aberto como lugar de toda harmonia ou conexão. Um círculo branco sobre um fundo branco? Por certo não um buraco negro onde tudo desaparece; pelo contrário, um ventre do qual tudo provém e que tudo custodia em si, não «ciosamente», mas para *deixar que exista*. Além dos deuses da astrologia, suas luzes, a Luz; além da Luz, a *ideia* da Harmonia mais forte do que qualquer conexão manifesta, a ideia «daquilo» que torna possível a correspondência entre luz e olho, entre a coisa vista e o vidente, entre a coisa como vista sensivelmente e sua *ousía* como contemplada pelo *noûs*. Esse Nexo ou Jugo, o mais nobre de todos (508 a 1), fundamento de toda predicação, constitui o impredicável Agathon. Não é entificável, não é presença no sentido da *ousía*, mas de forma alguma separado desta, dualisticamente concebível. É, sim, Bem, mas porque *bom*, porque torna possível a própria vida do essente e sua cognoscibilidade. É Bem porque *effusivum sui*, mesmo sem jamais declinar ou perder-se. Não é demonstrável, pois fundamento de todo aparecer e de todo *lógos*, mas *se mostra* em toda conexão do ser-aí. É a possibilidade transcendental da relação não só de sujeito e objeto, mas do *mover-se* do sujeito à coisa, de seu *eros* para conseguir corresponder a ela, e do sempre problemático dar-se da coisa à interrogação. É a *causa*-Coisa última pela qual o ser-aí do homem ek-staticamente se volta à determinação da *ousía*, e esta lhe *aparece* determinável. Não é o Sol nem mesmo propriamente a Luz. É *epékeina tês ousías* (509 b 8), além também das *ousíai* de Sol e de Luz, e também supera estas por dignidade e potência.

Podemos dizê-lo Uno, podemos unificar a doutrina do Bem e henologia (como fazem *expressis verbis* Hans Krämer, e sua escola, e Giovanni Reale, com base em indiscutíveis enfrentamentos com o texto platônico, além do *corpus* dos testemunhos), mas distinguindo de modo preciso: o Bem é Uno como princípio último de todas as possíveis conexões, e é Bem-*bom* porque as leva ao ato. O Bem é superior à *ousía*, no sentido de que sua ideia supera a potência do *lógos* determinante, *apophantikós*, e de forma alguma no sentido de que este não seja em si *conjugado* ao aparecer e à presença dos essentes. «Aquilo» que conecta não pode ser desconectado. Apenas nos *ónta* ele se mostra — mas nenhum dos *ónta* pode ser ele. Alguns têm o dom de poder significá-lo, isto é, dispõem da potência do *semaínein*, como o deus que está em Delfos. A intepretação desses signos não leva a dizer *que coisa* eles indicam. E, por isso, a poder de-*screver* isso. O rastro permanece rastro, uma vez que a «coisa» a que conduz o caminho é *intuída* como verdadeiramente além do determinável, mas de forma alguma *outra* em relação ao essente. Essa intuição pode ser comunicada, sobre ela podemos *conversar* (o *syzên* da *Carta VII*), dela podemos fazer «imagem», e justamente tudo isso corresponde à sua natureza. Não se trata de nobres «desdobramentos», mas de compreender como em torno a esse *máthema* seja todavia possível *dialogar*. Seria risível querer comunicá-lo com outros meios! Portanto, o ideograma não é signo de dolorosas renúncias, mas do ter compreendido a natureza do Uno em direção à qual ek-staticamente o ser-aí é sempre destinado, está sempre em-via. Podemos chamá-lo também «vestíbulo» do Agathon, como no *Filebo* é chamada a beleza, e de modo ainda mais forte no *Banquete*. O vestíbulo é parte integrante da casa, do habitar. Através de seu espaço é necessário passar. Mas a demora a que dá acesso não tem parede que a feche, não é o lugar sagrado do *naós*; ela é paradoxal *oîkos áoikos*. A casa-caminho que olha para o Aberto do Agathon. Aí, se alguma vez em um lugar, habita o *philo-sopheîn*.

O caminho narrado no mito da Caverna representa por isso o único modo em que é «conveniente» dizer sobre o Agathon. Como para os segmentos da «linha», também aqui todos os graus permanecem conectados. A Luz os conecta, a Luz que penetra até o fundo da caverna, de outro modo nem mesmo as sombras seriam visíveis. Se também nosso mundo já é Hades, como dizia Empédocles, ele também não é *a-ídes*, invisível, e apresenta uma abertura (o buraco da agulha!), sem Cérbero a vigiá-la, que nos é concedido poder ultrapassar. A Luz *chama*, re-torna a si. O ser-aí, todo ser-aí, é heliotrópio, diz Plotino. E, chamando, a Luz nos *libera*. O ato inicial do movimento que libera, a origem da *anabase*, não é decisão racional do sujeito, mas chamado da Luz, que golpeia *exaíphnes*, no instante. Não se trata do mesmo significado do termo que encontramos na *Carta VII*: naquele contexto, era o instante da intuição que representa o fim da educação filosófica; aqui, ele indica o próprio desabrochar daquela educação, «aquilo» que a move. Como definir, com efeito, «aquilo» que nos faz responder ao apelo da Luz? É talvez algo em nosso poder, do qual podemos dispor a nosso bel-prazer? Acontece — e acontece *epékeina tês ousías*. O impredicável é origem e fim, alfa e ômega da interrogação. Mas não somos livres, sempre nos livramos. O mito narra uma libertação que não pode «solidificar-se» em nenhum estado. Também *anabase* e *catabase* se conectam. Juntos no cume da intuição do Agathon, de fato não se é livre. A liberdade se manifesta apenas no liberar. É, portanto, necessário retornar, exatamente como o Agathon assim é porque *se difunde*. Se não retornasse à caverna, o protagonista do mito demonstraria apenas não ter sido libertado e não ter chegado à intuição do Agathon. Mas na caverna parecem por ele esperar apenas morte e desastres. Pois bem, os seus serão *aparentes* ou ao menos jamais naufrágios desesperados, uma vez que justamente no retorno ele afirma ter percorrido o caminho *ao alto*, e porque tê-lo percorrido mostra a possibilidade sempre aberta de que outros o percorram. Se há urgência do ver (até mesmo *prepotência*, para Heidegger), não se trata de um ver que chegue à *epopteía* do próprio objeto. A Luz que avança até as trevas da caverna nestas *reflete* novamente. A visão jamais se aquieta, assim como a liberdade jamais é adquirida de uma vez por todas. Vidente e visto não podem identificar-se; para que acontecesse, eles deveriam chegar a possuir «aquilo» que torna possível sua própria conjunção. Mas o filósofo é quem se coloca por inteiro naquilo que *não é seu*. Quando faz do Agathon um atributo de seu agir ou um objeto de seu pensar, a filosofia se torna *polymathía* e tudo deve se resolver no interior dos *mathémata* contidos no percurso-discurso da «linha», da qual o Logos é senhor. Com o *pathos* do *koûros* parmenidiano, Michelstaedter havia compreendido profundamente aquilo a que a dialética das ideias e a *teleutaía idéa* do Agathon, pelo contrário, abriam.

Por diversos graus desce-e-se alça a Luz e diversos graus de *desvelamento* se manifestam (Heidegger). A tais graus correspondem diversas medidas do conhecer. Essa relação se estabelece no confronto entre a análise da «linha» e o mito da Caverna. Tudo se realiza, tudo é conectado — e tudo, ao mesmo tempo, como vimos, *aberto*, dá ao Aberto. Nada é pura treva, cada essente *é*. Conectados os próprios *lógos* e *grámma*, discurso e imagem-signo-referência. Mas a verdade da conexão não é passível de ser possuída; nosso *lógos* assim como nossos *sémata* joga *nela*, não a determina, *mostra-a*. Agathon é, então, a possibilidade que nos é dada de proceder livremente no aberto da Verdade, sobre a *terra pura* de que fala o outro grande mito, o do *Fédon*. Verdade é o manifestar-se do ente, e conhecimento o poder predicá-lo como ele é; mas ainda mais *belo* (no sentido pleno do *kalón*) será o Bem que os torna possíveis e os conecta. Uma beleza *améchanon* (509 a 6), por nada inconcebível, como por vezes se traduz, mas impossuível, impossível de obter e predicar exaustivamente, da qual, todavia, todos os entes, *pánta*, participam com o próprio amor por ela (511 e 3).

5.1.1. *Os tempos mudos.* O que o *lógos* compreende não aparece por isso representável, à luz da dialética entre ideias e Agathon, a não ser também mediante o *signo* do *mŷthos*. O *mŷthos* não é um *significado* que o *lógos* exprime simplesmente por meio de uma forma poético-narrativa. É, pelo contrário, muito mais um *signo* que ele encontra e interpreta. Um *signo* que, por isso, permanece aberto à interpretação. O filósofo o encontra, assim como ele se encontra, no *thaûma*, diante do essente. E todo essente pode valer como *signo*. Mas há muito mais: o *mŷthos* não é apenas uma forma diversa do dizer em relação ao *lógos*; sua diferença é muito mais originária do que aquela que institui, a certo ponto, a própria filosofia. Seria possível parafrasear Vico dizendo que é característico da soberba da filosofia acreditar que o destacamento do *mŷthos* seja o produto de uma decisão racional própria. O *mŷthos* aponta para um «comum», seja do mito como fábula-narração, seja do dizer como *légein*. Como o *lógos* diz respeito essencialmente ao essente, assim ele pressupõe esse «comum» que o *mŷthos* representa, e que *não é* propriamente um dizer. É um *signo*, justamente, que o discurso filosófico poderá interpretar, poderá também fingir reduzir a expressão das próprias ideias, alegorizando-o, isto é, literalmente, reportando-o a si. Mas mesmo Platão mostra saber (e bastaria sua relação com a arte poética para demonstrá-lo) que o *mŷthos* resiste a toda operação noético-dialética, como a toda mito-*logia*, exibindo diante delas uma «arcaicidade» insuperável. Isso pode se explicar apenas por sua originariedade em relação a toda forma do dizer. Se não temos nenhuma capacidade de pensar senão por meio dos signos, os signos não são apenas aqueles já inseridos no jogo das interpretações, que remetem a interpretações precedentes e ainda abrem a outras, sempre passíveis de confronto com conhecimentos precedentes ou com «hábitos». Não se trata apenas, em suma, dos *grámmata* da gramática. A *raiz* de *mŷthos* — que no ideograma platônico talvez ainda mantenha algo de sua potência — indica uma origem da língua cuja ideia está no centro da *Ciência nova*, e que, apesar das contribuições nesse sentido, fundamentais porquanto diversas, de C. Sini (por exemplo, em *Passare il segno*, 1981) e V. Vitiello (por exemplo, em *Vico. Storia, linguaggio, natura*, 2008), permanece ainda quase ignorada tanto pela escola dos «realistas» quanto por aquelas dos «hermeneutas» e «desconstrutivistas».

O *mŷthos* sempre foi compreendido, seja no tempo da «língua simbólica» seja no da «língua *pistolare*», para nos exprimirmos com termos antigos, ou, ainda, tanto no epos quanto no *lógos*, como *pressuposto* da própria linguagem, mais do que linguagem. Mas foi uma compreensão confusa, um rastro perigoso do qual é preciso rapidamente se distanciar. A filosofia procurou assimilá--lo ao epos, mas sempre ficou claro como o próprio epos já constitui uma *mitologia*, um estágio já formado do *mytho-logeîn,* isto é, um sistema de signos que remetem a significantes pressupostos e que eram destinados a se remeter a novos interpretantes. Nesse quadro, é impossível «voltar» a um signo que também não seja linguagem. Pelo contrário, justamente esse referimento é assinalado pelo *mŷthos*, a partir de seu *próprio étimo.* Se a palavra deriva de idiomas mesopotâmicos, ela é afim a termos que se referem a contextos religioso-sagrados, nos quais o culto se desenvolve por meio de cerimônias e rituais nos quais o papel da palavra--frase é de todo subsidiário. E as próprias «palavras» do oráculo se aproximam muito mais do *som* (o *vac* védico é som-*vox*; o significado próprio da palavra ou língua apenas deriva dele), um som todo-presença, que ocupa todo o *espaço* (e que pode chegar até a *encarnar-se*: o *Ver-bum* divino), do que do «discurso» (que seja o do enigma). Mas esse som retumbante no ouvido e na mente de quem escuta é o do radical *mu*, que Frisk lança a hipótese de estar na base de *mŷthos*. Sem dúvidas, este explica a família dos termos *mýo, mýstes, mystikós* etc. O que estes indicam (seja ou não *mu* onomatopeico) é o conter, o cerrar, o ser fechado. *Mýein* se usa para o fechar-se dos olhos, dos lábios, da boca. *Mýstes* é aquele que *cala* o conteúdo da visão a que foi iniciado (*myeîsthai*). *Muka*, em sânscrito, é o latino *mutus*. Se no *mŷthos* advertimos a potência do som, do som que não «declina» ainda em palavra, sua aproximação a *mýein* se impõe. Místico significaria, então, remontar à escuta do som (que é criador, no hinduísmo) precedente a toda palavra ou língua, fazer-se como Ele *mudos* — não silenciosos, mas, pelo contrário, ressoante das vibrações de que todas as vozes são formadas, e das vozes as palavras, como prole do Som. A tal Som não se poderia associar aquele primeiro emitido por Adão, segundo Dante na *Comédia* (de forma diversa do *Convívio*, em que Adão pronuncia *o nome* de Deus em hebraico, El): «Antes que descesse à infernal morada, *I* se chamava na terra o Sumo Bem» (*Paraíso*, XXVI, 133-34)? Transliteração de uma só letra do alfabeto hebraico, do *yod*, que indica que «toda letra já é um nome divino», como para Abulafia (U. Eco, «Dante entre modistas e cabalistas», in *Da árvore ao labirinto*, op. cit.)? Ou, ainda mais, que a primitiva não é língua, mas faculdade de falar que apenas na emissão do signo sonoro ainda se exprime?

Seja como for, o Verbum divino é imediatamente antropomorfizado caso compreendido como um *discurso*. À sua imagem, do mesmo modo, nossa primeira «palavra» deverá, pelo contrário, ser *muda*, pura *potência* de canto, que se faz narração, discurso etc. Rosenzweig, em *A estrela da redenção*, afirma isso ao religá-lo à grande tradição hebraica, não só cabalista, de «filosofia da linguagem». É o desdobrar-se do Nome *indizível* que, irradiando, cria todas as coisas, assim se dá ao homem e o torna falante. Nosso ser falante nos vem de forma *imediata* do espírito (*ruah*) de Deus, que infinitamente transcende o espírito *escrito* da Lei. Poderia valer como símbolo dessa *ruah* o som emitido na virada do ano pelo corno do aríete, o *shofar*, que virtualmente contém em si todas as expressões da língua (G. Scholem, *Il nome di Dio e la teoria cabbalistica del linguaggio,* 1970).

Vico centra na afinidade entre *mŷthos* e *mutus* o capítulo da *Ciência nova* dedicado às origens das línguas e das letras. O *mŷthos* representa a «língua» dos «tempos mudos das nações», língua-não-língua, se por língua se compreende apenas, como pretende a soberba dos doutos, aquela que se articula na relação *ónoma-rhêma* — se não até mesmo aquela «lógica» —, mas signo significante potentemente, pelo contrário, se ouvimos no termo o *som* de *vac*, de *vox*, ou o dirigir-se dos *signos* do oráculo ao piedoso, do qual desperta o *thaûma*. O *mŷthos* é rastro de um tempo no qual o homem comunica «com acenos ou atos do corpo» e que tem com a ideia uma relação imediata (não *nomes*; os nomes jamais podem pretender uma relação similar. Mas não porque são arbitrários ou convencionais! Essa ideia deriva dos «gramáticos», e dos gramáticos passou também aos grandes filósofos, como Aristóteles, os quais, ignorando a origem de um tão grande número de vocábulos «que dão ideias confusas e indistintas de coisas», «estabeleceram universalmente a máxima de que as vozes humanas articuladas significam arbitrariamente». Mas, na realidade, elas se formam «por transportes de natureza, ou por propriedades naturais, ou por efeitos sensíveis». Existe, em suma, uma «voz» mítica que se agita no interior de cada palavra das próprias línguas simbólicas e *pistolare*, e que, no fundo, é aquela que o poeta sempre procura lembrar e re-exprimir, «musicando» a palavra e a frase). Acenos, atos, corpos são signos sensíveis, tangíveis, *grámmata*, características que imediatamente indicam as coisas, como que as assumindo em si. Podem, por isso, dizer-se *símbolos*, e a língua dos «tempos mudos» pode ser compreendida como sistema ou combinação de símbolos (para Vico, também esta apresenta certamente as características da recursividade e inovação próprias de toda linguagem). A origem das línguas e a das letras é, por isso, «conjunta»: antes da arte do falar (e da gramática, compreendida nesse sentido) há a língua dos «mudos» que se *inscreve* em atos e signos corpóreos. A gestualidade é a linguagem do corpo (como Ortega repete a partir de Vico, mas sem aprofundar o nexo entre gesto e *grámma*). Todas «as nações antes falaram *escrevendo*» (grifo nosso), e os signos dessa escrita tinham de ser compreendidos em imediata relação com a ideia que exprimiam, exatamente como os sons e os gestos que os acompanhavam. Linhas, como o mundo, plenas de ravinas e sinuosidades, não explicações, não exposições do mundo — como as *lignes, seulement lignes* imaginadas por Michaux. E a partir daí o canto, a poesia, os sons articulados e a escrita que os representa, o *lógos*, a filosofia. É possível também aqui o *recurso*? Não seriam os romancistas «os poetas heroicos dos tempos bárbaros que retornaram»? E então seria também possível voltar aos tempos dos «mudos»? As «verdades incontestes» se atêm ao fato de que a escrita não segue a língua já articulada como um instrumento dócil seu, que *mŷthos* acena a arcaicos «tempos mudos» ou às «linguae sonitus» (Lucrécio, V, 1028) cuja natureza obriga o gênero humano em seu primeiro selvagem a errar (sobre isso, são evidentes as fontes lucrecianas de Vico), e não pode de modo algum ser invocada como simples fábula ou alegoricamente, que não só a língua, mas nenhuma palavra pode ser considerada «à nossa disposição», como se a tivéssemos inventado e construído para desenvolver «logicamente» a função do comunicar («não há um só aspecto da gramática que se possa dizer *funcional* à comunicação», A. Moro), e que o próprio comunicar «lógico», por fim, é parte ou fragmento da forma global do significar-simbolizar.

A partir da primeira escrita, nascida de uma só vez com o gesto, com o som, *inscrita* no corpo vivente dos «mudos», nasce o *hieróglifo*. A «desconstrução» de Vico é implacável: o hieróglifo não é véu de alguma resposta, altíssima sabedoria, ciosamente guardada, não é invenção de sacerdotes e filósofos, mas «natural necessidade de todas as primeiras nações». O nome é apenas o *signo* da coisa que com o *corpo* é indicada, e esse signo é *hieroglífico*. A língua nasce desse relacionar-se imediato de homem e terra, «porque com o compreender [o homem] explica sua mente, e compreende essas coisas; mas, com o não compreender, a partir de si ele faz essas coisas e transformando-as se torna». A tradução literal do hieróglifo com que os egípcios indicavam a própria língua soa «a boca da *terra*». À luz dessa *arché* serão compreendidos também os sucessivos desenvolvimentos. Estes não apagam seus *rastros*. Metáforas, imagens, semelhanças, comparações, que formarão a língua poética, são todas *sémata* dessa *arché*. E, como se viu, as próprias línguas vulgares dispõem de palavras que, «por essas suas origens naturais, devem ter significado naturalmente». O *mytheîsthai* permanece no fundo do *lógos*. Quando o *lógos* aprofunda em si, eis que o encontra. Isso poderia acontecer por força do *recurso*, cuja ideia constitui o núcleo mais íntimo da «dramática» de Vico, isto é, para uma *catástrofe* da civilização. Mas não poderá deixar de acontecer em todo momento em que o *lógos* encontra um *signo* que se mostra irredutível às suas conexões. Mal se depara com um *grámma-coisa* que se lhe opõe como arcaicamente prepotente (o oposto de um «enigma»! Uma autêntica Esfinge!), o *lógos* só poderá rememorar a *arché* da qual provém e o próprio ser-*lançado* na *symploké* das formas do comunicar. Ou talvez o *lógos* presuma ter afastado para sempre a possibilidade de encontros desorientadores como esses? Talvez já esteja excluído que o Logos possa *emudecer*? Na realidade, faz experiência contínua disso: assim que a palavra lhe «falta», eis que ele encontra o *mŷthos* e seus símbolos. Tão logo «declina» da soberba de querer ser «*langagière*» (Merleau-Ponty) sobre tudo, abre-se para ele o problema do *mŷthos*, *periculosum maxime*. Então, todo seu significado é apreendido — e se compreende a trágica seriedade da *diaphorá* colocada por Platão entre *lógos* e *epos-tragédia*, epos e tragédia que ele sabia muito bem serem também «pontos» na margem «muda» do *mŷthos*.

Todavia, eis que justamente o *lógos*, no ápice de sua potência dialética, traça signos-*grámmata*: Sol, Lua, Caverna,

Montanha, signos que resistem a toda redução a significados unívocos, que refutam ser expressos em escritura alfabética, que persistem em sua realidade ideogramática, com a finalidade de significar o paradoxal *prâgma* que é *demasiado* em relação à palavra, ao verbo, ao *lógos*, mas que, das suas conexões, das infinitas possibilidades de seu conectar-se, é *arché* e *télos*. Diante do *mŷthos*, o filósofo reconhece ter «chegado tarde» e não dispor de nenhum poder sobre a energia que produziu a própria língua (a não ser, talvez, aquele de *fingir* ignorá-la ou considerá-la para sempre «superada») — mas é com a «linguagem» do *mŷthos*, ao mesmo tempo, que ele indica o fim da própria busca: chegar à ideia das ideias, à lei geral da conexão entre sujeito e objeto, vidente e visto, à expressão perfeitamente luminosa (*fanerologia*, termo de Peirce, mais que *fenomenologia*) «daquilo» que a torna possível. Mas isso comportaria *ser uno* com a própria verdade, *homoíosis aletheíai*, poderíamos dizer com expressão equivalente à *homoíosis theôi* do *Teeteto*. Assim como, no mundo do *mŷthos*, os «mudos» se faziam um com as substâncias animadas, e um com a *terra* se faziam os sons, os atos, os gestos de seu *corpo*, sem recorrer à «nomeação».

5.1.2. *Ut pictura philosophia.* Sábias *imagens* o filósofo quer *pintar* na alma (*Filebo*), e quer fazer com que por aquelas esta se apaixone. O *pensar por imagens* manifesta essa intenção, irredutível àquela do *lógos apophantikós*, mesmo que a esta não seja em nada abstratamente oposta. A imagem por si só apaixona, desperta *eros*, e se, portanto, a sabedoria não *quisesse*, não ansiasse «furiosamente» *ver-tocar* o Agathon, o discurso pararia nos primeiros passos fora da Caverna. Não é a imagem do Si que a filosofia pinta, aquela pela qual Narciso se apaixona, mas a da liberação da prisão do Si: a imagem do absolutamente Real, que o pensamento pode chegar a contemplar tão profundamente a ponto de nela se reconhecer como parte. Mas disso não seria possível dar-se imagem! Por isso, a filosofia pinta *na alma*; de fato, são imagens as suas, mas do invisível que se contempla *in interiore*. A palavra as evoca; a alma em si as vê; vê o átimo incapturável do liberar-se do prisioneiro, a tremenda fadiga de manter o olhar fixo na luz, o espetáculo dos deuses visíveis, a beleza dos *ritmos* que vinculam os essentes ao próprio indizível do Bem. O filósofo-pintor deve representar tudo isso com exatidão fiel. Mas não só o Fim desse itinerário, seus próprios momentos, olhando bem, são irrepresentáveis! Eis o dilema, a aporia. *Philosopheîn* exige *eros*; *eros* requer imagens; mas verdadeiras imagens daquilo que a filosofia ama e quer fazer amar parecem impossíveis. Como se a filosofia aferrasse em uma só coisa a violência iconoclasta e a máxima nostalgia pelas imagens, pela *figura*.

Essa aporia constitui o traço profundo do pensamento do Humanismo e, diria, a característica, se há uma, do *genus italicum* do filosofar (ignorado pelo racionalismo, idealismo e por seus epígonos, tocado por Grassi, Garin e pouquíssimos outros). É o problema da conexão essencial entre palavra, imagem e ação, entre *mŷthos* e *lógos*, entre o *pathos* do *gesto* e a *ratio*, a ordem do discurso, que se ilumina dramaticamente no seio da *manía* filosófica. A imagem não é ilustração; para parafrasear Goethe, não existem nem casca nem núcleo na *imagem filosófica*. A *theoría* exige em si ver e fazer-ver, mas «aquilo» que, por fim, chega a «ver» é em si irrepresentável. Então, e apenas então, são necessários os *sémata*; não a imagem daquilo que poderia ser dito-visto, mas justamente «daquilo» que permanece essencialmente indizível-invisível. Os *sémata* são os índices-signos absolutamente necessários, uma vez que nenhum discurso poderia substituí-los, de forma adequada, pela «palavra que falta».

Platão gostaria de pintar na alma a imagem da realidade última do essente, na conexão de todas as suas partes. E apenas de imagem pode se tratar, dado que o *Realissimum* não se desvela. Existe correspondência ontológica entre a imagem que o filósofo pinta e a disposição das coisas. À suma ideia, ao *máthema* último do Bem, podem corresponder apenas hieróglifos, ideogramas; aos vestígios do Bem e das ideias que só *na mente* podem demonstrá-lo, correspondem as coisas mesmas, *idearum vestigia*; e, por fim, à coisa em sua singularidade, ao ente em si, correspondem as nossas representações, *sombras* daquelas *vestigia* das próprias ideias. Conhecemos determinadamente apenas ao nos distanciarmos da Luz, sem dela jamais nos separarmos. E a energia que nos consente estar conectados à Luz é a da imagem. Dessas sombras, necessárias aproximações à Luz, fazemos afrescos nas paredes da memória. Giordano Bruno permanece o insubstituível ponto de comparação em toda reflexão autenticamente filosófica em torno do problema do «pensar por imagens». É notório como tal reflexão continua a encontrar impulso a partir das leituras warburguianas e da *Filosofia das formas simbólicas* de Cassirer, mas é no confronto com a *ideia das ideias* platônica e, portanto, com as interrogações últimas do neoplatonismo, por um lado, e com o problema do *mýthos* como dimensão insuperável do próprio *lógos*, do outro, que ela ainda manifesta toda sua importância para o *diaporeîn* que constitui a filosofia.

As imagens emblemáticas de Bruno, o rio cheio de hieróglifos que transborda das páginas de *De gli Eroici furori*, podem ser compreendidas como simples representação de ideias? Transcrições não verbais a serviço do texto filosófico? A potência dessa *pintura* pode ser reduzida ao significado de um frontispício? Que pesada cegueira pode interpretar o «calor do sol» que «os animados nasceram para ver», do qual se inclina toda a «maravilha» do Furioso, como mera transposição literária, quase um ornamento, do conceito de perfeita *actuositas* do essente! A imagem de Bruno (mas a imagem neoplatônica em geral) tem sua eficácia e energia próprias, é fator em si da «divina philosophia», da qual a *manía* poética é dimensão integrante já no neoplatonismo florentino («o divino furor em que tem origem a poesia», no centro do *Comentário* dantesco de Landino). Ela é signo da desproporção insuperável entre a finitude da forma discursiva e o *infinito*. A imagem mostra o único modo em que é possível «dizer» essa *diferença* ontológica. A imagem não «repete» a ideia — talvez para uso da memória —, mas *in-dica* aquilo que a ideia não pode por si representar. E isso vale para um aspecto essencialíssimo, que ainda é custoso compreender, por causa dos desentendimentos dualístico-mistificantes que «ofendem» o neoplatonismo renascentista: a especulação (*speculum*) não chega ao próprio fim se não se faz *contemplação* («figura» da futura *visio facialis*), mas ela não é assim se não dá *prazer*. Prazer significa *tocar* o objeto da própria *philía*, ou do próprio *eros*. «Assim, o tato intelectual avança a certeza de todas as demonstrações», é o que Ficino diz em um dos *Diálogos* de Tasso. Mas é apenas na *imagem* que pressagiamos essa *alegria*. A imagem é necessária à «divina philosophia» pois faz compreender a *imanência* do prazer na contemplação. A imagem é signo sensível que provém da inapreensível Luz dessa suprema destinação do homem, *corpo e alma*.

É tarefa fascinante de uma história *filosófica* da filosofia indagar os possíveis nexos «desse» Bruno com a «filosofia da linguagem» cabalística. A publicação do *Corpus iconographicum* de Bruno no âmbito da grande edição das obras de Nolano, sob curadoria de seu maior estudioso atual, Michele Ciliberto, incita a uma pesquisa do gênero. A imagem não é «serva» da palavra escrita. Pelo contrário, são as palavras que descrevem a originária potência das imagens, dos *schémata* desenhados por Deus no início e que informam a partir de si toda realidade. As palavras remetem a esses esquemas-*grámmata* supramundanos. Mas não as palavras em sua integridade, todo *signo* delas, toda *letra*, isto é, manifesta-esconde o *desenho* originário. Letras, palavras, mas também números podem assim ser dispostos, organizados, *colocados-em-imagem* como ontologicamente vinculados à primeira Escritura. As letras, sua forma e sua própria medida fonética assumem assim um intrínseco valor simbólico (vejam-se o extraordinário volume de G. Busi sobre a *Qabbalah visiva*, 2005, e sua crítica a Scholem por não ter compreendido a importância das imagens para a teoria cabalística da linguagem — crítica que talvez deva ser atenuada, uma vez que Scholem insiste na força criadora ínsita nas próprias letras e nas combinações a que estas dão lugar). Os constituintes primeiros da palavra, as letras singulares, representam, nesse quadro, as imagens-signos a partir das quais o *lógos* procede. De forma mais geral, é da imagem *muda* que se inicia a aventura do discurso. E que se inicia sempre de novo, uma vez que é justamente a imagem, seu caráter enigmático, a *golpear*, a produzir o *thaumázein*. Não se trata daquele processo por meio do qual a escrita (palavra, frase, alfabeto) se faz imagem (e que Pozzi investigou em seu monumental *La parola dipinta*, 1981, volume que deveria ser colocado ao lado dos outros apenas citados), mas, antes, de um caminho inverso: do *grámma-imagem*, de sua intrínseca *potência icônica* (e, veremos, também táctil e auditiva), à explicação de seu simbolismo, de seu ser em relação com o *Realissimum* indizível.

5.1.3. *Grámma e Traumskraft.* Antes da oralidade é a linguagem dos «mudos», seu significar com o corpo, mas com o corpo vivo *que faz*, que utiliza seu ambiente, que «fala» perseguindo animais, acendendo o fogo, transformando metais — em suma: deixando por toda parte sua própria e inconfundível *marca* (G. Chelazzi, *L'impronta originale*, 2013). Essa marca é o *grámma* que precede toda relação pensamento-linguagem. E ela deixa signo de si em todo timbre da palavra, em toda gestualidade em que o dizer sempre e ainda se encarna. E na própria diferença entre pensamento e expressão: essa linha de confim continuamente transgredida é também ela *signo-grámma*.

O que significa pensar? Apenas os animais-que-falam pensam? Ou, antes, apenas aqueles que falam «logicamente»?

Isto é, capazes de representar adequadamente um estado de fato? Quando alguém nos fala dizemos que ele pensa porque compreendemos que suas proposições «estão no lugar» da própria coisa. E, se não compreendemos essa correspondência, concluímos, então, que ele não pensa? Mas não podemos também concluir que não compreendemos o que quer representar para nós, ou, ainda, que a palavra falta para seu pensamento, ou que seus signos, o sistema que usa para «significar», não equivalem aos nossos, não sabemos como «traduzi-los»? E se os signos daqueles que não se dirigem a nós «logicamente» lembrassem aquela língua dos «mudos»? E, então, talvez para nós satisfaça perfeitamente a *adaequatio* do pensamento à sua expressão? Como se pudéssemos exprimir «logicamente» tudo o que pensamos ou acreditamos saber; como se ainda não quiséssemos sempre saber e, portanto, se toda nossa expressão não fosse, por necessidade, *in fieri*; como se o compreender-se não pressupusesse o *mal-compreender-se*; como se os «códigos» com os quais comunicamos representassem uma «identidade» fixa e segura, uma *Langue* perfeita; como se a necessária «imperfeição» de nossa língua não se mostrasse em seu ser preenchida por metáforas, similitudes, imagens, que acompanham os sinais-signos que continuamente o corpo vivo exprime. *Signos somos* — e a nossa capacidade de *signa-fazer* parece apresentar a própria recursividade (e criatividade!) de nossa linguagem. Mas não há nenhum simples paralelismo entre a *ingens sylva* dos signos e as formas da linguagem. Ao signo com frequência falta toda «traduzibilidade» em palavra, e a palavra tende, com frequência, a exprimir-se também por meio de um signo-gesto, que, no entanto, não consegue «exprimir», para o qual *o corpo falta*. Quando eventualmente queremos indicar com intensidade um *thaûma* que de fato nos afeta, acontece como se nos alongássemos nesse *fisicamente*; a palavra não basta; o desejo não tem *nome próprio*, porquanto a palavra tenda a aproximar-se dele. Mas os signos, como a linguagem, formam um sistema. Sabemos, porventura, decifrá-los todos? Certamente, conseguimos de forma muito melhor «matematizar» a forma da linguagem-*lógos* do que a da *linguagem dos signos*. E talvez justamente porque com o sistema dos signos nos aprofundamos em uma camada ou em um «tempo» do cérebro infinitamente mais arcaico do que aquele que nos permitiu «aprender» a falar.

O tempo do sonho é análogo a este? Signos, sistema de signos, que *con-flitam* com aqueles da linguagem ordinária, porquanto possam ser «comandados» pela mesma área cerebral, e que esta última tenta em vão reportar à própria ordem. A filosofia, em sua corrente fundamental, elaborou um verdadeiro ideal da *agrypnía*, da vida *insone*, isenta daqueles «opacos intervalos» assaltados pelos sonhos. O ideal, para ela, parece ser o permanecer desperto, ou, caso se sonhe, o saber interpretar o sonho, de modo que o *esclareça*, isto é, «desperte-o» à luz, assim como, para o sábio, o ideal parece ser o poder falar imóvel, eliminando os gestos que agitam o corpo e que *não significam nada* ou distraem da compreensão do *verdadeiro significado* que apenas o *lógos* exprime. E se compreende como deve ser inquietante para o amante do *lógos solitário* a capacidade de sonhar: no sonho inegavelmente pensamos, mas a relação do pensar com o falar parece altamente problemática (o sonho é uma atividade psíquica sem palavras? Já se perguntava Steinthal). O sonho «fala» por imagens mudas.

O único filósofo que talvez tenha acertado as contas com os *grámmata* do sonho é Schopenhauer. Para ele, o sonho representa uma realidade completa, autônoma, não derivada, e que é absolutamente preciso distinguir de todo jogo de fantasia. Existe uma *faculdade do sonho* (*Trumskraft*) assim como há uma do intelecto e do juízo, mas suas *criações* são de uma potência maior que toda imaginação, por evidência, fisicalidade, corporeidade (*Anschaulichkeit, Leibhaftigkeit*). Apenas a loucura, diz ele, parece possuir uma análoga faculdade de dar-vida e corpo a figuras que provêm exclusivamente *do interior*, de *encarnar* imagens puramente mentais. E, no entanto, essas figuras, irredutíveis ao «lógico», pertencem plenamente ao Eu. Em nenhum outro «lugar» a centralidade do sujeito é mais evidente; o protagonista do sonho sempre é o Eu. *Ego somnio, ergo sum.* De forma análoga, pertencem ao Eu, conflitando com ele, todas as formas do significar, da qual o *lógos* participa, sem poder reduzi-las à sua unidade, ao seu sistema.

Que a faculdade da razão dificilmente seja separável da *Traumskraft* (e esta, por sua vez, da loucura) é um problema acerca do qual Kant (não por acaso «mestre» de Schopenhauer) se mostra bem consciente. Se ainda hoje se insiste de modo muito unilateral na famosa e pesada crítica dos «sonhos» de Swedenborg, publicada em 1766, esquecendo que poucos anos depois, nas *Lições sobre a metafísica*, Kant falava do «visionário» (*Geisterseher*) Swedenborg como de um pensador «muito elevado», para o qual «o mundo dos espíritos constitui um mundo real, o *mundus intelligibilis*, distinto do presente *mundus sensibilis*». Nesse mundo, todas as naturezas espirituais estão em comunhão imediata entre si, isto é, sem mediação corpórea. Mas isso é para Kant um *sonho real*, exatamente como o de Schelling em *Clara*! Nossas almas *estão* verdadeiramente em comunhão. Quando um homem vive como justo no mundo, quando sua alma é reta, ele *está* em comunhão com todos os espíritos justos, mesmo que estes estejam distantes dele. Swedenborg *vê* então, diz Kant, o que de fato somos, mas de que não podemos ter experiência sensível. Vê como se vê em sonho. Mas o sonho é experiência sensível! Ele *vive* no sonho aquilo que todo justo *sabe* sem poder vê-lo: estar em comunhão com todos os espíritos retos onde quer que estes vivam. Ele sonha ver aquilo que estes verão apenas depois da morte. Mas seu sonho é real: o homem virtuoso, com efeito, não subirá ao Céu, uma vez que já está nele. O *lógos* não possui essa força da imaginação. Ele *sabe* apenas aquilo que o sonho coloca-em-imagem. Todavia essa imagem não engana, não ilude. No sonho de Swedenborg, no sonhar em geral, assinala-se portanto aquilo que falta na ordem do *lógos*, sem por isso necessariamente o contradizer. No sonho é possível marcar o limite determinável «contra» o qual toda expressão «lógica» necessariamente chega — não para apenas calar, mas para interrogar-se sobre a dimensão geral do *signum-facere*, até dar-imagem a outros-exprimíveis. Até imaginá-lo *em* hieróglifos. Mas essa imaginação, dominante na faculdade do sonho, não é abstratamente senão aquela que comanda o esquematismo transcendental, pedra angular da própria razão pura!

A página sobre Swedenborg é de todo análoga a outras dedicadas por Kant a «questões de confim» (como soa o título de uma bela antologia de escritos «excêntricos» kantianos organizada por F. Desideri em 1990). Assim, para o filósofo é inevitável *pensar* em um *fim último* das coisas, uma vez que o contínuo progredir em direção ao Bem jamais atingível «é, ao mesmo tempo, o prospecto de uma infinita série de males» (*O fim de todas as coisas*, 1794), e jamais tal representação poderia satisfazer-se. É preciso refutar toda exaltação (*Schwärmerei*) vazia, refutar todo pessimismo sombrio em torno de nossa demora terrestre (e Kant aqui argumenta, errado, com o próprio Platão), mas é impossível afastar da alma a *imagem* do fim último, assim como aquela de uma comunhão também sensível dos espíritos justos. A coisa sagrada entre todas (*das Heiligste*)? — pergunta-se Goethe: «aquilo que, sempre sentido mais profundamente, hoje e no eterno os espíritos (*Geister*) apenas unem» (*Vier Jahreszeiten*). O próprio intelecto não pode negar que essas imagens *aparecem*, são *phainómena*, mesmo que não apreensíveis pelo juízo determinante, e que elas acompanham e sempre entram em conflito com a faculdade do juízo. Os sonhos da razão geram monstros, quando a razão ignora que estes são sonhos, produzidos pela nossa *Traumskraft*. Mas também a razão gera monstros, quando não sabe sonhar.

5.1.4. *O banquete.* Mas qual característica assume esse signo platônico? Pode haver lembrança de algum modo, ou referência ao *mŷthos*, e justamente segundo seu étimo, mas por certo não pretende sê-lo. Quer significar; mas como é possível não significar uma *coisa*? O Agathon não é *coisa*. É «causa» de tudo? Mas não causa-coisa determinável. Ou aquilo que se quer significar é a própria relação? O signo em si não é uma coisa, mas índice de relação. O Agathon, então, não poderia exprimir o signo da relação como tal, isto é, do ser em relação com a totalidade dos essentes? O Agathon como ideograma da Relação, ou Nexo, ou Harmonia. Mas certamente não como seu perfeito *significado*. Aquilo que Agathon quer indicar não se resolve em *significado*. É, então, uma relação de semelhança? Devemos conhecer, além do signo, também aquilo a que este remete para poder afirmá-lo. É um símbolo? Não como aquilo que vincula dois elementos de que se tenha experiência, como a fumaça ao fogo. Mas nem mesmo no sentido que podemos dizer símbolo o *mŷthos,* uma vez que aquele símbolo é *mudo*, e aqui, ao contrário, desenvolve-se por meio de nomes e frases. Agathon é sempre, sobretudo, um vocábulo, e mantém todas as suas relações com os significados atribuíveis a «bom». Seu *nomen propinquius* é talvez justamente *ín-dice*: ele indica o rastro que a partir da *symploké* da língua e da dialética, ultrapassando seu confim, a *lýra*, conduz não a algum «além», mas à luz do essente, a seu desvelamento. Pois isso é apenas o indizível Uno, o Uno que não pode ser predicado, mas, sim, in-*dicado*. No fim, o índice conduz à coisa que se faz una com a ideia, àquilo que apareceu como o caráter do *mŷthos*. Agathon é signo, *grámma* do próprio transcender-se de dialética e língua. Finita-infinita a língua (capaz de, com elementos finitos, construir, por princípio, *relatos* infinitos, assim como somos, por princípio, capazes de *cantar* ao infinito) — e nisso afim também à inultrapassável *peîras* de Parmênides. Elementos finitos de um cosmo que não tem outros confins a não ser nas mesmas leis necessárias que subjugam os elementos, mas que a partir de si pode se expandir ao infinito. Agathon é a bondade e o *kalón* de todo ente, infinito em sua própria singularidade, assim como ao infinito «recorrem» os confins do corpo próprio, do *Leib*, e de cada língua. *Mŷthos* afunda na terra, na Physis. Na ideia de Agathon, o *lógos* parece de algum modo a ele retornar, uma vez que a interrogação em torno à Physis se concentra na proveniência e no fim da totalidade dos entes, e se faz *muda* quanto mais profunda e potentemente exprime signos e indícios.

O rastro mais fundamental do *mŷthos*, portanto, não é exposto em Platão como aquilo que parece representar-se explicitamente na forma do «mito» ou da imagem. Seu timbre é escutado no *caráter* de suas próprias palavras-chave, aquelas palavras-limite que indicam «aquilo» que na forma do *lógos* não pode ser predicado, palavras-confins que *infinitamente* abraçam todas as conexões (as *harmonias manifestas*) que na Harmonia «maior», não-manifesta (*epékeina tês ousías*), acontecem, e que o *lógos* procura determinar. Essa Harmonia conecta ambas as dimensões e impede que se separem. Mas impede também que elas se resolvam em um abstrato Unum. O seu é o Uno que *elas são*, como o Uno de Parmênides *são* essente e *noeîn*. Inevitável, por isso, que sua diferença, *diaphorá*, possa aparecer, historicamente, também como inimizade, quando *mŷthos* é traduzido em fábula-relato, à disposição da palavra-*lógos* interpretante, e esta apague a própria origem a partir dele e nele. A natureza do manifestar-se de seu «jogo» permanece, assim, polêmico-agônica.

Mas muito mais do que aquelas palavras-índices são em Platão as *situações* de alguns diálogos que são rastros do *mŷthos*. Isso vale para o *morrer* (*verbum, nomen agentis*) de Sócrates no *Fédon*, para o encantado início do *Fedro*, mas, sobretudo, para o *Banquete*. Aqui é o próprio *banquete* a ser *mŷthos*, a «figurar» imediatamente, além daquilo que em seu tempo-espaço é pronunciado, a relação com a «coisa» que se convoca à interrogação. O discurso pode apenas realizar aquilo que o caráter e a essência do banquete têm já de alguma forma em si, como um hieróglifo tem em si a referência à «coisa» que de--senha. E, como o banquete, também o próprio Sócrates é aqui *mŷthos*: em nenhum outro lugar ele se mostra mais próximo à forma do Sileno, à força *muda* do «sopro que permeia todas as coisas» (Porfírio, *Sui simulacri*).

É inútil nos debruçarmos sobre o significado histórico--antropológico do banquete e das refeições comuns desde a época arcaica (a última e vastíssima documentação, sobretudo iconológica, devemos a Maria Luisa Catoni, *Bere vino puro*, 2010). Como já Jaeger havia sublinhado, eles nascem em uma atmosfera de profundo peso religioso; são o lugar da celebração de deuses e heróis; quando acontecem, o canto exalta os modelos de *andreía*; aqui, o dórico Tirteu canta junto ao poeta de Lesbos, Alceu. A função educativa da *areté* (é redundante acrescentar: viril) que o banquete irá assumir, e que será como redescoberta pelo velho Platão (aliás, os primeiros dois livros dos *Nomoi* são dedicados ao tema), emerge desse fundo. Mas essa função ameaça ocultar a *presença* e força propriamente mítica do banquete, que, pelo contrário, ainda ressoa na Elegia do *cantor* Xenófanes. Da Elegia, que abre a antologia de seus fragmentos, prestamos atenção em quais *sémata* podem nos ajudar a compreender o *mŷthos* que ainda terá voz no *Banquete* platônico. Purificado o ambiente, então apenas é disposto o *kratér*: o copo da mistura. Aquilo que neste se mistura são sobretudo *euphrosýne* e *philía:* a benevolência com que um pertence ao outro. O vinho doce como o mel, perfumado como flor, e a água doce, fresca, pura são o *símbolo* dele. A mesa sobre a qual pães dourados e queijos são dispostos é *geraré*, veneranda: um verdadeiro altar, *bomós*, todo recoberto de flores. Então, canto e festa podem preencher a casa. Mnemosine e as Musas se tornam as *dominae*. Mas já não são as deusas de Hesíodo. O ambiente é o da *synousía* viril arcaica; e mais: a Musa agora deve conjugar *mytheîsthai* a *légein*; ela se exprimirá, sim, «miticamente», mas seus «mitos» serão apenas *eúphemoi*, e, por isso, suas características serão harmonizáveis a *puríssimos lógoi* (fr. 1, 14). O intervalo é evidente, e é justamente da perspectiva geral de Xenófanes, que já dispõe de todos os termos do «ataque» do *lógos* filosófico na *paideía* tradicional. Todavia é preciso estar atento em traduzir *mŷthoi eúphemoi* por um doméstico «relatos pios» (por exemplo, Untersteiner). *Phéme* é palavra arcaica, palavra do oráculo, voz fatídica, revelação; *eúphemos*, justamente por ser «pio», indica também uma dimensão de *silêncio* recolhido. *Eúphemos* é o *mudo* recolher-escutar uma voz sagrada, significado que evidentemente transcende aquele do mito como relato, ainda mais como relato «purgado» pelas *máchai*, pelas lutas e discórdias que parecem lacerar no epos o próprio mundo divino. Xenófanes conclui: que o canto induz sempre a uma disposição *agathé* em face dos deuses. Eis que aparece o Agathon. Mas o Agathon é talvez exprimível na *medida* desse canto sem *excessos*, no interior da *lýra* de um *lógos* perfeitamente purificado pelo *mŷthos*? E como o poderia se se acompanha do *eúphemon*, em todas as valências que esse termo exprime? E, se o *lógos* não guarda todos em si, a que se reduziria o papel do *vinho* no *rito* do banquete?

O rito (tudo deve acontece como *ritos* no banquete, segundo ritmos e hierarquias: são *orgia* as suas, não desencadeamentos *a-órgicos* — e, no entanto, como veremos, jamais como nesse caso um alfa privativo esteve em mais íntima relação com o substantivo a que se refere) centra-se no *gesto* do derramar-e-mexer. É o ato da conexão dos distintos em *justa medida*. No cálice eles não se misturam simplesmente, não formam um «misturado» que os arruinaria (*Filebo*, 64 d-e), mas se transformam em sua própria, destinada e inebriante unidade. É o ato arcaico daquela *téchne metretiké* sobre a qual Platão falará no *Protágoras*. Ou, mais ainda, com palavras que parecem vir diretamente da Elegia de Xenófanes, no *Filebo*. Para Sócrates, nas vestes de copeiro, apresentam-se certas fontes: a do prazer é comparável a uma fonte de mel, a da inteligência (*phrónesis*) a uma água puríssima — aqui, no entanto, especifica-se: *áoinon*, sóbria, sem vinho (61 c 6). Aqui a mistura não deveria comportar a presença do vinho; a Musa filosófica o proibiria. Passagem ulterior e divergente em relação a Xenófanes. Mas é de fato assim? Em verdade essa Musa não quer «saborear conjuntamente, entre os belos cantos», como inspirava Alceu? De fato, a temperança que *phrónesis* ensina, amiga do *número* pitagórico, deve evitar o vinho para salvar a si mesma? Pode ser essa a mistura excluindo o vinho, acusando-o de representar apenas aquilo que induz à *hýbris,* a exceder a própria medida? Mas como será possível tomar o Agathon *sem excesso*? E, se a Ele visa a mistura, se ela é índice-vestíbulo para sua intuição, como será possível deixar de lado o vinho, que é o *signo* do *mŷthos-mistério* báquico? Não será justamente o vinho a representar o *caráter* do banquete e o agente da mistura, que cresce e fermenta no seio do *kratér*? É assim, com efeito — e o *Banquete* assim o mostra.

Não água pura do vinho, mas *vinho puro* é necessário que à água fresca e da fonte se junte. Não pode ser índice do Agathon apenas uma pura fonte de água calma. Ousar voltar-se a Ele comporta uma *manía* que a água por si só não pode dar. É preciso um vinho que não embebede, um vinho *uno* com a água, que, como esta e com esta, torne-se fresco, claro. Um vinho que mate a sede e ao mesmo tempo abra os olhos para «aquilo» que o discurso simplesmente sóbrio é incapaz de «tocar». A mistura, por fim, é assim se contém em justa medida sobriedade e ebriedade. O Agathon exige uma loucura *do pensamento* ou um pensamento *da loucura.* Aquela que se encarna em Sócrates Sileno e não a impetuosidade prepotente e *álogon* do demasiado jovem Alcebíades. O caminho, *através* do essente, ao Agathon exige a ebriedade do *eros*, mas de um *eros* que saiba agir-pensar, que não acabe sobrecarregado pela própria energia. O *lógos*, sem essa ebriedade, não poderia proceder até o próprio confim infinito. De outro modo, como poderia *tudo ousar*? Ainda menos, sem o rito do banquete, poderia ter acesso ao *discurso maníaco* da *mulher*, Diotima, autêntico vestíbulo da *teleutaía idéa*, o Agathon. A *synousía* e o *syzên* da *Carta VII* aqui podem ser *vistos em imagem*: apenas em seu seio se pode maturar a intuição do Quinto, isto é, na conversa, na mais profunda conversa entre os amigos (Hölderlin: creem que os deuses doem inutilmente «a luz púrpura para os cantos festivos e fresca e quieta a noite porque, entre os amigos, seja mais profunda a conversa?», *Stuttgart*). Diotima é *mŷthos*, no centro do *mŷthos que é o próprio banquete*. Inapagável em sua figura, o rastro mediterrâneo arcaico; o signo do antigo poder das deusas aí está *inscrito*. Ela provém também, *ainda*, dos tíasos, todos femininos, de Dionísio. Mas o *lógos* aqui a reconhece e escuta, chegando a uma consciência de si que talvez não consiga mais atingir ao longo de todo seu destino futuro. O *lógos* reconhece no vinho do banquete e no *mŷthos* de Diotima que sua própria natureza consiste no *transcender-se* — e que isso, por necessidade, comporta *manía*, ebriedade. O *lógos* reconhece no espelho *mudo* do *mŷthos* que lhe é necessário ousar o caminho perigoso do vinho, que não pode se liberar de Dionísio a não ser castrando sua própria energia.

No *áoinon* do *Filebo*, como naquela espécie de adeus ao banquete por parte de Sócrates no *Protágoras*, 347-348 (não temos mais necessidade, diz ele, dessas criancices, dessas tocadoras de flautas, *nem de poetas*, que nem mesmo podem ser perguntados sobre o sentido daquilo que fazem: «dizemos adeus a esses entretenimentos», imitando apenas aqueles homens que sabem se fazer valer por força de seus *discursos* — e aqui é como se Platão representasse, talvez com uma ponta de nostalgia, a decadência do simpósio em palavrório, ou naquela conversa social, de todo «burguesa», analisada magistralmente por Simmel em certas páginas das *Grundfragen der Soziologie*, de 1917), e assim também nos tardios *Nomoi*, o perigo que envolve esse caminho, que harmoniza *lógos* e ebriedade, é muito advertido, a ponto de parecer ser vontade do filósofo apagá-lo. Mas isso contradiria o próprio sentido especulativo do *máthema* representado pela ideia de Agathon, e não apenas o *caráter* mítico que essa ideia apresenta. O problema não consiste em «apagar» o vinho — o *signo* Vinho —, mas na *krâsis*. O problema é a mistura de Dionísio e Apolo. Nos *Nomoi* encontramos rastros vistosos desse problema. Os banquetes são conversas entre *bebedores*, não são concebíveis de outro modo. Antes de tudo, Platão lhes dá uma razão em negativo: é preciso colocar-se à prova, o banquete é uma provação na qual se arrisca quem é capaz de medir o prazer, de não se deixar sobrecarregar por aquilo que torna temerários e impudentes. Mas por que são os anciãos, aqueles que são chamados a reger a pólis, que devem beber «plenamente»? Porque apenas para eles o vinho é de fato *phármakon*. Eles são sábios o bastante para saber tomar do vinho a parte boa: aquela *manía* que vem dos deuses. Do vinho eles assumem a linfa que faz esquecer a desventura, ou melhor, que faz aprender a arte de suportá-la, *téchne alypías* (como suportar a necessidade sem ebriedade?, Nietzsche se pergunta), e, ao mesmo tempo, a ânsia, a nostalgia que leva ao *impossível* de reger a pólis à luz do Uno-Agathon (já na *Politeia* essa vontade do filósofo mostrava-se louca). A passagem, sobre a qual é fácil desdenhar uma leitura «teoricista», toca uma questão fundamental: os jovens, ainda não educados, cantam cantos de coragem e têm pouca necessidade de beber: sua natureza os *leva* por si a agir, mas ainda sabem pensar de modo fraco. Os velhos, que finalmente saberiam o suficiente para exercitar o *poder* segundo a justiça, já estão demasiado fracos para a *práxis*. Sua vontade está cansada. E sem seu ímpeto nada se move e os pensamentos jazem inertes. Beber os rejuvenesce, os sustenta, os incita ainda a tentar ou a esperar (talvez não seja o vinho aquele «espoir qui gazouille en mon sein palpitant» que cantará Baudelaire?). Eles devem desafiar sua potência para esperar *poder*. Sem essa *ebriedade do querer* nenhuma empreitada é possível. *É vinho* a juventude da vontade. Um hieróglifo ainda. O pensamento não procede sem produzir-e-ver imagens-signos. A estes conduz e destes parte novamente.

Os anciãos dos *Nomoi* bebem até a ebriedade, e mesmo assim seu canto (se não bebessem se envergonhariam também de cantar) é absolutamente instrutivo, o mais justamente harmonizado e temperado, o que exprime a mais ordenada *krâsis*; e seus conteúdos são os já invocados por Xenófanes. Isso é possível? Sócrates parece afirmá-lo no *Banquete*: ele bebe para rememorar *a* conversa, aquela tida (sonhada? *Traumkraft*!) com Diotima; ele sabe com perfeição misturar *hédiston* e *áriston*, o que por excelência é prazer com aquilo que é virtuoso, justo, belo, preâmbulo-rastro do Bem. Dionísio fagocitado por Apolo? A flecha da palavra, do *lógos*, trava a estrada para sempre na *manía* báquica? Não; a palavra permaneceria impotente sem *beber* para essa *manía*, até arriscar, ela, a palavra, desfazer-se em *muda* ebriedade. A palavra é em si *transcender-se, sua* ideia última é o Agathon; por isso, não poderia estar ela mesma sem aquele princípio que conduz ao infinito confim, dissolvendo pouco a pouco qualquer outro limite, que é o princípio de Dionísio. É no signo do banquete que Platão apreende a *krâsis* entre Apolo e Dionísio, como Nietzsche a apreenderá na tragédia. Mas Dionísio, em Platão, «rejuvenesce» Apolo, de modo que ao *lógos* deste último pertencerá a «última palavra». Nietzsche intui, pelo contrário, a presença arcaica de Dionísio *em* Apolo, como de Apolo *em* Dionísio. A *krâsis* é possível apenas se há uma fonte comum originária, ou se as fontes se cruzam até onde o olhar pode penetrar. Há uma *necessidade mais forte* que leva o sábio (Apolo?) a beber desmesuradamente; a própria necessidade impõe a Sileno e à louca Mênade (Dionísio?) ser canto, e canto que se mistura ao *lógos*. Fechar-se à oposição, ou resolvê-la em calmo compromisso, em um banquete que fosse agradável entretenimento, sem Sócrates, sem Diotima, sem Alcebíades, não seria nem dionisíaco nem filosófico, uma vez que faltaria o *eros* que representa aquele *terceiro* que faz com que aconteça a mistura de vinho e água. Conflitando, Apolo e Dionísio visam ao Comum, à subjugação, tanto no *Banquete* quanto no *agón* trágico. E apenas pelo caminho de seu conflito o próprio Platão parece nos indicar o Comum do Agathon.

5.1.5. *In-dicar e Dichtung.* Uma urgência ainda mais forte do que a que se presume que leva a metafísica a *ver* leva a palavra a indicar «aquilo» que consegue apenas imaginar, colocar em imagem. O construto de nomes e verbos cria imagens que o transcendem. O nome *não é* a coisa, mas a busca pela coisa, ensina o *Crátilo*. Nessa busca faz-se em si mesmo signo, rastro, encarna «escrituras», que sempre excedem seu significado e que a cada vez devem ser novamente interpretadas. Um pensamento se encarna em tais imagens, que se exprimem também por gestos e sons, e que desse modo remete por si só à própria origem do *mŷthos*. O pensar é sempre *dicere,* isto é, indicar (*deĭknymi*), *dictare-Dichtung.* Mas o *dicere* (o *digitus* que *se move* para assinalar em todo discurso e que mostra o corpo como berço de todas as linguagens, diz Valéry, talvez se esquecendo de citar Vico), justamente por isso, não admite o desvelamento do próprio significar. Ele mostra o enigma ou o abismo da própria proveniência (da proveniência de toda palavra); sua «evidência» também é sempre a evidência «daquilo» que permanece escondido, «daquilo» que ao aparecer soa, e na interpretação se faz ressoar (*Erläuterung — der Laut*: como se a interpretação tivesse de ser sempre pronunciada *em voz alta*, para permanecer fiel à própria origem), sem poder ser exaustivamente explicado (*Erklärung*). No contexto que estamos compondo, no contexto, isto é, que vincula a problemática do texto metafísico ao sentido radical do *mŷthos,* a ideia heideggeriana de *Dichtung* talvez possa encontrar seu lugar mais apropriado.

O manifestar que ressoa em *dicere* tem em si a violência, quase, do *exemplum*, impõe-se sobre o dizer dos mortais tanto quanto Diké sobre seus *nómoi* terrenos. Desse tom originário derivam tanto *dedico*, consagro solenemente, quanto *ab-dico*, subtraio-me do ser visto, recusa a mostrar e a me mostrar, renuncio ao *dicere*. A raiz do nome pertence à esfera do sagrado (e do direito que dele deriva): *iu-dex* é o dizer inapelável que faz valer o *ius*, vinculando-o a Diké (porquanto em tensão possam permanecer a ordem positiva do direito, do *nómos*, e aquela cósmica, não escrita, ou *inscrita* justamente no mesmo ritmo do cosmo, de Diké). Todo *nómos* tende a ser reconhecido como índice de Diké, seu rastro, caminho que leva à sua verdade, assim como todo *lógos* o é do Agathon. *Dictare* é uma forma intensiva de *dicere*, na qual se enfatiza o manifestar com força a outros, o *endereço* do dizer. *Dictando* eu digo em alta voz, de modo que outros repitam seguindo-me. No *dictare* aquele que dita é o *dictator*. *Dictator* é aquele que diz *por e-ditos*, cujo edito *pro numine semper observatum*. Na evolução medieval do termo, mesmo de fato não desaparecendo seu tom religioso-sacral (Deus ainda pode ser chamado *Dictator* por excelência), afirma-se seu significado jurídico-administrativo. Mas também emerge aquele que aqui interessa: os poetas se «apropriam» da voz e, além disso, chegam a se autoproclamarem os *ilustres* entre os *dictatores*; são eles os «trovadores», aqueles que «trovam»,[2] cantando em voz alta, segundo formas que, recorrendo à «benéfica luta» (Coleridge) do tender-se e distender-se da métrica, suportam a memória e tornam fácil a repetição. Mas sobretudo são os que sustentam que naquilo que «encontram» se manifesta algo que é *pro numine*, que pode ser considerado divino, e sobre o qual eles podem considerar-se *vas-vasi* de eleição. Seu *dictar* pode, por isso, assumir um tom profético, ou ao

---

2 Cacciari joga com o significado do verbo *trovare*, que também quer dizer *encontrar*. [N. T.]

menos manifestar-se como um *presságio* e tão intensamente sentir (Cícero) que chega a pressentir. Talvez no *Sagen* próprio esse cruzamento se revele: o dizer-*Sagen* marca a *saga*, o evento concreto, irredutível à dimensão da *fábula* ou da narração, que se nos impõe como símbolo arquetípico. Em *Sagen* a palavra em si rememora a própria originária *facies* simbólica.

Ora, para Heidegger, a partir dos primeiros cursos sobre Hölderlin e de *A origem da obra de arte* até os ensaios de *O caminho para a linguagem* e ao *mare magnum* (talvez um pouco redundante) dos tratados publicados postumamente, esse dizer a que acena o *dictare*, e que na língua alemã (grego-alemã para a «mitologia» heideggeriana) dá vida à voz *Dichtung*, é originário tanto em relação ao pensar filosófico quanto ao pensar poético (*Poesie*). A *Dichtung* é para ele a essência escondida tanto do pensar quanto do poetar-cantar. Isso implica que a própria filosofia pode ser interrogada apenas em sua relação com a poesia, e a poesia só pode ser *pensante*. Isso que ambas pensam é seu *Xynón* ou sua relação; essa relação é, portanto, a *Dichtung*. O termo não indica nenhuma forma específica do poetar, não é «poesia», mas a poesia (como em seu modo próprio a filosofia) *remete* à *Dichtung*. Assim, esta última jamais se dará como um «fato», uma composição determinada. Ela é apenas relação, aquela relação que se mostra na poesia e na filosofia e que *endereça* o destino de ambas, porquanto elas possam mostrar-se inconscientes a respeito dessa relação, ou até mesmo lutar para apagá-la. Subsiste, portanto, um dúplice indicar: por um lado, a *Dichtung*, que por si só não é nada de determinado-determinável, *endereça* para a filosofia e a poesia; por outro, elas *indicam* a *Dichtung* como relação da qual ambas provêm. Mas, se a *Dichtung* se caracteriza apenas por ser relação, ela deverá supor aquilo que relaciona; poesia e filosofia, então, só poderiam exprimir a *Dichtung* na forma de seu *télos* comum. Seremos obrigados a pressupor uma originária *diaphorá* que poesia e filosofia «projetariam», ambas segundo a própria métrica, superar.

Nada é mais distante do pensamento de Heidegger do que um caminho que se construa para fins e projetos. E, no entanto, impõe-se o problema: se a *Dichtung* é apenas o signo da relação entre poesia e filosofia, ela *indica* produtos, *poémata*, composições que apresentam estruturas e significados determináveis. Ou o *dicere* da *Dichtung* não indica senão a si mesmo ou ele só se endereça à filosofia e à poesia. O índice indica sua *linguagem*; não conhece outros «endereços». Mesmo afirmando-se que da *Dichtung* provêm filosofia e poesia, que a *Dichtung* é sua origem, da qual elas, por sua vez, são os *sémata*, o índice da *Dichtung* já não se «reverte» em direção a essa origem. Uma vez «lançada» naqueles *sémata*, a *Dichtung* não tem outras palavras senão as dos *sémata*. Apenas a «nostalgia» que as anima se «re-volve» para indicar a proveniência comum. Mas permanece, da *Dichtung*, um índice que apenas olha «adiante», para a *linguagem* de filosofia e poesia (e, naturalmente, para todos os desentendimentos, traições, massacres a que estas estão destinadas). A *Dichtung* é, em suma, arqui-*língua*, e assim é pensada no horizonte da relação intrínseca entre língua e pensamento. Ela é a *língua*, diz Heidegger, na qual o ser-aí se *expõe* ao mundo, não produzida pelo ser-aí, mas manifestação do fato de que é a linguagem que tem o homem, e só por isso o homem é o animal que dispõe da palavra. A língua da *Er-eignis*, isto é, do apropriar-se recíproco de ser-aí e linguagem.

Mas como poder chamá-la propriamente *língua*? Não o é a relação como tal; nem tem uma língua o acontecer, o evento em si da relação. Dá-se uma língua da relação apenas quando seus elementos já aconteceram, já estão definidos ou definíveis. A língua do acontecer é apenas a língua daquilo que acontece. Por qual razão Heidegger sustenta poder afirmar que nenhuma poesia e nenhum pensamento filosófico jamais poderão manifestar a *Ereignis*, descobrir, *re-cor-dar* a *arché* que os informa e que, ao mesmo tempo, se não estarão à altura de marcá-la, *semaínein*, acabarão, a primeira, em prosa e, o segundo, em metafísica? Justamente porque aquilo a que tende o *verso* do canto (re-corrência à própria origem, a Mnemosine!) e aquilo a que tende o pensar (a verdade como desvelamento, *alétheia*, que salva em si, *wahren-Wahrheit*, o oculto) não é língua que possa ser traduzida em outras. A *Dichtung* mostra-se apenas *em pensamento poetante e em poesia pensante*, aliás: em sua conversa — mas essa conversa acontece na linguagem, aliás: na história-destino das diversas linguagens, não na ideia de uma *Ur-sprache*. O que significa também que canto e pensamento jamais serão *um*, nunca poderão resolver-se um no outro. E que é impossível estabelecer «hierarquia» entre as duas formas: a linguagem é tanto filosofia quanto poesia. Ambas estão «sob o signo» do *dictare*, do *dicere indicando*, que é infinitamente mais e «antes» de todo significar «lógico», assim como de toda composição poética. Ambas, filosofia e poesia, interrogam essa origem e nenhuma pode avançar a pretensão de ser mais próxima desta na essência. Ambas são dessa origem distantes de igual modo. Por certo, em seu ser movimento, dança, ritmo, em seu *ressensibilizar* o pensar, como dizia Valéry, ou o lugar onde a língua toma voz (Celan), a poesia parece aproximar-se daquele *corpo da voz*, que no *mŷthos* nos apareceu, mais do que jamais poderá o pensar filosófico. A poesia faz renascer na mente a imagem-ícone a partir da qual, estupefato, tem início o pensamento — e o faz com qualquer meio *sensível-estético*: métrico, acústico-musical, acentuando morfemas, e também visual, ao dispor letras, palavras, versos em determinadas formas, isto é, *pintando-as* (veja-se, ainda, *La parola dipinta*, de Pozzi).

Mas é justamente no pensar filosófico que, «em contracanto», faz-se evidente como a relação que conecta toda forma do dizer não só não pode ser um *lógos* que perfeitamente define e determina, e tampouco um *dizer*, a não ser compreendendo-o em sua conexão com o signo, o gesto, o *grámma*. Também para o pensar toda palavra indica o abismo de sua proveniência, um abismo que não se contempla, mas *se escava*, que chama tudo de forma tanto mais urgente quanto mais sua voz não é aquela de nossa língua. A poesia não é realização do pensar, nem o contrário. A *Dichtung* tampouco é concebível na forma do cumprimento, uma vez que é apenas relação e índice, e, portanto, só se mostra nas formas (linguísticas) que ela coloca em relação, mesmo que permanecendo «aquilo» que sempre as transcende. A poesia poderia assim ser considerada, hegelianamente, o necessário lado estético dessa ideia, a filosofia como o lado, também necessário, lógico-ontológico. A poesia se move inteiramente *no silêncio* da *Dichtung*, e esse silêncio busca emanar-se a partir de cada palavra sua; mas é análogo o silêncio que interroga a filosofia, quando ela se faz busca do sentido do essente, interrogação «daquilo» que o essente, *actu*, desde sempre «era», e, ao mesmo tempo, da *arché*, do princípio do *lógos*, que contra esse «era», contra o autêntico *Gegenstand* representado pelo *é* na integridade de seus tempos, insiste em afrontar. «Como chamar ‹a Coisa›? Serve uma palavra. Aliás, muitas palavras servem para indicar o inefável» (Charles Simic).

6. *Na escuta do Logos.* Tentemos, portanto, escutar esse tom de *lógos-légein* que se abre à *ousía* do essente, e, ao mesmo tempo, no fundo de sua própria palavra, *ousía* da qual o *lógos* é expressão, nem o mestre nem o Fim — a escutá-lo segundo uma medida, *ditada* pelo próprio essente, enquanto é justamente sua *ousía* a exceder toda ideia exaustiva de presença, toda resolução da própria vida em Agora imóvel e abstrato.

A etimologia do termo *lógos*, depois de Heidegger, tornou--se o lugar canônico para celebrar as núpcias entre Filosofia e Filologia. É inútil lembrar de seus elementos fundamentais. A raiz de *lógos* é comum ao indo-europeu, e sempre indica o recolher vinculando, daí o contar e o re-*latar*,[1] a partir do qual o dizer segundo uma ordem «lógica» (a passagem do dizer ao pensar não é de fato alquimia filosófica, já se entrevê em Homero, em que *lógoi* são os *discursos*), o *legere* latino, no sentido de colher-recolher com os olhos, a *lex*: aquilo que vincula, a que é necessário «aderir». Também é inútil insistir na mesma raiz *praxista*. Ela é, contudo, comum a todo vocabulário filosófico. Também aqui Vico *docet*. Antes, arcaicamente antes, da «soberba» que tudo vincula da «lógica», há o *li-gnum*: o recolhimento da lenha para o fogo, recolhimento *atento*, seletivo (*e-legere*), e que pre-vê a *custódia* daquilo que é recolhido — assim como «antes» de *alé-theia*-verdade, desvelamento etc., há o trazer para fora da terra, à luz, o *bíos*, o alimento que ela esconde em si, e que faz viver o

---

1 Em italiano «rac-*contare*», relatar, mantém o termo *contar*. [N. T.]

mortal. Os trabalhos e os dias, os *érga*, acompanham-se no sentido da *Dichtung*, sobre a qual acabamos de falar. Isso não é só manifesto no epos e em Hesíodo. Ainda Virgílio conserva sua memória. Nós, em relação a isso, de fato nos tornamos estranhos? Nossa língua já está em *des-acordo* com a raiz de *lógos*, já não está à altura de compreendê-la? Mas quando com esta estaremos em verdadeiro *acordo*? A *diferença* é imanente ao próprio sentido de *lógos*. O acordo só pode consistir no compreender essa diferença. Enquanto a raiz do termo *lógos* for concebida, pelo contrário, como uma unidade extraviada, um «paraíso perdido», permaneceremos estranhos ao acordo, porque estranhos à diferença que constitui o *lógos*. Se soubermos *realizar* o *lógos* também em seu destino «lógico», então, apenas poderemos, talvez, reatingir sua raiz. Se, pelo contrário, inicia-se argumentando que a famosa passagem do *Sofista*, 237 c-e, manifesta o seguinte significado unívoco: *lógos* é determinação do essente, e quem não diz algo que *é* não diz *nada* absolutamente, e que «algo que é» é *ousía*, pura e atual presença — caso se inicie a partir dessa «certeza», assumindo-a como verdade inegável, poderemos então dizer que qualquer rastro por fazer concordar o *lógos* no sentido da *Dichtung* é barrado a priori. E então só restaria chamar para a conversa os saberes orientais, para descobrir em seu interior tons diversos em relação ao vínculo lógico-ontológico que definiria o *lógos* na metafísica do Ocidente.

O problema é central na tradução-interpretação que Heidegger dá para os fragmentos de Heráclito (em particular em *Logos. Heráclito, fragmento 50*, em *Ensaios e discursos*, e nas lições de 1943-1944 sobre Heráclito), dos quais é, todavia, preciso partir. *Lógos* originariamente indica o recolher que *pousa* (*legen*) aquilo que aparece e que guarda aquilo que *re*-colocou, ou, pelo contrário, o *colocar-se-antes* daquilo que já é em si recolhido? Quem recolhe é que coloca a afinidade entre os essentes que a ele se manifestam ou tal afinidade ocorre e se lhe im-*põe* e para ele coloca-se apenas a tarefa de acolhê-la e guardá-la?

O *légein*, o verbo do *lógos*, o *érgon* que o *lógos* consente, consiste no desvelar-se daquilo que a partir de si está recolhido diante de nós, ou é o *lógos* que recolhe-acolhe-guarda-rememora aquilo que em seu manifestar-se ainda não está recolhido? Em sua polêmica contra toda «humanística» metafísica da subjetividade, parece que para Heidegger o *lógos*-linguagem é chamado para *escutar* aquilo que *o* Logos traz do escondido e deixa ser diante e *coloca-antes*. Mas como não fazer valer também para a linguagem o próprio significado que Heidegger atribui em geral ao termo *lógos*? Também a linguagem deverá exprimir-lhe a energia recolhedora-ordenadora; também o *légein* da linguagem deverá poder *colocar*, valer, como *érgon* efetual. Não pode dar-se real recolhimento senão no encontro entre o acontecer do *lógos* a partir do desvelamento daquilo que em si se recolhe, por um lado, e o *lógos* como *pensar* que coloca-acolhe, por outro. O *lógos*-linguagem não guarda algo já manifesto em si, mas participa plenamente do próprio desvelamento. O mesmo Logos que nenhum discurso «faz» só pode revelar-se *em uno* com a linguagem. Se o acontecimento dos entes em si fosse nada mais do que um monte ou uma pilha, nenhum discurso poderia defini-lo nem mesmo como *um* múltiplo. (Podemos dizer com Wittgenstein: «a fim de que uma proposição *possa* ter *sentido,* o mundo já deve ter a estrutura lógica que justamente tem», *Diários*, 18 de outubro de 1914.) Mas, se ao Logos do acontecer não se acompanhasse aquele da linguagem, se faltasse todo *Xynón* (o Comum) entre os dois, seu desvelamento permaneceria *mudo.* Porventura o *lógos* da linguagem esquece ou apaga que no fundo da Luz que o faz concordar com o *cosmo* dos essentes permanece justamente o *mŷthos,* no sentido que demos ao termo? É certo que não: o *lógos* é a expressão da diferença entre o discurso e o escondido que em toda manifestação se re-vela. O *lógos* não «contempla» o desvelamento, mas deste participa ao dizer, é a forma deste. E isso acontece porque o desvelamento em si é também revelação do escondido. O Logos do em-si recolhido pode *dizer* apenas no *légein* que o acolhe escutando-o. A escuta realiza-se[2] no *légein*, de outro modo nem mesmo saberíamos que é escuta e de que é escuta. Nossa palavra concorda com-no desvelamento do essente porque é para ele, ao mesmo tempo, o índice de seu guardar o escondido (*léthe*). Justamente a diferença que permanece entre qualquer nome nosso e a coisa *marca* o acordo entre nosso *légein* e o aparecer do ente. A diferença é índice, rastro (ou talvez «ícone»?), da própria verdade do ente como acordo de manifestação e esconder. É preciso, por isso, conciliar as duas dimensões no Logos, por meio da qual a primeira indica «aquilo» que excede (ou precede) toda «lógica», toda redução à expressão denotativo-determinante, mas a segunda mantém intacta a energia do dizer como colher-colocar-descriminar, e-leger — energia que será assim verdadeiramente *em ato*, apenas pensando «aquilo» que Physis «ama»: o esconder-se.

O primeiro fragmento de Heráclito inaugura esse caminho do pensamento. É certamente o solene início de sua obra *perì phýseos*, dedicada a Ártemis de Éfeso (deusa da vida que germina e fermenta, mas, ao mesmo tempo, «amante das noites», «olho estrelado», chama-a Ésquilo). *Toûde lógou*, esse Logos (de fato, por que nunca uma inicial adversativa: *toû dè lógou*?) que é sempre (perde-se a força desse *incipit* se o liga *aeí*, em vez de ao *lógos,* aos homens *axýnetoi*), os homens por nascimento, por *génos*, *gínontai*, e não porque estes se tornam, são ineptos a escutá-lo e compreendê-lo (*syn-íemi*: não procedem em seu sentido, não se lançam com ele, por sua vez, não «rimam» com ele — mas como não perceber em *axýnetoi* também o tom do *Xynón*? Os homens são sabem ser *com* o Logos, juntar-se ao Logos), nem antes de ouvi-lo nem depois de tê-lo ouvido. De pronto, os dois termos-chave: a escuta e o *Cum*. Os homens

---

2   O verbo utilizado por Cacciari é *attuarsi,* que também dá ideia de «passagem ao ato», «perfazer-se». [N. T.]

não escutam o Logos porque são incapazes de compreender o Comum. Seu dizer *não* é portanto um *légein-colligere*, não é um recolher — não é *lógos*. Soa assim, mas não o é, porque do *lógos* não tem a capacidade de harmonizar, isto é, a capacidade de concordar, escutando-o, com o Logos que tudo conecta e subjuga. Seu dizer não pertenceria por isso ao Logos, mas dele se destaca assim como seus *nómoi*, as leis de sua cidade, «separam-se» do *Nómos basileús*, do Uno da Lei divina, de Diké, de quem carregam todavia a origem e a nutrição (fr. 114). O erro do dizer humano consistiria, assim, em analisar-dissolver aquilo que o Logos manifesta como perfeitamente em si recolhido-harmonizado? Nosso dizer é *axýnetos* porque não é imediata expressão do Comum, não é um ressonar deste? Não apressemos o comentário, trazendo conclusões demasiado óbvias.

O fr. 1 continua com um genitivo absoluto (*ginoménon gàr páton...*), que insiste no tema da abertura, neste enfatizando ainda mais a grandiosidade oracular: «Mesmo gerando-se e sendo todas as coisas segundo esse Logos», os homens se assemelham a *apeíroisin*, a gente a quem falta o caminho, mesmo fazendo experiência, *peirómenoi*, justamente aquelas mesmas palavras e aqueles mesmos fatos que exponho. *Ápeiroi... peirómenoi*: experimentam, atravessam, percorrem um caminho, mas é como se não encontrassem a via, ou sua própria via fosse *aporia*. Eles não estão *em outro lugar*; eles se encontram na dimensão indicada pela palavra de Heráclito, nela se *testam* (Colli), aliás, é sempre como se fossem *inexperientes* nela. Os homens não entram em acordo com aquilo de que, entretanto, fazem experiência. São estranhos *naquilo* mesmo que vão experimentando. Mas, uma vez que estão *nisso*, eis que a palavra de Heráclito, que escuta o Logos, pode ser a eles endereçada. Eles, mesmo ignorando o Logos, estão em contato com o *Xynón* (*peirómenoi*), mas seu contato não é acordo, harmonia. Seu mundo é o mesmo das palavras de Heráclito, e não poderia ser diferente, uma vez que uno é esse cosmo de homens e deuses (*hén* e *koinón*, fr. 89), mas parece não ser assim, dado que eles não são conscientes disso. Isso significa: que seu dizer é *áporos*. Não que lhes falta o caminho. Eles necessariamente o percorrem, mas sem compreendê-lo. Não vão simplesmente errando, mas não conhecem o sentido de seu andar, que, ainda assim, é destinado. Tudo acontece em conformidade ao Logos, e, portanto, mesmo que para eles se esconda aquilo que fazem enquanto despertos e que esqueçam aquilo que fazem dormindo. Sua ignorância não é simplesmente inexperiência, mas inadequação em compreender a realidade daquilo que, entretanto, experimentam. Eles experimentam o acontecimento de cada coisa *katà tòn lógon tónde*, mas não dispõem de um *lógos* que a isso corresponda. E, se tal *lógos* falta, os mortais não podem compreender aquilo de que fazem experiência. Eles não podem corresponder ao Logos senão por meio de seu *dizer*; nenhuma imediatidade lhes é concedida. Mesmo assim eles são *peirómenoi*, a linhagem daqueles que experimentam, atravessam, tentam, interrogam — mas devem cessar de ser *axýnetoi*, de não ser *com*, de acordo com aquilo de que fazem experiência, com aquilo a que a estrada que percorrem conduz.

Não há via de Heráclito e, separada desta, a via-aporia dos mortais (e porventura em Parmênides subsiste uma abstrata separação entre os caminhos, se estes, todos *juntos*, são pronunciados pela Deusa?). Há uma só via *dita* pelo Logos, que Heráclito sabe escutar, e que seus semelhantes, pelo contrário, veem sem compreender que veem, dizem sem compreender que seu dizer está na luz insuperável do Logos («Em face daquilo que não se oculta como poderia alguém permanecer escondido?», fr. 16). Também estes ouvem, mas não *escutam* aquilo que ouvem, não *obedecem* àquilo que *eu*, Heráclito, escutei tão perfeitamente a ponto de me tornar partícipe de tudo. E, no entanto, é preciso repeti-lo, nenhuma separação. A experiência do Logos se dá também ao ser-aí «infinitamente» (*apeíroisin-ápeiron*) inexperiente. Também o «dizer» de quem dorme, daquele que parece inteiramente fechado no próprio *ídion* e totalmente estranho ao *Xynón*, não pode se subtrair à universal Conexão, não pode não ser recolhido no Logos. Também para quem não compreendeu que *tò sophón*, o ser sábio, significa uma coisa: conhecer a razão (*gnóme*) que governa todas as coisas por meio de todas as coisas (fr. 41, com a bela ênfase traduzida por Diano: «que pelo mar do Todo assinalou a rota do Todo»), também para aqueles valem aquelas *synápsies* que fazem de todas as coisas o uno e do uno todas as coisas (fr. 10). Mas como pode se dar a verdadeira correspondência a isso? Como poderá efetivamente o dizer dos mortais, o *doxásmata* dos quais são brinquedos infantis (fr. 70; fr. 79), participar do *Xynón* do Logos? Como poderá um *népios*, o *infans*, exprimir a linguagem da Harmonia? Antes, não devemos concluir que da Harmonia, pelo menos da mais forte, daquela que ultrapassa toda afinidade visível com os nexos ou os *nómoi* mortais (fr. 54), os homens-*infantes* são sempre *axýnetoi*? Ou, todavia, que dispõem, pelo contrário, de um *méthodos* para dizê-la, ou, ao menos, in-*dicá-la*?

Esse *méthodos* não pode ser outro senão aquele que o próprio Heráclito vai expondo. Ele distingue (*diairein*) cada coisa *segundo sua natureza, katà phýsin*, e expõe todas, ensina, faz compreender, por meio do discurso (*phrázein*) aquilo que cada uma efetivamente é (fr. 1). O diferir pertence assim à natureza dos entes, e cabe ao *lógos-phrázein* corresponder a ele. Nosso discurso reflete o Logos que é preciso escutar; o estar acordado do discurso corresponde à ordem manifesta de Physis. Mas essa ordem é justamente, e antes de tudo, aquela por meio da qual a diferença entre cada ente é seu Comum, e por isso o *lógos* deverá proceder *diaireticamente*. Aqui está o nexo entre o *phrázein* do sábio, de Heráclito, e o opinar dos mortais: também estes últimos distinguem e dividem, mas seu *diaireîn* assume a configuração de um abstrato separar. Os mortais dividem, e basta. A *diaíresis* é todavia necessária para chegar ao *Hén* do *sophón* (fr. 41); o «pecado» dos mortais não consiste em recorrer à *diaíresis*, mas em torná-la absoluta. O dizer em harmonia com o Logos, o *dizer que escuta*, faz «justiça» ao surgir de cada ente segundo sua própria *phýsis*, mas, caso se fechasse nisso, a experiência que nele se cumpre permaneceria cega, seu caminho pararia imediatamente. Isso seria sua experiência, sim, mas *inexperiente* do Logos-ordem da Physis, por força da qual os diferimentos formam um envolvente, re-envolvente, *palíntropos*, Harmonia — uma Harmonia ou Conexão, que vai de um extremo a outro e, então, de novo sobre si mesma, retorna *infinitamente* (os *peírata* de Oceano e do Sol!). Harmonia e ideia de infinito *periéchon* são escutadas juntas (assim indica de forma explícita o fr. 103: o *Xynón* concatena, como em um círculo são início e fim). Parar na *mesmo que necessária* distinção de cada essente do outro de si torna cegos em relação à lei suprema de Physis, por meio da qual nenhum ente é abstratamente separável da harmonia do todo (fr. 8), todas as coisas, *pánta*, são *kalá*, bem fundadas em si mesmas, *agathà kaì dikaia*, boas, em si perfeitamente «dignas» de existir (que formam um *cosmo* que a ninguém deve a própria *ousía*: fr. 37), consagradas por Diké na existência, todas igualmente amadas por Deus (fr. 102), *divinas* justamente no manifestar-se pela oposição recíproca (fr. 67). O *lógos* tem em si o momento diairético *katà phýsin*, e isso é indicado com a maior evidência por meio do «nome» *Pólemos* (fr. 53). Nenhuma coisa poderia aparecer sem «insurgir» em sua diferença em relação a qualquer outra coisa. Mas justamente isso acomuna todas. A Harmonia não se impõe à singularidade do ente como exterior, estranha fatalidade; ela nasce e se manifesta com o próprio aparecer do *ón*. O ente *é* em sua relação com o oposto; apenas vendo-o como o sábio o vê, nessa relação, isto é, apreendendo-o com o *lógos*, ligando-o ao outro por meio de seu próprio diferir, corresponde-se a seu ser *kalós*, a sua perfeita «bondade». E assim o exprimir-se do experimentar *axýnetos,* em sua surda fixidez, que não escuta, em sua determinação abstrata, todavia *exige* ser re-colocado no Logos-*Xýnón* (o Logos é o mesmo do *Xýnon*, do Comum: fr. 2).

O fr. 72 DK, que Diano coloca justa e imediatamente depois do grande «frontão» do fr. 1, explica ainda melhor essa relação. Os homens têm hábitos cotidianos com o Logos que governa tudo, mas justamente disso discordam. Todo dia o «encontram», e, todavia, para eles permanecem *xéna* as coisas que o Logos manifesta. A relação sempre subsiste, mesmo que permaneça in-audita ou inexpressa (fr. 19); mas é a *relação* que subsiste entre estranhos. No entanto, não entre inimigos: *xénos* não significa *echthrós, inimicus*! Na própria ideia de *pólemos* está imanente que o dizer do homem pode cair no simples e imediato diferir, pode não exprimir a Harmonia. Entretanto, na qualidade de *xénos*, da Harmonia sempre também é *hóspede.* Mesmo o errar dos mortais pertence a esse cosmo, e nesse cosmo ele jamais estará sem aquele *lógos* que provém da escuta, e que terá, por isso, a autoridade para ser escutado. Quando o dizer do homem está em *dia-logo* com a escuta do Logos, é «justo» que ele exija por sua vez ser recolhido e obedecido. A escuta não determina portanto apenas esse dizer, quando ele está em harmonia com o Todo, mas a própria essência do Logos. O que conta não é tanto reconhecer que quem escuta Heráclito de fato não escuta simplesmente o «eu penso» de um filósofo, mas o próprio *hén-sophón* do Logos (fr. 50). Essencial, pelo contrário, é colocar o sentido da escuta no próprio núcleo do Logos: Logos é aquilo que pode ser escutado, e que apenas no ser escutado chega a sua plena expressão e manifestação.

Mas porventura a harmonia entre Logos e escuta não implica também aquela entre Logos e *silêncio*? Ela certamente vale no diálogo entre os mortais; o silêncio dita-lhe o ritmo em cuja métrica toda conversa se desenvolve. Acolher o *lógos* pressupõe naquele que o acolhe o silêncio da escuta, a *capacidade* do silêncio, não a impotência de falar. Os nexos entre silêncio que escuta e dizer-pensar que acolhe foram em diversos contextos repetidos e esclarecidos por Heidegger. Mas, como nos perguntamos em que sentido na própria «não-escuta» do homem, nas próprias formas pelas quais ele é «distraído» pela concordância com o Logos, é possível descobrir o rastro de sua necessária relação com este, agora devemos nos interrogar sobre a imanente presença do silêncio no Logos, que Heráclito afirma ter escutado e saber guardar. Não manifesta, mas *in silentio* permanece a Harmonia que de toda conexão funda a própria possibilidade: aquela que conecta *ab origine* Logos, como expressão, ainda que uma só com o aparecer (da coisa singular, da palavra e do próprio silêncio como simples elemento da frase e do diálogo), a Physis, como princípio do nascimento, da geração dos entes. Porque o dizer do Logos — tanto o do Logos que *dita* a ordem das coisas quanto daquele dos mortais que tentam representá-lo — pode de fato acontecer *katà phýsin*, ou porque Physis se manifesta como dizível, isso não pode ser dito, não pode encontrar adequada determinação no discurso. A Physis é a Harmonia *escondida*, pressuposto de qualquer outra manifesta conexão, de toda forma definida-definível do *Xynón*. O Comum supremo, aquele que subjuga o eficaz dizer-ser escutado do Logos a Physis, os conteúdos do Logos à *arché* de Physis, está além de todo determinável. Os essentes, *manifestação* de Physis, em sua real *concordia oppositorum*, em suas conexões ou *synápsies*, são diaireticamente representáveis, mas de onde eles provêm, qualquer que seja o seio comum de Physis que os produz, a «isso» nenhum nome corresponde — nem mesmo o do *pŷr aeízoon*, do fogo eterno que se «troca» com todas as coisas e do qual todas são *tropaí*, mutações (fr. 31a), uma vez que o fogo ainda assim é sempre elemento e se muda e toma nomes diversos (fr. 67). Poderemos dizer apenas isto: que Physis tem como *seu caráter próprio* (*phileî* é assim traduzido; *philía* aqui indica o pertencimento àquilo que se «ama») o esconder-se (*krýptesthai*: verbo médio, que torna a ideia de ser plenamente em si, de seu *estar* em si escondido; nenhuma passividade: a natureza *age* escondendo-se; nada é mais ação de nascer, cujo princípio *quer e ama* permanecer escondido): fr. 123. *Sophón* será, então, *alethéa légein kaì poieîn*, dizer as coisas como se manifestam e agir *katà phýsin* (fr. 112), se o *légein* do homem souber, ao escutar o Logos, escutar nele também a presença do silêncio daquela Harmonia escondida, que jaz no fundo insondável de Physis. Dizer manifestamente o manifesto (*alethéa légein*) é dizer a «evidência» do re-velar-se nele da *arché* escondida do nascimento.

Nenhum erro mais grave, portanto, do que contrapor essa *arché* ao *lógos* que se articula diaireticamente. Esse *lógos*, que caracteriza em suas distintas formas o ser-aí do homem, pode *alethés* predicar cada ente por aquilo que ele mostra, pode vinculá-lo «polemicamente» a todos os outros, pode pensar e exprimir a harmonia que tudo governa, mas, caso se diga *alethéa*, deverá dizer, *in silentio*, também a própria impotência a justificar, a dar palavra, *lógon doûnai*, à Harmonia *aphanés*. Será sábio dizer que essa não se mostra *saphés*, com a evidência com que cada ente nos aparece, evidência que é norma que guia o discurso. Essa Harmonia não visível é revelada por todas as conexões-harmonias do cosmo, sem que se possa desvelá-la. Esta se manifesta sem suprimir *léthe*, o esconder-se, mas, antes, justamente re-velando-o. Para essa Harmonia é possível apenas *fazer signo*. No exato instante em que o *légein* mortal se faz *sophón*, ele se torna signo, rastro, índice, símbolo, ícone, segundo a medida da intensidade com que nele reconhecemos essa dimensão, do esconder-ser da Physis. Nada de vago, de simplesmente indefinido; o ser-signo do *lógos*, seu *semaínein*, emerge com a maior evidência a partir do exercício de seu predicar; de seu *diaireîn* e *harmózein*. O indizível se delimita a partir do interior do próprio dizível. A representação clara do dizível faz signo do indizível, e nisso consiste sua única e possível significação.

Podemos chamar esse *semaínein* a expressão mais alta da própria escuta. A escuta talvez possa chegar onde a palavra falta: ao co-pertencer-se secreto (Heidegger) de Logos e Physis. Essa relação não é um «algo» que possa ser expresso, e, entretanto, seria absurdo abstraí-la de sua conexão com o dizer. Aquilo que excede o âmbito do *légein* continuamente faz signo de si no trabalho do analisar, do conectar, do exprimir. A Harmonia *aphanés* é indicável como tal apenas a partir da *fadiga do conceito*. O dizer, também como dizer ainda infante, a experiência, mesmo quando avança ainda inexperiente, indicam o Como em que Logos e Physis concordam, ou melhor, o copertencimento originário de Logos e Physis. Toda palavra acena a esse Início quando *mostra* como próprio e necessário fim o querer corresponder à coisa de modo que represente para ela, no limite, o equivalente. Este não é ânsia vazia, mas nostalgia real do ventre sempre fecundo do copertencimento de Logos e Physis. Esse ventre ou Início só pode revelar-se quando as palavras dele fazem signo. As palavras, todas, custodiam em si, em sua profunda aparência, a potência do *semaínein* do Senhor ao qual pertence o oráculo (fr. 93).

6.1. *Phýsis e psyché.* É a Physis que «dita» que o *lógos* não pode ser sustentado como mera expressão verbal do pensamento, que ele não pode se exaurir na predicação diairético--dialética dos entes, que a evidência de sua presença não é tudo aquilo que nos entes se indica e que *a partir* deles é rastro. É a verdade-*alétheia* de Physis que *está* no não desvelável. Como o *lógos* é também *semaínein*, e remete, por isso, seu aspecto ao *nascimento* da linguagem, ao «mudo» tempo de seu nascimento, assim Physis é também *aphanés*, irredutível ao tom que ressoa nos termos conjuntos de *phaínomai* e *phôs*. Sua luz não é simplesmente a da presença e da evidência, ao longo da qual procede o discurso «lógico». O caminho deste último é certamente necessário — mas nele também sempre é necessário o referimento ao indizível que o excede.

O caráter *deinós*, maravilhoso-tremendo, do *thaûma*, a partir do qual *pathos* começa o *agir* da linguagem, do discurso e do juízo, não consiste, então, simplesmente no aparecer do extraordinário múltiplo dos entes, mas no fato de que seu existir não pode ser pensado como uma totalidade realizada. Physis não indica nem o conjunto «dado» dos *phainómena*, daquilo que se dá à luz tornando-se visível, nem apenas seu nascer, germinar, crescer. Physis remete a «algo» que excede tanto a ideia de *natura naturata* quanto de *natura naturans*. Essas duas ideias refletem, com efeito, o aparecer «luminoso» do ente. Mas esse próprio aparecer é *referência*: sólido em sua forma, ele todavia está no fundo indeterminável do *ápeiron* que o envolve e do qual provém — envolvente ventre que escapa, por princípio, ao olhar-*theoría*, ventre que em si se esconde. E ainda nada é mais «claro» do que esse fundo, nada mais evidente do que o fato de que os casos e eventos que acontecem estão em seu abraço: seu *teatro* delineia-se sobre seu infinito. Mas, porquanto sua evidência não seja mensurável-calculável, porquanto sua luz permaneça obscura, a *theoría* nele reconhece a necessidade. A partir da *arché* como causa determinada deste ou daquele evento, seu olhar não pode não pretender chegar ao Princípio que contém a possibilidade de todos. Toda predicação determinada é, de uma só vez, também signo de tal Princípio. Desse Princípio não podemos encontrar rastro senão na determinação do *légein*. A intuição da Arche superior a toda causa determinável não se dá imediatamente; apenas analisando as aparências, distinguindo-as de forma crítica, procedendo metodologicamente por meio de sua *inges sylva*, nos é concedido *intus-legere* a Luz que «se esconde» na luz de todos os astros visíveis e dos quais todos os *corpos* luminosos são indícios. *Ápeiron* não significa algo que está além do limite, de outro modo seria também ele, evidentemente, um limitado, mas o indeterminável do próprio finito, a proveniência in-finita do ente em si, o princípio da vida de todo ente, imanente neste, e que sua presença apenas re-vela e da qual justamente sua real presença mostra o ser escondido. Duplo por isso é o caráter do *thaûma:* antes de tudo, ele se exprime na voz-índice que eleva a coisa, «contra» a qual o olhar se depara, a *próblema*, e que a partir desse instante transforma o olhar em interrogação; então, no «ver» a irredutibilidade de Physis em totalidade dos entes, mesmo que concebidos juntos à Causa (*divinum determinatum*), ou às *causae secundae*, de seu aparecer. É o *thaûma* diante do nexo que mostra em todo ente entre seu dar-se à luz e ao olhar e a *arché* última de seu ser *este-aqui-e-agora*, entre seu finito caráter determinado e a *infinidade* de sua «razão», ou, ainda, a *infundabilidade* de seu ser *este*, em si e para si. Tal «símbolo» de finito e infinito, de *péras* e *ápeiron*, provoca a «maravilha» que não pode ser satisfeita, e que, por não encontrar resposta, sempre reabre a interrogação. «Símbolo» diante do qual o *lógos* se emudece, aliena toda autorreferencialidade fechada, e se faz assim memória do *mŷthos* justamente no momento em que *reconhece* a natureza do ente, «aquilo» no qual este jaz (seu *keîsthai*), como «aquilo» que «ama esconder-se» (*krýptesthai*: lembremos do valor do meio, sobre o qual nos debruçamos a propósito do *kategoreîn* aristotélico).

Esse símbolo e sua memória são perdidos no *légein-ti* do *Sofista*, no *pollachôs légetai* da *Metafísica*, em seu aparentemente unívoco radicar o *lógos* na presença determinada do ente? Isso assim aconteceria apenas se pudéssemos projetar sobre esses textos a ideia de natureza que se afirmou na época, decisiva e «heroica», da *descoberta*, a época que colocou o próprio pensar como *arché-e-télos* de Physis, potência suprema, desveladora-descobridora da constituição última do ente, capaz de colocar uma perfeita equivalência entre *tò ón* e *legómenon*. E, ainda, justamente a ciência «irônica» do último século (J. Horgan, *O fim da ciência*, 1996; mas fundamental nesse quadro são os ensaios de epistemologia de J. M. Jauch e de R. P. Feynman) teria de ter para sempre se distanciado do «paraíso» de pretensões soberbas como estas, para nos fazer compreender, ao menos, o sentido da finitude da razão pura kantiana. Por um lado, essa ciência se liberta do extremo fruto da antiga teleologia, para a qual a natureza não existiria senão com a finalidade de ser observada e decifrada por sua «flor»: o cérebro; por outro, essa ciência se liberta de toda superstição do «dado», de toda «religião do empírico», da realidade como algo «abstrato» pelo *fazer* do pensamento que a observa e interroga. A realidade não é nem dado, nem interpretação, mas *fato*. Aliás, *fieri* do nexo *lógos*-Physis, uma vez que nenhum «estado» do ente desvela o fundo de seu eterno passado (*fuit*), ou exaure seu possível (seu eterno *futuro*). Natureza-Physis não é nem *ob--iectum*, nem *positum*, nem aquilo que está em si *contra* o *lógos*, nem aquilo que a partir do sujeito do *lógos* é colocado, e que, por isso, esse sujeito pode conceber como em si pre-*disposto* a transformar-se em *Gemächte*, em produto do *operari*. Saídos dos paraísos determinísticos, como daqueles teleológicos-antrópicos, é possível talvez escutar ainda o tom originário de Physis. Na «indeterminação» das próprias leis da natureza, na concepção probabilística de sua validade (que implica a mais rigorosa capacidade calculadora), há talvez rastros do *particípio futuro* de Natureza, e assim se marca o fim das antigas-modernas «fés»: que as leis da natureza, sobre as quais construímos nossa experiência, são inatacáveis pelo tempo; que as leis do cosmo que observamos, e de que podemos «recolher» (*légein!*) informações, são generalizáveis a todo o Universo; que as leis em seu conjunto, todas elas determinadas em relação a estruturas fenomênicas passíveis de descrição, são expressão *da* Lei da natureza (essa forma de paralogismo é o objetivo da crítica kantiana na *Dialética transcendental*, ainda hoje o maior antídoto a todo «dogmatismo do intelecto»). A consideração científica da natureza não exclui o tom da Physis, assim como a escuta do Logos não exclui — aliás, implica — o método diairético. A busca da evidência ao predicar o ente, a forma do *légein-ti*, não exclui, mas conduz a afirmar que ele não *está* em si e para si realizado-por-completo em sua presença, mas que essa própria presença (considerada, predicada, calculada) é *re-colocada* sobre um fundo, que o *lógos* não pode fundar, e que consegue «dizer» apenas na forma do *semaínein*.

Que esse «referimento» da *epistéme* ao Logos-Physis que ressoa na sabedoria de Heráclito é um «possível real» é mostrado, justamente na plenitude da idade da descoberta, por Giordano Bruno. A Natureza, Sol em si que jamais poderá se apagar, de todo *animada* («Coisa indigna de sujeito racional» sustentar ser inanimado também o corpo que parece mais faltante, mais distante do ser *en-ergés*), é todavia *vestígio* de um *infinito vigor* que, mesmo sendo ínsito a cada ente, permanece *super omnia*, nunca se *determina* em um ente. Esse Princípio ou Arche não pode ser dito *esse*, um Motor imóvel calmo em si, nem *posse*, porque nenhum poder é, a não ser na qualidade de causa definida de entes finitos. É o Princípio que faz com que cada ente finito seja apenas ulterior *potência*, apenas aquilo que *pode* ainda ser. Nenhum ente pode ser tudo; no Princípio apenas é pensável *actu* a totalidade dos possíveis. Todavia, no *possest*, que também todo ente manifesta (uma vez que cada um existe enquanto e na medida em que *pode*, isto é, é ele mesmo *actuositas*), *encarna*-se o Infinito onicompreensível, que a mente infinitamente persegue. A potência é apenas como potência de *ek-sistir*, mas o existir não é, por sua vez, senão potência. No Princípio apenas estes são Uno; mas esse Uno, por sua vez, se *encarna* na unidade de todo ente: «Aquilo que não é uno, não é». As diferenças são explicações do Uno, e cada coisa é nada fora desse Uno e de seu ser-uno. Bruno não é Espinosa; seu Princípio, ou Mente divina, ou Luz sobrenatural, não é a Evidência lógica da substância espinosiana, nem a matéria do Nolano («coisa divina e ótima parente»: inversão epocal de qualquer ideia de matéria como *egestas, inopia*) é a *res extensa*, e, só nesse sentido, como nada mais que extensão, atributo da substância, *res* sobre a qual o *lógos decretou* o próprio domínio de uma vez por todas. A Natureza bruniana é verdadeiramente Physis — e Physis, em sua luz, é vestígio da Luz que se esconde, inapreensível, *na* própria presença do ente e do *lógos* que o diz, que sobre ele discorre, e justamente ao distingui-lo e de-*fini-lo* nele institui a *infinidade*. Essa ideia de Natureza não tem em si nada de nostálgico ou re-acionário em relação àquela outra, determinístico-mecanicista, que no Moderno se impôs. A «via» indicada por Bruno não é o canto do cisne da alma Vênus lucreciana; ela poderia, hoje ainda muito mais, ser lida como *primeiro vestígio* de uma ciência crítico-irônica, por meio da qual o ignoto não é o campo infindável do ainda não conhecido, mas *a priori* sempre conhecível, e até mesmo o limite ontológico que toda definição encontra: a não predicabilidade do ente naquilo que ele mesmo «era-e-será». O ignoto não está além do conhecido, mas é o caráter último deste, como o Aparecer o é para toda aparência. *Vera quaerunt* as ciências, para as quais Physis não é mais que a totalidade dos entes determináveis, *relicta veritate*: a verdade é como *nada*, o *valorizado-calculado* apenas existe — Bruno é a primeira consciência da importância epocal desse esquecimento.

Como mostrar esse nexo entre evidência e obscuridade? A partir do maravilhar-se com o ser-aí do ente o *thaumázein* avança ao maravilhar-se com sua conexão com aquilo de que difere, ao maravilhar-se com o esconder que em seu próprio desvelamento se mantém, e se mantém justamente como aquilo que o «salva» em sua singularidade. Mas o maravilhar--se — que confirma este último, que o aprofunda e, ao mesmo tempo, abre a um horizonte ulterior — é o que se exprime por força da relação com Physis daquele ente, *zôon*, parte vivente de Physis, que é o ser-aí que a observa e analisa, até o ponto de pensar poder dela dispor. O *thaûma* que de fato afeta, verdadeiramente *deinón*, é o que o sujeito do maravilhar-se tem por si mesmo, quando se torna consciente de ser ele próprio parte da Physis, mas parte absolutamente *singular*. O *thaûma* se torna, então, essencialmente, o «tremendo» maravilhar-se com o «espetáculo» da faculdade desse ser-aí. O *thaûma* com o aparecer dos essentes se concentra no maravilhar-se com esse ser-aí, e com seu ser dotado de um olho que *penetra* na constituição do ente. Por que no conjunto das aparências aparece um ente, que pertence a Physis como qualquer outro e, todavia, parece ser o único capaz de escutar a ordem imanente da Physis, a harmonia que nela conecta os elementos opostos? Aquilo que esse «protagonista» se mostra *potente* em fazer só pode ser produto da própria Physis — e, mesmo assim, justamente aquilo que o caracteriza não parece de fato «natural»: a ação do dizer, do *lógos* em sua dupla escansão, como escutar-experimentar e como predicar-definir. O que, pertencente totalmente a Physis, consente a ela conceber-se e exprimir-se? O que faz dela um *cognoscente*? Por força de qual «maravilhar-se» ela chega, como ser-aí, a querer conhecer a si mesma? Qual órgão ou *corpo* de Physis é aquele capaz da potência do *lógos*, que parece oferecer o acesso à totalidade dos outros entes, e saber então representá-los com nomes e figuras? É aqui que, abrindo-se ao *pró-blema* último do *perì phýseos,* ao mais problemático entre os essentes de Physis, a interrogação encontra o sentido teorético do enigmático ditado «a Natureza ama esconder-se». Aquilo que se esconde é o porquê desse ser-aí no interior da totalidade do essente, é a harmonia, absolutamente *aphanés*, por meio da qual um ente se liga a outros segundo a métrica do *lógos*. O Princípio pelo qual a Natureza o gerou, portador dessa maravilhosa-tremenda diferença, e pelo qual, justamente por força dessa diferença, ele é dotado da capacidade de *légein-ti*, Princípio que nenhum *lógos* pode levar à luz, pode desvelar.

O Princípio que em si mesma a Physis esconde é o nascimento daquilo por meio do qual ela, em um produto seu, observa-se e compreende. O escondido de Physis não é outro senão o próprio ente dotado de *lógos*, o qual navega através *tà physiká*, analisando e vinculando, até deparar-se com *o* problema: conhece-te a ti mesmo. *De onde* aquilo que, sendo ente entre os entes, dá acesso ao ente, formula a pergunta sobre a essência do ente? *De onde* esse ser-aí retira a energia para entender o *sophón* e a ele se tornar similar, *sophós*? Do aparecer dos entes é necessário ir a essa pergunta; mais do que outra navegação, é a mesma, mas, desta vez, volta-se ao mar mais aberto. Se meu *légein* mostra uma correspondência com o *tóde ti*, com esse algo, é preciso pensar que se dá um copertencer-se originário entre *lógos* e Physis. Esse copertencimento é necessário pensar, uma vez que meu dizer é faculdade de um ser-aí que evidentemente pertence a Physis. E, no entanto, aqui o discurso para: o princípio do nascimento daquilo que de modo tão prepotente se diferencia do *tà physiká*, sem todavia dele jamais se separar, e que, aliás, a estes dirige a própria *intentio* — a razão de um movimento tão extraordinário, por meio do qual algo de Physis se solta do abraço desta, mas exatamente para poder conseguir o mais íntimo acesso a ela —, tudo aquilo é o pressuposto não demonstrável de todo predicado. Na Luz indizível daquilo que subjuga visível e vidente, é intuída, mais a fundo, a vida daquele essente que se vê como o único capaz de *predicar-algo,* mas ignora o princípio dessa sua «tremenda» potência. É a vida da *psyché* que se escancara à nossa frente. Um abismo no qual encontramos aquilo que se abre no fundo de toda palavra, e aquilo que se revelou na própria singularidade de cada essente. Os dois fragmentos de Heráclito, 123 e 45, devem, portanto, ser lidos em conjunto: que a natureza esteja no fundo como o que se esconde significa que os *peírata*, os confins da *psyché,* ainda que tu vás, ainda que tu faças experiência, não os poderás encontrar. A Natureza se esconde para que a via daquele seu elemento, pelo qual ela se faz visível-cognoscível, permaneça demasiado profunda para ser percorrida em seu todo. O *lógos,* o dizer que quisesse corresponder àquela via, não encontraria confins, isto é, não poderia consistir em nenhuma predicação definida. Nada de sublime, nada que contradiga o *discurso sobre a Natureza. Psyché* é, antes de tudo, princípio sensível. O contexto dos fragmentos heraclitianos não deixa dúvidas a respeito: *psyché* está envolvida no «grande ciclo», no imóvel devir do todo; está em estreita relação com a água (ponto sobre o qual o Logos heraclitiano, como o do outro *sophós*, Tales, chega à proximidade máxima com o *mŷthos*: o grande livro de Onians, *As origens do pensamento europeu*, traz sobre isso vistosos testemunhos); pode ser seca ou úmida; no fr. 85 é quase sinônimo de vida. Princípio sensível, *tò ón* também ele, que não pode não ser, será também o que consente em escutar o Logos e a ele corresponder. Mas sua proveniência e seu nascimento, como seu poder conjugar-se com todo outro ente e refleti-lo, têm uma razão que o *lógos* não chega a tocar. Physis não pode, por meio da *psyché*, chegar ao próprio fundo, isto é, conhecer integralmente a si mesma. Physis não possui uma *alma* capaz de desvelar a razão última do próprio ser animada, *vida*, e do seu conter, no interior do conjunto dos viventes, aquela *vida* que se exprime no fazer, na *enérgeia* do pensamento.

Nesse sentido, a interpretação naturalista da *psyché* heraclitiana de fato não contrasta com os desenvolvimentos «espirituais» que o termo está destinado a assumir. *Psyché* é alma-corpo, um símbolo em si (aliás: *o* símbolo por antonomásia, como explicou Cassirer em *Filosofia das formas simbólicas*). *Psyché* é *pneûma*, sopro, vento, respiração, o ar que tudo permeia, que é evidente princípio de vida. Inextricavelmente associada ao elemento úmido, do qual provém (fr. 36), ela impede que nosso corpo seque e se decomponha em esqueleto. Mas o caminho que percorre para «habitar» em nós permanece escondido; seu Logos, como o de toda Natureza, é demasiado profundo para nosso *légein*. Nessa *psyché*, imanente nela, está aquilo que gera o próprio pensamento. O enigma último da proveniência da *psyché* se exprime nessa extraordinária faculdade que ela suscita (o sumo *dôron-dólos*, dom-engano). Ela não só é respiro de todos os viventes, mas «dá respiro» à forma do pensar e dizer, de que só o homem é capaz. Na *psyché* manifesta que alimenta todos os entes animados fecha-se aquele vento, aquele *ánemos*, aquela *alma* que produz o pensar. É, este *ánemos*, elemento da vida em geral, e em seus próprios nomes carrega consigo o testemunho preciso, mas aqui apenas se manifesta por meio do *lógos*. Seu caráter extraordinário é tão evidente quanto o fato de respirarmos para viver. É natural e sobrenatural ao mesmo tempo. E seu porquê se esconde em Physis, tornando assim escondido o fundamento da própria Physis. Trata-se de um aspecto da própria *psyché* cuja potência geradora experimentamos no cotidiano? Ou é uma corrente autônoma, a respeito da qual devemos levantar a hipótese de uma origem diferente? É um único «vento» a desenvolver funções diversas ou se trata de realidades disformes em sua raiz? E então: como seria possível *psyché*, que dá forma a tudo provindo de seu insondável abismo, ter um destino mortal? Já em Píndaro o termo é empregado para indicar o que sobrevive à morte. Mas imortal é apenas seu princípio universal, *periéchon*, ou também a forma específica que ele assume nos diversos indivíduos? A imortalidade do princípio se dá, por assim dizer, também à *psyché* que habita o corpo de cada ente? Ou conforma apenas aquela que pertence ao ser-aí dotado de *lógos*? É este, com efeito, que sopra e, acima de qualquer outro, mostra-se como ser-aí *animado*, agitado-pensante, o *inquietum cor*; e, todavia, sua extraordinária animação é inseparável daquela que, em diversas formas, domina na totalidade dos entes. Será, então, toda sua *psyché*, em sua integridade, a gozar da imortalidade que parece necessariamente ser atribuída ao Vento universal? Ou apenas uma parte sua? Mas como subdividi-la? E, admitido que isso seja possível, trata-se de uma subdivisão ontológica ou apenas funcional? Se apenas funcional, será possível extrair dela consequências tão relevantes como aquela que se exprime ao afirmar a imortalidade da única parte da alma que é *arché* do nosso pensar? Se, pelo contrário, a diferença é ontológica, como evitar conceber, por fim, uma pluralidade de *almas* no mesmo indivíduo?

A Natureza se esconde — e esse esconder-se exibe-se na própria interrogação que seu *thaûma* suscita. À Physis como conjunto de *phainómena* corresponde *psyché* como o sopro sensível que consente a vida a todo essente. À Physis *aphanés*, pelo contrário, à harmonia mais potente que produz a conexão entre os entes, corresponde o aspecto (ou parte? ou função? ou realidade diversa?) de *psyché* por força da qual uma só espécie entre os essentes caracteriza o próprio ser animado do sentido do poder pensar-e-dizer. É aqui que Physis procura e se indaga. Ambas são objeto do *lógos*, isto é, analisáveis e determináveis. Mas a busca que Physis conduz pelo ente que apenas se indaga (fr. 101) não pode chegar ao *saphés*, à evidência de que o *lógos* é capaz em relação aos *phainómena*, e ao próprio fenômeno que é o sopro que nos alimenta. Aí, a linguagem do *lógos* assume a forma do *semaínein*, porquanto esta se mostre envolver-se, complicar-se e, por vezes, fechar-se em análises e demonstrações dialéticas. A psicologia do Ocidente nasce sob o signo dessa aporia.

    6.2. De anima. Nada se compreende caso ainda não se inicie da concretude vivida do *thaûma*. Ele de fato se dá no tom da *angústia* do perguntar: *tudo* morre? Tudo o que vive mostra-se animado — mas isso, por fim, seria apenas aparência caduca? Mortal é o próprio princípio que dá vida? Pode *psyché*, o próprio princípio que tudo anima, ser destinada a seu contrário? Esse copertencer-se de morte e vida não parece violar os próprios fundamentos de nosso pensamento? E, ainda, o homem não realiza experiências reais de uma própria *psyché*, diferente daquela universal que mantém vivos os entes, e da qual, por certo, todavia ele também participa? São marcas disso a órfica memória, que é um traço em todo Platão, a adivinhação, mas também as outras *maníai* e, no geral, todo estado entusiasmado (que Aristóteles analisa assim como qualquer outra condição do vivente, longe de condená-lo: basta ler *Etica eudemia*, 1248 a-b). Mas é justamente no ser animal dotado de *lógos* que a atenção está destinada a se concentrar. O que nos torna capazes de indagar Physis, e, penetrando nela, nos indagarmos, parece algo demasiado *singular* para poder ser explicado com base no *espírito* que tudo permeia, a todos comum. Os próprios princípios que essa faculdade chega a intuir, sua universalidade e necessidade, não parecem apontar para a imortalidade do agente que deles dispõe? Poderia um fator apenas sensível, a única dimensão da *psyché* que percebemos com os sentidos, ser o fundamento de nosso *theoreîn*? E até mesmo essa *psyché* parece que deve ser concebida como imortal; nada viveria, com efeito, se ela faltasse. Mas os corpos que faz viver são mortais. Todavia esses corpos finitos pensam o infinito, contemplam ideias imortais. Portanto, neles a universal *psyché* se dá em uma forma que pertence ao imortal. Essa forma é aquilo que torna possível o pensar, sua condição ou pressuposto: *noûs*. *Noûs* chamamos a forma em que a onipotente *psyché* se caracteriza no ser-aí do homem e parece tonar sua alma imortal. Mas toda? Também aquelas partes ou funções que em nós são similares àquelas de outros animais? Ou imortal é apenas o *noûs*? É ele o nosso próprio *respirar* (da raiz *an-* de alma e vento se formam em sânscrito as vozes que indicam o respirar. Assumir a substância que nos dá vida é o início do conhecer, origem imanente em cada ato seu: isso se mostra de forma claríssima na proximidade entre *gígnomai, gino* e *gignósko*); é nossa *alma* que deverá então ter um destino imortal. Onde, no entanto, ela se manifesta separada da vida do corpo que *psyché* nutre, mas que também, em um ponto para o qual não há remédio, abandona? Poderemos argumentar que tanto *psyché* quanto *noûs* são princípios em si necessários e imortais, que agem diversamente sobre a vida do homem, mas que sob nenhum aspecto tornam essa vida partícipe da própria imortalidade. Assim, o caráter necessário que atribuímos aos princípios do nosso *lógos* não teria nenhuma base ontológica, uma vez que nada de necessário subsistiria em nossa natureza. Não serão investidos, como consequência, esses próprios princípios, orgulho de nosso *noûs*, por uma dúvida radical? Quem percebe nisso apenas exercício dialético e não a necessária angústia do pensar diante do próprio destino tem afixado o cartaz «aqui não se faz filosofia» à porta de seu escritório.

Demasiado profundo o *lógos* da via de *psyché*; absolutamente impraticável se mostra para o *lógos* o caminho que chega a iluminar o fundo do *noûs*, isto é, daquela faculdade da nossa *psyché* que é agente de nosso pensar, e pensar ideias que aparecem para nós como universais e necessárias. Aí, finalmente, a Natureza ama esconder-se — e, de novo, para ser interrogada. É a aporia que sempre ocorre *diaporeîn*, a forma última do eterno *aporoúmenon*. É dessa forma que este permanece em Platão. A respeito de nenhum outro problema o *lógos* se faz *mytho-logeîn* com tal intensidade, com tal *pathos*. A interrogação em torno à natureza de *psyché* e *noûs* não pode se fechar em nenhuma definição e está obrigada a assumir até o fim o tom do indicar, do rastro, do *fazer imagem*. Mas, antes de chegar, com Platão, a essa expressão da aporia, é indispensável, invertendo a ordem cronológica, afrontar a tentativa *científica* de dar a ela a resposta de Aristóteles e de seus «comentadores».

Psyche, aquilo que por si só move o vivente, é objeto da inquirição do físico — mas em sua totalidade, ou apenas naquela parte que diz respeito a seus *pathémata*, às suas afecções, que de forma inconteste atingem o corpo (*De anima*, 403a 17--28)? À pergunta colocada na *Metafísica*, 1026a 5, a resposta se mostra segura: apenas as virtudes vegetativas e sensíveis pertencem plenamente a *tà physiká*. Mas talvez não seja também a *phantasía* (nome tributário daquele da luz: *De anima,* 429a 4), a faculdade por meio da qual se formam em nós imagens também de coisas não sensíveis, como no sono, indissoluvelmente ligada ao corpo? Todavia, o pensar a ela está ligado. Esse nexo implica uma subordinação do pensamento à imaginação? Por um lado, parece necessário afirmar: a alma jamais pensa a não ser sobre o fundamento da sensação, nem há pensamento

sem imagens. Mas o pensar se distingue também do sentir-
-imaginar. O sentir é próprio de todos os viventes, e é em si
sempre *alethés*; a sensação é o que é, é seu próprio acontecer
incontestável. A *diánoia*, pelo contrário, é verdadeira apenas
quando seu discurso exprime efetivamente as conexões que
acontecem entre os entes considerados. O sentir é, além disso,
um *páthema* que se nos impõe; não podemos evitar que ele nos
afete. O *noeîn* exibe-se, a respeito disso, como seu oposto: ele
está em nosso poder. A alma pensa quando *quer* (417b 24-25).
Pensar é nosso *agir* por excelência. Liberdade significa pensar,
dirá Hegel. Nisso se exprime o *télos* de todo discurso: salvar a
ideia de que o pensar *pode*, de que ele se liga, sim, ao campo
«animal» da sensação, mas como *senhor*, para não padecer dele,
mas para dele se servir. A psicologia nasce sob tal marca, e, segundo essa ideia reguladora, ela se desenvolve até a «crise dos
fundamentos» entre os séculos XIX e XX. Mas essa marca, caso
se saiba interpretá-la, já se apresenta em si, *ab origine*, «em
crise», constitutivamente aporética, isto é, aberta ao *diaporeîn*
(abertura que a época da «desconstrução», em sua impaciência
pelas *novitates*, tende sempre a ignorar, a remover ou a apagar).

Psyche é, sem dúvidas, *arché* das seguintes virtudes, pelas
quais também é *definida*: a nutritiva, a sensorial, a do movimento *e a dianoetica* (413b 12-14). *Um só princípio*, que produz distintas faculdades. Psyche é forma, *eîdos*, de um corpo orgânico,
que tem vida em potência. Ela determina a matéria e faz do ente
um *tóde ti, este* indivíduo. Por isso é impossível separar alma e
corpo. Por certo a alma não é esse corpo determinado, mas, todavia, encontra-se sempre conectada a ele, constituindo-lhe a
enteléquia (414a 22). Portanto, será lógico admitir que também
sua função, característica do ser-aí humano, representada pelo
pensar, seja coordenada com as outras funções próprias de todo
animal. A menos que se sustente que exista uma *arché* específica
para o *noûs*, isto é, outra alma, separada daquela que é forma do
corpo que se nutre, sente e se move. Uma perspectiva dualística

que causa repulsa a toda a filosofia aristotélica — e que, de forma errônea, Aristóteles com frequência gostaria de atribuir ao platonismo. A alma, em sentido próprio, é apenas aquilo que produz a unidade de suas funções (411b 10-11). É preciso distingui-las rigorosamente e não as separar de maneira abstrata. O *noûs* não exige, para ser explicado, a ideia de outra alma, mas a de uma faculdade específica sua, diversa das outras que o homem partilha com todos os animais, mas plenamente partícipe da alma em sua integridade. A «espécie» *psyché* apresenta gêneros que imediatamente se conectam, formando quase uma só unidade, e outro: o *noûs*, que deve ser considerado, pelo maravilhoso caráter extraordinário de seu agir, uma *ousía* em si (408 b 19), distinta das *ousíai* dos outros gêneros. Imanente à alma em sua totalidade é aquela parte (*mórion*) com a qual ela pensa e conhece (429a 10-11); nem poderia ser diferente, uma vez que a faculdade sensorial (*aisthetikón*) e a cognoscitiva (*epistemonikón*) se acompanham: quem não tivesse sensações não poderia aprender, e, quando o homem *teoriza* algo, necessariamente pensa também algumas imagens; «As imagens são como sensações, exceto para a matéria» (431 b 27-432 a 11). Mas isso não resolve o verdadeiro problema: qual é a *ousía* dessa parte da alma? Mesmo colocada sua distinção, mesmo lendo a marca *chorís* (413 b 25) não no sentido de que a *ousía* seja «privada» (*chêros* é o viúvo, o abandonado, o espólio) de toda relação com as outras, mas, justamente, no sentido de que ela se distingue destas, «excede-as», é preciso ainda se perguntar: qual é sua essência («*tò tí ên eînai*»!) e, como consequência, qual seu destino? Não basta, é certo, afirmar que o *noûs* é o timoneiro das faculdades da alma, ainda que um timoneiro sempre *em dúvida*, sempre *no caminho*. Sua ligação produz uma real e ontológica fungibilidade, ou *psyché* é, sim, composta (e, de uma só vez, também aquilo que torna sua unidade «inviolável»), mas de fatores que remetem a princípios, *archaí*, diferentes?

É difícil subestimar a dúvida que incide nesse texto aristotélico e justifica sua importância epocal. Será justamente essa dúvida o fermento que fecunda o pensamento subsequente, filosófico e teológico. É preciso afastar todo dualismo, mas ao mesmo tempo reconhecer a singularidade que o *noûs* representa no complexo unitário da psique. A alma da alma é para o homem o pensar. Dá-se sem corpo? Além da *aísthesis* e da *phantasía*? Não; mas também não é possível afirmar que deriva delas, uma vez que, com evidências, o pensar a elas não se mostra subordinado, determinado. Todavia seu *theoreîn* diz respeito ao *tò ón*, a *ousía* do ente, a ela se volta. Sim; mas por meio das *eíde*, formas que não são o produto da sensação. E então o *noûs* diz respeito a toda *ousía*, também àquelas eternas, imóveis e *choristá*, separadas (*Metafísica*, 1026a 10 ss.). Ora, é verdade que justamente essa passagem poderia servir para demonstrar a exatidão da interpretação do *chorís* do *De anima* em seu sentido de índice de diferenças imanentes em relação a uma unidade superior às partes, onto-teo-lógica, mas isso apenas torna mais explícita a pergunta: o *noûs* corresponde, portanto, na psique, ao eterno e divino da substância metafísica, objeto do Livro XII? Se é assim, por que considerá-lo em um texto que se afirma explicitamente dedicado a *tà physiká*? Porque, seria possível responder, é *este* corpo, assim animado, que *sua* alma faz viver, pensar. Mas o que ele pensa é eterno e incorruptível. O corpo *padece*, mas isso que pensa é *apathés*. E como poderia acontecer que também o *noûs* padecesse, que também ele fosse sujeito na alma a afecções? Aquilo que padece poderia chegar a alcançar os inteligíveis mais altos, à diferença da sensação, que quando é atingida com demasiada violência cessa de funcionar? O *noûs* parece, por isso, ter de ser compreendido como algo mais divino (208 b 29) — *ísos*, atentemos: provável e presumivelmente, nenhuma absoluta certeza! — e *simples* na alma: com efeito, sua capacidade de ser acesso a todo ente e de *tudo* examinar (*Teeteto*, 185 e 1) não seria concebível se sua natureza se misturasse com a do corpo, uma vez que dele assumiria as qualidades determinadas, fixando-se nelas. O *noûs* se tornaria um órgão como aqueles dos sentidos. A alma não é um «monte» de faculdades; todas se distinguem e se implicam reciprocamente, formam uma unidade sem mistura, mas, todavia, é uma a emergir de forma problemática, uma a se distinguir a ponto de mostrar-se *divina*, reflexo daquele Pensamento--de-pensamento que conclui a *Metafísica* (e a conclui de fato, sem nenhuma *ékstasis* mística). Perguntar-se qual é sua *ousía* significa interrogar-se sobre sua causa ou proveniência.

O *noûs* está na alma, e no *noûs*, de modo coerente com o que acontece *em toda a phýsis* (*De anima*, 430 a 10), deve-se distinguir o que está em potência do que está em ato. O início do famoso capítulo v do Livro III do *De anima* reforça inequivocamente que a indagação diz respeito a Physis, e que o *noûs*, em suas diferenças, encontra-se *en têi psychêi* (430 a 13). Aí, o *lógos* sobre Physis encontra sua aporia, representada pelo *noûs*, faculdade da psique, que é forma do *corpo*. O intelecto, o *noûs*, deve ser considerado em potência, *dynámei*, uma vez que ele tem a capacidade de *intelligere omnia* (431 b 21-22), análoga à capacidade de se tornar tudo da matéria; deve por isso haver um *agente* que realiza tal capacidade. A potência intelectiva apresenta assim os dois princípios: o passivo, *pathetikós* (*possibilis*, *materialis*), e o ativo, *poietikós*, causa eficiente, agente. No primeiro, subsiste a disposição a acolher as formas inteligíveis que o segundo atualiza (como escrevendo sobre uma tabuleta de cera? É a comparação do *Teeteto*: o coração da alma é como cera, dom de Mnemosine, sobre o qual imprimimos como chancela nossas experiências). Estas devem, por isso, encontrar-se *actu*, em ato no intelecto agente. Nele, a *epistéme* é *kat'enérgeian*, toda presente, uma com seu objeto, toda «energia» pensante, superior ao intelecto «paciente», que por vezes pensa por vezes não. A ciência em potência é anterior no indivíduo, uma vez que chega ao inteligível no tempo, «dis-correndo», mas se trata apenas de seu ponto de vista, dado que antes, sob qualquer aspecto, é o ato.

É possível pensar essa diferença como imanente ao *noûs*? E ao *noûs* que pensa na psique de cada um? A universalidade do princípio que se afirma com o *intellectus agens* pode combinar-se à finitude humana que parece exprimir-se no *intellectus possibilis*? Aristóteles diz que o primeiro é *apathès kaì amigés*, impassível e não misturado, e assim o compreende: ele, com efeito, atua os inteligíveis e não os acolhe, e se fosse misturado à sensação ou à imaginação não poderia ser o «lugar» de todos os *eíde*; mas acrescenta também que ele é *choristós*. É possível interpretar esse termo de acordo com o que já foi dito? Sim, com a condição de postular uma nítida diferença entre esse ponto (430 a 17-18) e o sucessivo: «*choristheìs d'estì mónon...*», separado, ele só (intelecto agente) e aquilo que realmente é, e só este é *imortal e eterno* (430 a 23-24). Enquanto o intelecto agente for distinto *na alma* do passivo, ele se diz «apenas» impassível e não misturado; mas, *uma vez separado* do próprio intelecto passivo, revela aquilo que verdadeiramente só ele é, e apenas a ele compete: o ser imortal e eterno. Mas quais consequências comporta uma leitura como essa? Que a natureza do intelecto ativo é de todo independente do corpo e que se manifesta plenamente apenas separando-se deste. Assim, seu encontrar-se na psique é contingente? Não é contingente o nexo entre ele e o intelecto passivo, assim como não o é aquele entre potência e ato. Essa conexão é eterna e necessária, mas o ato intelectivo, a determinação individual da relação, só pode significar a realidade mutável da humana participação no eterno e no divino. Inseparáveis e eternos, potência e ato, ou, ainda, as duas dimensões do *noûs* (que são apenas, propriamente, dois aspectos do mesmo), mas separados ambos pela psique individual, misturada ao corpo, cujo pensar será em tudo e por tudo *virtus in corpore*, e, por isso, corruptível como qualquer outra *ousía* física. A perspectiva averroísta (ainda que o grande comentário ao *De anima* se baseie em textos muito deformados daqueles aristotélicos à nossa disposição — e isso salienta impenetráveis questões filológicas, afrontadas em particular por Alain de Libera em sua edição do Comentário ao Livro III) origina-se dessa leitura do *choristheís*. Alessandro de Afrodisia havia feito do único intelecto agente uma *substantia separata*, mas, de forma coerente, Averróis colocará sua inseparabilidade com o intelecto em potência, e, portanto, a separação de ambas de qualquer mistura com a alma mortal, necessariamente misturada, por sua vez, com sensação e imaginação.

Intelecto passivo e ativo não são na alma, mesmo que o homem no ato da intelecção deles participe. Mas, para Averróis, não é sua alma o *sujeito* da intelecção. Os inteligíveis em ato no intelecto ativo e a partir dos quais este in-forma o passivo são o sujeito universal e o eterno do pensar, aos quais nenhuma alma individual pode corresponder. Eles chegam na alma *desde fora*. A expressão, como é notório, é aristotélica, não averroísta. Para as atividades corpóreas ou atinentes à esfera dos sentidos é impossível que seus princípios preexistam ao corpo ou existam sem ele, apenas o *noûs* «sobrevém *thýrathen, desde a porta*» e apenas ele é coisa divina, uma vez que nada tem em comum com as atividades do corpo (*De generatione animalium*, 736 b 21-29). A dúvida cresce, a aporia é real. Se quisermos salvar a universalidade e necessidade daquilo que o intelecto predica, como poderemos colocar como seu *sujeito* a alma individual e seus diversos atos intelectivos? Mas, se o eterno valor dos inteligíveis em ato não tem «lugar» nela, quando muito na eternidade da espécie, nada da alma poderá sobreviver à morte do corpo. É possível responder desenvolvendo um diverso rastro, também presente no texto aristotélico: o intelecto agente produz a passagem em ato dos inteligíveis como a *luz* faz das cores em potência as cores visíveis em ato (*De anima*, 430 a 16-17). O *noûs poietikós* irradia naquele possível. A relação é de emanação-iluminação. O primeiro torna *diáfano* o segundo, isto é, ato a ser penetrado pela luz dos inteligíveis. E seu caráter diáfano pode chegar a ponto de permitir seu conjugar-se à

Luz do Agente. É o abrir-se possível de uma via especulativo-
-mística, muito presente nas correntes islâmicas avicenianas
e nas latinas agostinianas. Ela não se diferencia substancialmente daquela que identifica intelecto agente e Deus, sumo
Dator formarum.

Mas esses êxitos mostram como aí se destacam completamente do método aristotélico, da instância científica que o
move a querer manter indistinguíveis, *en têi psychêi*, intelecto
possível e intelecto agente. Todavia, o «aparecimento» da luz
gera um problema. Antes de tudo, ela torna evidente a incon-
gruência da comparação entre intelecto possível e matéria.
O intelecto possível *pensa*, a matéria, por si só, não (pensa
aquela alma que é *forma corporis*). As cores que a luz torna visíveis em ato não têm nada a ver com os inteligíveis em potência.
O intelecto agente, por sua vez, é a totalidade dos inteligíveis
em ato, e não a luz que os torna visíveis. Com o termo luz aparece *um terceiro*. Deve haver um *mediador* entre a Luz que brilha
em si os inteligíveis em ato e o lugar preparado para acolhê-los
formado pelo intelecto possível. Podemos agora reportar todos
os elementos na imanência da psique: são *intellectus agens* e *intellectus possibilis*, em sua distinção, realmente unidos na alma,
talvez da alma, agente nela (Tomás). Eles não poderiam exprimir sua conexão se a *luz* não tornasse visíveis os inteligíveis
em ato ao intelecto possível, e se o intelecto agente não fosse
ele mesmo *luz irradiante*. Posso logicamente compreender a
relação potência-ato, como se determina a propósito do *noûs*,
mas a luz que os harmoniza é superior a tal harmonia; pode se
mostrar evidente o significado dos termos que encontram conexão, mas por nada evidente é «aquilo» que produz essa conexão. É esse princípio a energia em si da alma? Chamamos alma,
ou «fundo» da alma, aquilo que em si mesmo *move* o intelecto
poiético, que ela mantém em si, a in-formar a outra parte de
si, que é o intelecto possível? Mas a alma individual não pode
conter em si a totalidade dos inteligíveis. No entanto, ela pode

em potência. Então, sua luz seria aquela que sempre endereça seu intelecto possível à *enérgeia* daquele em ato, que leva toda a alma a «sobre-humanizar-se». Uma luz *thýrathen* porque procede de fora, *além do limiar*, mais do que uma luz que, por meio do limiar, nos vem de outro lugar. Uma luz por nada separada do corpo, que tem a alma como forma, mas que da alma procede, que exprime sua *intentio*: atuar seus possíveis, fazer-se *enérgeia* do *noûs poietikós*, isto é, atuar o próprio ser *poietés*.

Em que mais consiste o caminho do Moderno? A própria luz se torna aquela que tem sede na alma como puro *noûs*, e é apenas ela a iluminar as coisas, *prágmata* (que por isso mesmo assumem o sentido «etimológico» de *fatos*). A *aísthesis*, a sensação, produz o movimento do intelecto possível, o qual, por força própria, torna-se intelecto em ato, à medida que realiza em si os inteligíveis, as formas que permitem uma experiência e uma ciência da natureza. Trata-se de dimensões diversas da alma que apenas para os limites do *lógos*, no discurso, devem ser consideradas distintas. A psicologia se transforma em filosofia do Cogito, do *Eu penso*, que reduz todas as dimensões a si, único Agente. O *thaûma* representado pela *psyché*, pela «descoberta» de Psique, no âmbito da indagação *perì phýseos*, é, pelo contrário, aquele para um objeto-*próblema* que justamente em sua finitude participa do divino. Universalidade e eternidade do «lugar das ideias» não lhe pertencem de direito; não aparecem *syngeneîs*, de seu próprio gênero. No entanto, informam-no; no entanto, sua luz, ou a Luz, fazem-no partícipe daquele lugar. A luz não é nossa posse, mas é enquanto se nos dá, e nosso, quando muito, é o intelecto que a recebe, capaz de acolhê-la-escutá-la. O tema do Logos que obedecemos (*ob-audire*), o do caráter abissal do caminho de *psyché* (o que a torna sempre interrogável), a fecunda aporeticidade do *De anima*, dão vida a cruzamentos que sempre retornam a esse mesmo ponto: a finitude de nosso ser-aí e a complexidade polimorfa de nossa psique devem ser confrontadas com a instância da universalidade e necessidade de nosso conhecer, de nossa *epistéme*, e esta devem interrogar. Essa última é salva, mas sem reduzir ou ocultar o *drâma* que a finitude comporta e representa. As respostas contam muito pouco em relação à questão que suscitam — e nenhuma delas, em substância, evita tal questão. Nenhuma se refugia em uma metafísica dualista; esse foi sobretudo o modo como uma fácil crítica desconstrutivo-genealógica procurou se desvencilhar desse problema. Na realidade, o método que os textos comentados experimentam é exatamente oposto: trata-se de pensar qual passagem, qual *metaxý*, qual harmonia pode se dar entre *psyché*, no complexo em aparência contraditório de suas dimensões, e formas, princípios, categorias do *lógos*. Não seriam essas dimensões nada mais do que um produto dessa própria *psyché*? No sentido de que seriam reconduzíveis a funções e sensações do *corpo* que à *psyché* se conecta, e explicáveis com base nisso? Em jogo está muito mais do que a hegemonia do *noûs* — hegemonia que, mesmo quando afirmada, *jamais* cala as outras dimensões da psique, uma vez que o *noûs* mesmo é parte integrante dela e não abstratamente separável. Em jogo está a ideia da perfeita redutibilidade de *psyché* à sua dimensão visível e calculável, *fenomênica*. Perfeito reducionismo positivista, cujo «programa» consiste na simples inversão daquele idealista: para ambos, o intelecto poiético e o intelecto possível coincidem na mente, são absolutamente imanentes ao sujeito pensante. Diferente é a explicação sobre a *ousía* da mente, mas igual é o «veredito»: *epékeina tês ousías*, além do ente determinável-determinado, é simplesmente *nada*.

Dizer que divino na alma é o *noûs* não é uma fórmula retórica, mas marca da radicalidade do interrogar. O *noûs* manifesta o *éros deinós* (*Teeteto*, 169 c 1) que move a busca, e que nos possui, justamente como se *viesse de fora*. É nossa coisa mais própria, *prâgma* nosso mais do que qualquer outro, e, todavia, não está em nossa mão, como não o estão as *maníai* que parecem nos oprimir. Mas nem mesmo a linguagem, como vimos, está em nosso poder. Tampouco a luz que submete o que vê e o que é visto. De modo mais preciso: na alma podem acontecer de forma una, *ab origine*, as duas formas do intelecto, mas por certo são obrigadas a supor uma *potência* inicial a ser apreendida. Ou seja, originária é uma forma do intelecto que nos tornará capazes de atuar os modos da consciência do ente. Analogamente, devo supor uma *forma locutionis* (a expressão, já o vimos, é dantesca) graças à qual a mente coloca em ato, «envolvendo-se», esta ou aquela linguagem determinada. A forma será *natural*, enquanto esse idioma que «aprendo» será *adeptus*. Mesmo que mantidos na própria alma, os «dois intelectos» são obrigados a remeter a um princípio ativo, uma *inchoatio formae* (a expressão é de Alberto Magno), que se desenvolve por graus, que se manifesta no *agir* do meu intelecto, mas que de fato não foi produzida por esse agir. Porque esse princípio, imanente à estrutura da mente, mesmo que transcendente em relação a toda minha vontade e, todavia, condição de qualquer manifestação sua e de qualquer *légein* seu, não poderia ser chamado de divino? Divino é o rastro que no *lógos* excede sua redução a mero *légeinti*, à forma simples da predicação ou da categoria; o «índice» que avança ao *dizer*, mas que esse próprio exprimir o re-vela; o *aphanés* de Physis, que justamente na imanência de psique se mostra; o além do limiar que o intelecto experimenta ao reconhecer o próprio limite, onde se encontram, *in silentio*, os dois movimentos: o do *noûs* que voa ao Uno a partir da ideia de infinito (a infinidade dos mundos possíveis e o infinito que, como puro conceito, o *noûs* determina e acrescenta ao «calcular»), e o da Luz que *thýrathen* irrompe na psique e torna visível todas as suas conexões. Divino é *este* intelecto, indissoluvelmente ligado *en têi psychêi* a afecções, sensações e paixões, isto é, ao *corpo vivo*, ao *zôon*, de fato não permanece «prisioneiro» da única faculdade de afirmar a presença do ente, e a do próprio *daímon* interior, do próprio Ego, mas pode fazer-se signo, referência, símbolo do *aphanés* do qual provém imemorialmente, e «salvar» assim a própria natureza, que consiste no *transcender-se sempre*. Marca daquilo que é tudo da *psyché*. E essa alma é indissoluvelmente una com o *corpo vivo*, corpo que é tão pouco prisão ou tumba quanto o é a finitude do intelecto. Tanto uma interpretação dualista do platonismo quanto aquela em sentido simplesmente imanentista de Aristóteles são apenas o moderno produto da incapacidade de manter aberta a interrogação em torno ao eterno *aporoúmenon* constituído pela necessária conexão entre *zôon*, corpo vivo, psique e *noûs*. Os gestos dos dois Mestres que aparecem na *Escola de Atenas* de Rafael, justamente em sua contradição, são, pelo contrário, sístole e diástole da mesma interrogação.

6.3. *A «união certíssima»*. O fundamento cartesiano da filosofia-ciência do Moderno não pode sequer ser interpretado de forma dualista. O ente, para o qual o intelecto se volta, é aqui certamente o *positum* de todo matematizável, e o fundamento de toda proposição verdadeira encontra-se apenas na evidência primeira do *cogito*, no qual, poderíamos dizer, *intellectus agens* e *intellectus possibilis* são uno *ab origine*. No entanto, o pensar postula uma conexão íntima entre mente e corpo. Existe uma doutrina cartesiana dessa união? Seria a questão que Elisabeth coloca a Descartes, e à qual ele assim responde em 21 de maio de 1643: há duas coisas «en l'âme humaine» de que depende nossa consciência de sua natureza, que ela pensa, e que, «étant unie au corps», pode agir e sofrer «avec lui». Ora, é verdade que não disse «quasi rien» sobre essa união, mas o motivo é porque seu objetivo principal consistia em colocar com clareza a *distinção* entre as características próprias do pensar e as do agir e padecer do corpo. Isso de fato não comporta desconhecer, mas, antes, significa afirmar que a união de corpo e alma é uma *noção primeira*, e por nada um prejuízo a ser extirpado, uma noção que é acompanhada daquela da extensão para o corpo e do pensamento para a alma. Toda a ciência consiste, com base em tais noções, no operar distinguindo-as; mas só se distingue aquilo que se pressupõe conexo. É certo que Descartes faz com que a distinção chegue ao ponto de considerar noções que pertencem à única alma; todavia *na própria alma* subsistem também aquelas que dizem respeito à sua necessária união ao corpo, e sua investigação, em uma visão sistemática da natureza da psique, impõe-se. Por que, como filósofo-cientista, ele parece ter se descuidado em relação a elas, para não dizer que as ignorou? Por que a investigação sobre essa união, explica em uma carta subsequente — de 28 de junho — a Elisabeth, só poderia desenvolver-se empiricamente, por meio dos sentidos, «do que deriva que aqueles que nunca filosofam, e que só se servem de seus sentidos, de fato não duvidam de que a alma movimente o corpo, e que o corpo aja sobre a alma; mas consideram tanto um quanto a outra como uma única coisa». Cada um *experimenta* essa união em si mesmo, sem necessidade de filosofar; ela consiste numa *certissima et evidentissima experientia* (carta a Arnauld de 29 de julho de 1648); filosofar, longe de excluí-la, a pressupõe, mas o campo próprio da filosofia é aquele das formas, das *evidências* racionais, no qual o pensar se exprime. E o pensamento, uma vez definida a «noção primeira» da união, só pode dirigir-se à distinção (*diairetica-mente*), uma vez que é claro que a própria atribuição à alma de uma extensão qualquer do corpo (o que equivale a reforçar, por parte de Descartes, a *unidade* simples de alma-e-corpo) não é do mesmo gênero da atribuição da extensão à matéria: a extensão atribuída à alma jamais será localmente determinável como a que caracteriza um corpo físico, nem a ação da alma sobre o corpo ou do corpo sobre a alma é reduzível à que medimos em ato no choque entre corpos físicos.

Como explicar ulteriormente essa posição? Longe de negar a possibilidade de uma «redução» qualquer da atividade do *cogito* a causas físicas, Descartes afirma o caráter absolutamente *parcial* que esta deverá assumir. Antes de tudo, toda «redução» deverá ser conduzida com base em puras evidências *empíricas*. As consciências delas serão sempre sintéticas *a posteriori*. Isso já exclui que se possa operar um reducionismo daquela específica capacidade do intelecto que consiste em determinar princípios válidos a priori (e que é tarefa da filosofia *invenire*). Mas, antes e mais fundamentalmente, resta impraticável, na ótica cartesiana, uma redução a fato físico daquilo que tal capacidade do intelecto pressupõe e que em cada ato seu se explicita: a *consciência* de si que se acompanha de toda *cogitatio* (mas, talvez, também não de toda sensação?). O cientista físico pode chegar a explicar mecanismos neurofisiológicos e certamente também sua influência sobre fenômenos mentais. Mas não poder chegar a explicar, por esse caminho, a consciência de si que instrui *esse* sujeito, sua *perspectiva* individual sobre o mundo. Toda operação reducionista (de todo lícita em sua parcialidade) valerá enquanto, justamente, conseguir «reduzir» um estado de fato a seus elementos constitutivos, *abstraindo* de pontos de vista particulares. Isso se mostra impossível para a atividade concreta da mente, a qual sempre pressupõe um *ego* cogitante, ou: a consciência de si. É aí que a distinção entre físico e mental parece hoje se fundar, já em Russell e Wittgenstein (e, na sequência, vejam-se as páginas de Thomas Nagel sobre esse problema em *Visão a partir de lugar nenhum*, 1986). Ela corre, observando-se bem, ao longo da própria linha já traçada por Descartes.

Como posso afirmar saber que o próprio *cogito* não é o efeito de um movimento corpóreo? Como posso colocar a distinção entre «eu penso» e «eu sou movido»? Como posso me convencer da *espontaneidade* do pensar? Bastam talvez as reflexões contidas nas *Respostas* à *Sexta Meditação*? Por um lado, aí se afirma que pensamento e movimento corpóreo se encontram no mesmo indivíduo segundo o modo da *unitas compositionis* e não da *unitas naturae* (é um erro juvenil, diz Descartes, sustentar que coisas conjugadas têm a mesma natureza), mas, por outro, de fato é estabelecida uma ligação de todo *natural* entre cérebro e sensação. Essa conexão vale apenas para o primeiro grau da sensação «que nos acomuna com as bestas» e para o segundo, que diz respeito à percepção da extensão e das cores dos corpos? Mas, então, por que Descartes fala de um *terceiro grau da sensação*, com base no qual «eu determino algo» no que diz respeito a tamanho, figura, distância dos mesmos corpos observados? Ele parece de imediato «afastar-se» de sua demasiado audaz expressão: disse «terceiro grau de sensação», mas, todavia, «é claro que depende apenas do intelecto», que tamanho, distância e figura «são percebidos apenas pelo raciocínio». Na realidade, aí Descartes abre para o problema da *forma imanente* na percepção, fundamental para compreender a estética transcendental kantiana. De algum modo, a própria percepção já é «intelectual». Por certo, é absolutamente necessário não a confundir com as ideias claras e distintas da mente. Mas talvez fosse possível o *agir* desta última separar-se da sensação? E não é a ideia que ela faz de sua união com o corpo também clara e distinta? Essa união, o simples fato de não ser possível não a perceber, postula uma dimensão de *passividade* ou, melhor, *paticidade* na própria mente. O fato de que a mente apenas possa fazer experiência dela, de que essa união se mostre irredutível à clareza das ideias, demostra sua insuperável ligação com uma zona de sombra, com uma pergunta que permanece, no fundo, obscura. Sensações claríssimas (sempre verdadeiras!) se ligam nessa zona a pensamentos confusos. O fundo da união não se mostra «matematizável»; o verdadeiro filósofo *sabe* disso, mas é chamado a ocupar-se apenas da *atividade* do pensamento. Ele nunca viu corpos que pensam? Todavia jamais teve experiência de pensamentos pensados por homens que não fazem, todos, como de costume, a *experientia certissima* da união de corpo e mente, e cujo sentir e perceber não se mostram *evidentemente* estar ligados com o corpo-cérebro. Dessa união, *certissima*, a mente não pode fazer uma clara representação; sua verdade permanece *aphanés*. A via do *lógos* que procura «tocar» o «ponto» de Physis que é a união de mente e corpo, «ponto» sem o qual nenhum método e nenhum discurso seria pensável, permanece confiada apenas à *consuetudo*. Trata-se da experiência comum que realizamos *vivendo*, mas cujo fundamento último nos resta impossível de ser possuído, como o da linguagem que falamos e o da singularidade do ente que com a linguagem pretendemos predicar.

Mas por que Descartes, colocada a noção comum, insiste em indicar como elemento cardeal da filosofia a distinção clara entre a substância que pensa e a natureza do corpo? Por que insiste em não ver aí nenhuma *unitas naturae*, por meio da qual, se quisesse, Deus poderia separar absolutamente nosso corpo da faculdade de pensar? (A fraqueza desse raciocínio, que concebe a possibilidade de que a vontade do Soberano ordenador possa determinar-se de forma diversa de como de fato se realizou, estará no centro da crítica de Espinosa. Mas não se trata, em Descartes, de fraqueza «lógica», mas justamente da marca de como nele, à diferença de Espinosa, permanece intrínseca e ontologicamente problemática a relação entre substância pensante e substância extensa.) Aí está em jogo, para Descartes, não apenas a missão da filosofia, mas verdadeiramente toda uma «imagem do mundo», o sentido de uma civilização — e aqueles que levam o «dualismo» cartesiano ao cúmulo, para lançá-lo «na lixeira da história», mostram que, de fato, não compreenderam nada dessa postura. A primazia do *cogito* lança a pretensão de afirmar-se ontologicamente, mas não consegue. O que acaba por emergir é, pelo contrário, sua *necessidade* com a finalidade de fundar um projeto global e sistemático de domínio do ente. Como no Cogito a densidade existencial do Ego sum absolutamente não deve ser esquecida, assim também, e ainda menos, «às suas costas» se pressiona com urgência dramática um imenso *Eu quero*. Um sistema de «matematização» da natureza deve pressupor, como princípio do qual deriva toda demonstração, o pleno *poder* da mente, isto é, sua *autonomia*. A evidência da união com o corpo não afeta em nada, para Descartes, aquela da energia produtiva incondicionada do *noûs*, quando ele se aventura em seu próprio campo: a produção de ideias claras e distintas a respeito de toda dimensão da Physis. Essa distinção é a preocupação da obra cartesiana, destinada a exprimir-se em toda sua dramaticidade apenas com Husserl. Somente o sucesso dessa operação pode realizar a missão da filosofia-ciência: demonstrar como é possível uma vida regulada por puras normas racionais, guiada pela evidência destas. Se o intelecto se reduzisse a propriedade biológica, o que poderia nos deixar certos a respeito da possibilidade de realização desse *sistema* da natureza? Como seria possível o *cogito* ser seu *sujeito* se desse sistema ele fosse apenas uma parte? A união é pressuposta, mas nela o caráter incondicional do *noûs* vale como o princípio necessário para explicar seu *operari*. Se, mesmo que para um só aspecto, a mente tivesse de se confundir com a *res extensa*, e como esta ser tratada, isto é, como um *positum*, ela se moveria como qualquer outro ente, mas não *trabalharia* no único sentido que para o Moderno conta, o criativo-inovador. O corpo se move, mas não trabalha; é *máquina*, mas a máquina não opera, antes, é a mente que a conhece, usa-a e a repara quando se desgasta. O corpo se move, move e é movido, mas não *fala*. O problema-Platão retorna no problema-Descartes, como Chomsky mostrou: é preciso explicar as características não determinísticas do *fazer* do *lógos*-linguagem, sua não repetitividade. Mas a perspectiva não é a dualista. Porquanto a concepção cartesiana do corpo, de todo físico-mecânica, já não seja defensável (e o veremos), a «intenção» forte que a sustenta é a de chegar a uma *interação* corpo-mente, que justamente na faculdade da linguagem se exprime com a máxima evidência.

Um corpo ou uma máquina podem ser abandonados, mas não o *Leib*, o corpo vivo que o Eu mesmo é. Deste não posso me desfazer sem deixar de pensar. Posso pensar que o Eu existe sem ele? Posso pensá-lo, porque tudo posso pensar, porque a alma é acesso a tudo, ao infinito dos possíveis. Entretanto, jamais fiz experiência de um pensamento que não fosse pensado por uma mente unida a um corpo. E estaria este corpo «a minha disposição»? Posso reduzi-lo a *positum*? Menos do que qualquer outra coisa; nada nos é mais estranho do que nosso corpo (Valéry), e, mesmo assim, é justamente o corpo o que parece que posso comandar de forma mais fácil (e, quando não o comando, mantenho-o «desgastado»). A liberdade de minha mente se confronta com sua «liberdade», em um drama sem solução. Como pode sua união ser determinante apenas para sensações, afecções, mas não propriamente para o perceber? Mas, se a mente fosse por natureza, *ontologicamente*, sujeita à constituição corpórea, o projeto que a anima resultaria infundável, uma mera exigência. Se a mente apenas fosse *fenômeno*, da mesma natureza daquilo que a ela se mostra, de onde proviria o poder de que dispõe? Isso significa que nada da problemática cartesiana é afrontado, e muito menos resolvido, ao nela se denunciar um pretenso dualismo. É a razão da distinção que ele opera entre físico e mental o que conta e que, assim, é preciso explicar. A união, seja pensada ou experimentada, não pode justificar o caráter intrinsecamente *projetante* da mente, como *sujeito* de uma ciência da natureza. E não seria justamente esse *projeto* que celebra sua máxima instância, ou máxima ilusão, uma vez que pretende explicar a natureza do sujeito reduzindo-o ao funcionamento físico do cérebro do animal dotado de *lógos*? A mente nunca mostra a própria *vontade de autônomo poder* com maior «violência» do que quando afirma ser capaz de reduzir de modo determinístico o próprio *operari* ao corpo, aos *tà physiká*.

A vigorosa «apologia» cartesiana da autonomia da mente de fato não tem, por isso, o caráter de um «sublime» idealismo. Ela não só de todo pertence ao destino da ciência ocidental como desta também exprime o sentido mais problemático e profundo: chegar a *dizer* o essente como ele é, em suas conexões próprias, estabelecer *more geometrico* a coincidência entre ordem das ideias e ordem das coisas. Colocar a união como ontologicamente necessária — e, portanto, sempre pressupor, em todo campo, a condicionante dos atos do pensar — modifica na substância ou inverte tal projeto «heroico»? Ou, antes, representa a realização deste? Na crise que investe a ideia-chave da *irrelatividade* do Eu (e, complementar a esta, a do mundo como «formação intencional»: Husserl), no formidável ceticismo que parece sobre ela se abater, fazendo do Ego em si um *fato*, e declarando sua completa redutibilidade às condições histórico-sociais, ou biológicas, ou psicológicas (de quando em quando reunidas de forma diversa) que o produziram, afirma-se apenas, em substância, a vontade de demonstrar «cientificamente» a estrutura fundamental daquela união que em Descartes mostrava-se como simples noção comum. Esse ceticismo é «desconstrutivo» apenas em função e em vista da elucidação do que ainda permanecia escondido em Descartes: a união *na* Physis de corpo e mente. E nada mais do que esse *saber* lança a pretensão de fundar a *vontade de potência* que constituía a alma do projeto originário. Por isso, nos grandes autores da crise ou do «pensamento negativo», a análise das condições de «lançamento» do Eu jamais é conduzida em termos determinísticos. A união nunca significa o «desaparecimento» da alma, mas, antes, consiste em dar-lhe finalmente seu *corpo próprio*, a fim de torná-la mais con-*sciente* de si e de seu poder. É essa perspectiva que explica a prepotente presença espinosiana seja em Marx seja em Nietzsche. No Marx que afirma o fundamento científico da livre práxis revolucionária; no Nietzsche que *ama* (ato supremo do ser-livre para a tradição onto-teo-lógica que ele combate!) o ciclo do retorno. A mente é sempre determinada por uma causa, e, por isso, não existe nela nenhuma vontade absoluta, isto é, livre, no sentido do livre-arbítrio, mas nós somos conscientes de nosso operar, conscientes de nosso *conatus* a perseverar em ser com sempre maior *potência*, conscientes de que é nosso *mais útil* agir segundo a medida de nossa potência. A liberdade consiste na perfeita consciência do necessário.

6.3.1. *Monsieur Teste.* O intelecto contemporâneo mais cartesiano, Valéry, é também aquele mais distante da concepção cartesiana do corpo. A *res extensa* é energia, quantum de energia, relação, movimento, de modo algum «reificável». O «abuso» da linguagem, com o qual a filosofia, por sua natureza, se mancha, manifesta-se da maneira mais evidente justamente em sua pretensão de atingir a *ousía*, ou a essência da coisa. Nenhuma «coisa» se dá. «Não tenho nenhum nome, disse uma Coisa» (*Cadernos*, II — e ainda: «Podemos colocar nomes nas coisas, mas é vetado colocar coisas sob os nomes existentes»). Isso de fato não significa que não haja uma «realidade», mas que ela não é senão aquela *consciência* do real atingível apenas por meio da precisão e clareza do procedimento científico, o «método de Leonardo». E esse método já havia dissolvido toda antiga ontologia, relegando-a entre as *palavras* filosóficas às quais nada de determinado corresponde (Deus, Homem, Mundo). Ser fiel a Descartes comporta assim o radical abandono da ideia de que algo preciso corresponda aos «termos» *res extensa* e *coisa*.

Mas, admitido que o simbolismo da ciência possa representar a realidade em termos de puras relações e funções, eliminando toda vagueza (e entre as Coisas Vagas justamente a «coisa» é a mais vaga), qual relação ele poderá ter com a linguagem ordinária? Tudo o que resta é o romper de toda ponte ou *Übergang* entre as duas dimensões? E como *falará* aquela mente — se ela é «encarnada» — que pretende ter ultrapassado as colunas de Hércules do opinar, animada exclusivamente por um desejo de precisão tão infinito a ponto de renunciar até mesmo aos mais elementares gestos que acompanham nosso exprimir-se («Quando falava nunca levantava nem um braço nem um dedo: ele havia *matado a marionete*», em Monsieur Teste)? A operação intelectual que consiste na tentativa de eliminar da linguagem toda causa de possível equívoco, obscuridade, desentendimento, toda sua referência ao que parece exceder o âmbito do determinado-determinável, choca-se, a cada vez, com um limite insuperável: o que o intelecto assim exige *não* está em nosso poder. Perfeição e pureza não pertencem ao *humano*. Monsieur Teste pretende experimentar (*testis*: testemunhar, no sentido de fazer ou dar prova) a possibilidade extrema de uma completa assunção do «animal» no «racional», a anulação de toda ligação do *noûs* com o *pathos* (e, é óbvio, do *légein* com o *mytheîsthai*). Mas não pode ir além da colocação da linguagem ordinária «sempre na condição de acusação». O que ele testemunha é a inexistência de qualquer terapia capaz de «curá-lo». Perspectiva apenas aparentemente análoga à de Wittgenstein; na realidade, oposta: Wittgenstein, como veremos, coloca-se justamente *na* linguagem ordinária para dela extrair a armadura lógica e «colocá-la a serviço» da representação coerente do mundo. Com base em um análogo desencanto em torno da possibilidade de que a «vida» da linguagem chegue a uma exatidão e pureza comparável à de Descartes (*Vita Cartesii est simplicissima...*), Monsieur Teste chega, pelo contrário, a concebê-la como algo que, como tal, deve ser superado. A linguagem natural é a *inimiga* da construção lógica, da forma, isto é, da inteligência pura. O fim que o Eu puro de Monsieur Teste persegue não consiste no impossível, ou seja, em tornar coerente e exata a linguagem que falamos, mas em ter acesso à experiência do real sem a mediação da língua (um excelente e amplo estudo sobre a relação Wittgenstein-Valéry é o de L. Gasparini, *Azione e comprensione nei «Cahiers» di Paul Valéry*, 1996).

Uma linguagem «perfeita» deveria comportar a coincidência de significante e significado. Nela, os «inumeráveis titubeios» (*Cadernos*, II) dos signos para representar sem equívocos a coisa, e a coisa mesma em sua identidade singular, não teriam razão de ser. Mas isso acontece porque tal linguagem não apresenta nenhum *inter-esse* com e para a coisa. Ela é *a priori* uma pura construção sua. Isso não vale apenas para a *mente matemática*, mas também para a poético-musical. Ambas falam *de si*, do *Moi pur. Moi* de nenhum pai herdeiro e de nenhum livro. Para que *Moi* possa ver (para que aquilo que vê não o cegue e o que ouve não o ensurdeça) é necessário que se libere do ser-aí do ente e de qualquer des-entendimento humano com ele: «Retire tudo» (em que certamente ressoa o «apague tudo» de Plotino). Monsieur Teste é, no entanto, tão implacável com as «letras» quanto com a filosofia. Ambas são obrigadas a mover-se no âmbito do já-dito. Em vez disso, ele requer a produção de uma linguagem que esteja a serviço de seu único deus: a inteligência de si — de uma língua, poderíamos dizer, da perfeita solidão. Esse experimento, essa prova-limite, está destinada a fracassar: «Fim intelectual. Marcha fúnebre do pensamento». Por quê?

«Eu não sou — Eu penso» é a empreitada do Monsieur Teste. Mas como se resolveram, ou foram superados na forma da pura inteligência *tà physiká*, o próprio corpo do Eu? Teste exige pensamentos claros e distintos. Qual pensamento e qual imagem intelectual correspondem aos processos psicológico-mentais que levam à conclusão numa afirmação como essa? Como mostrar as operações da mente que a produzem e exprimem? Se ela permanece algo cientificamente indemonstrável, se ela não se apresenta na forma do *saber*, restará como *palavras*, como as da filosofia. Teste não dispõe de nenhuma *prova experimental* em relação a isso, mas a aporia em que cai é ainda mais profunda. Se o Eu sou e seu *corpo* pudessem se transfigurar em pura inteligência, a inteligência se mostraria simplesmente *animal*. O animal racional, que por fim emerge de seu ser-aí animal, não se mostra como encarnação do *noûs*, nem como puro espírito, mas como *vita simplicissima* do animal.

Com efeito, são os signos com que esse animal comunica que são simples e perfeitamente coincidentes com o significado. Se a inteligência se faz nosso *habitus* perfeito, uma só com nosso ser-aí, a ponto de manifestar-se *só, lumen de lumine*, ela funcionará como funcionam esses signos, com absoluta *naturalidade animal*. «Eu não sou — Eu penso» comporta a transformação da inteligência em puro instinto. Monsieur Teste deseja, de fato, ser inteligente *assim como a pomba voa*. Uma inteligência *automática*, livre de qualquer dever-ser e de todo esperar, de toda necessidade de buscar o significado por meio da *ingens sylva* da linguagem e de suas palavras. A via extrema da luta contra a linguagem ordinária conduz necessariamente a conceber o próprio animal como símbolo do *Além-homem*. A palavra poética só poderá, pelo contrário, servir-se dessa linguagem para dela dar testemunho, a cada vez, do voltar-se para o silêncio, para aquilo que lhe *falta*, e que sua música e sua voz apenas indicam. A forma matemática (exatamente como para Kant) não conhece essas aporias, mas não pode ser esquematizada no implexo de corpo, mundo, *pathémata* que constitui o ser-aí do animal racional, nem pode ser utilizada para descrevê-lo.

O que resta? Talvez justamente o trabalho do *philosopheîn* que se instala na linguagem e desenvolve as aporias de sua relação com o pensar, o exercício «das nossas faculdades interrogativas», que vai bem além da «razoabilidade» do interrogar apenas onde ou quando se espera resposta, a instância do conhecer a si mesmo no *des-entender-se* com o outro. Trata-se de *práticas* que dizem respeito aos nossos *prágmata* necessários. A linguagem da filosofia é ineficaz não quando não atinge uma (impossível) perfeição, mas quando se mostra inservível para esclarecer sobre o intrínseco *caráter aporético* de nosso ser-aí, quando falha não em curar esse caráter, mas no descrevê-lo adequadamente. Para Valéry, as «profundidades» dos sistemas filosóficos são substituídas por acuradas representações dos *fatos*; a vida dos puros conceitos é *ábios*, não é vida, não só porque estes são em si representações abstratas, mas porque não consentem *fazer*. É sobre o poder-fazer que o conceito se mede. O valor *praxístico* do saber, que é próprio da ciência «leonardesca», deveria, então, informar-se sobre qualquer linguagem dotada de sentido. Valéry repetia, a seu modo, a posição autêntica de seus tão detestados «idealistas»: nada abstrato é verdadeiro e nada verdadeiro é abstrato. Mas dizia respeito também à razão pela qual seu amado Descartes ainda concebia o corpo como *res*. Se o Eu-penso deve perfeitamente *poder*, o que está diante dele só pode apresentar-se em uma forma que torne possível *a priori* sua subsunção ao intelecto, isto é, o exercício eficaz desse seu poder. «Eu não sou» de modo que o pensamento possa incondicionalmente. Mas Teste testemunha que também essa premissa participa da *insecuritas* constitutiva da linguagem própria do animal racional, de sua natureza irremediavelmente centáurica.

6.3.2. *O grande erro.*   Releiamos, a esta altura, o famoso discurso de Zaratustra contra os desprezadores do corpo (*Leib*, naturalmente, *life*, não *Körper*). O corpo é um *si*, um ser animado. É *alma* em si, como já dizia Bruno. Aqueles que o desprezam gostariam de fazê-lo calar, isto é, gostariam que o corpo não tivesse *palavra* — que a palavra-razão, *lógos*, pertencesse ao Espírito-*Geist* incorpóreo e incorruptível. Por isso, eles dizem adeus à razão, *Vernunft*, autêntica, à razão *grande*: justamente aquela do próprio corpo. Eles fingem, inventam, imaginam outro mundo, atrás daquele do corpo, e nele creem viver. Sabia Nietzsche, ao afirmar isso, pertencer à corrente crítica da concepção cartesiana do corpo como *res extensa* que talvez tenha encontrado em Leibniz seu intérprete insuperável — no Leibniz que nisso se conectava, aliás, explicitamente, ao platonismo renascentista? O corpo deveria ter «substituído» a velha alma? Mas se trata do corpo *animatissimo* «em que revive e se encarna todo o passado recente e distante de todo devir orgânico, o corpo por meio do qual, acima e além do qual parece escorrer um imenso rio invisível» (*Fragmento póstumo* de junho-julho 1885)!

O pensamento contemporâneo, quase em todas as suas «escolas», acreditou poder valorizar essas e análogas passagens nietzschianas para aí encontrar a radical denúncia do presumido «grande erro» da metafísica: a invenção da alma-*noûs* (pouco importa, para tais «escolas», estabelecer se gerada ou não gerada, mortal ou imortal, pessoal ou universal) como uma *substantia separada* (e, por isso, sempre também separável) da vida efetiva do corpo. Essa interpretação já se transformou em uma espécie de pré-conceito pacífico. Mas ela não tem nada a ver nem mesmo com a palavra de Zaratustra. De fato, não é a alma-*noûs* que aqui se reduz ao corpo, encontrando explicações em seus mecanismos, mas é a complexidade deste último (uma pluralidade, *Vielheit*, de guerra e de paz, de rebanho e pastor: *ergo*, «resiste» em tal pluralidade o mesmo «timoneiro» platônico!) que *faz* a alma, que encontra o próprio sentido no *fazer* a alma. Mas talvez a produza ao determinar-lhe toda expressão de forma mecanicista? Óbvio que não. O corpo «diz» ao Eu: «Tenha dor» ou «Tenha prazer», e o Eu não se limita, com efeito, a sentir prazer ou dor; o Eu *deve* pensar (e o verbo que Nietzsche usa é *sollen*, note-se, não *müssen*!), «und dazu eben soll es denken», na dor e no prazer que tem. Encontramo-nos exatamente no âmbito do problemático terceiro grau da sensação de Descartes. Não se dá para o ser-aí dotado de *lógos* nenhum simples *padecer*. O *Leib* cria, sim, mas cria o *espírito-que-pensa*. E o pensamento re-*age* no mundo em que se encontra «lançado», na violência das impressões que aí recebe, no *thaûma* que estas representam. Elas não produzem o *pathos* a não ser em conjunto com o *érgon* do pensar. E o pensar parece possuir caminhos próprios: ele também pode chegar a se desesperar em face do corpo e da terra que o «fizeram», pode enfiar a cabeça «na areia das coisas do céu», assim como pode também imprimir na matéria o selo de sua *vontade de arte*. O corpo cria uma mente que revela o próprio caráter ao *contrastá-lo*, o corpo cria uma vontade de potência que luta para afirmar-se como autônoma. Esse é o eterno *aporoúmenon*, que todo reducionismo pretende em vão apagar. Mas que nada tem a ver com Nietzsche (nem com Marx ou Freud). É o próprio corpo a impor o problema da alma. O corpo não «diz» ele mesmo, mas se exprime como *psyché*. E *psyché* vale como *interação* de corpo-e-alma. Os mesmos voos do pensamento, as mesmas nostalgias de «des-criação», assim como os apelos à terra de seus «desprezadores», pertencem ao «tu deves pensar» que pronuncia a *grosse Vernunft*, a *grande* razão do corpo. O *Leib* transcende sempre a si mesmo; o *Leib* é seu próprio transcender-se no pensar. Acontece como se ele criasse um livre *dever*, algo irredutível a si: *pensar* — e esse pensar já vive no interior do contexto das sensações, ou dos *pathémata* que o condicionam ao máximo. A afirmação de que é o *Si* do corpo que faz o Eu não resolveu o problema autêntico do idealismo, que por certo não consistia em colocar uma abstrata separação entre corpo e mente, mas em explicar como de sua evidente união poderia emergir o *excedente*, qualquer que seja o modo como procuramos indicar-lhe o problema: razão de ser de sua própria união; irredutibilidade do Uno, que *psyché* pensa, na pluralidade das diferenças e dos contrastes que a constituem; transcender-se sempre do *noûs*, que está na alma, isto é, na vida do vivente, transcender-se que se exprime, em um tempo, no saber de morrer e no saber- -morrer, no cuidado para a morte e no amor pela imortalidade. Colocar esse transcender-se em contradição abstrata com as razões do corpo está, em sua desarmadora ingenuidade, nos antípodas do espírito nietzschiano. Que seja esse *Leib* a pensar, que o nosso ser-aí seja um *roseau pensant*, já o sabe Nietzsche, como o sabia Pascal (como o sabia Leopardi: «Que a matéria pense é um fato... porque nós pensamos»). Mas esse pensar, que tem por objeto o próprio corpo, gera, por sua vez, princípios capazes de matematizar os fenômenos, e, além disso, formas, fés, esperanças, tanto teologias dogmáticas quanto ceticismos radicais. Que outra matéria é capaz disso? Os filósofos dizem ter domado as próprias paixões — «que matéria o pôde fazer?» (Pascal). Dá-se matéria, dá-se mente, dá-se sua relação porquanto enigmática — mas se dá também o *quem* que sabe corpo e mente, o *quem* fala sobre isso e falando o re-cria. E é esse sujeito o grande mistério (será reencontrado em Wittgenstein).

Que o corpo «faça» a alma, ou melhor, que *psyché* se dê como harmonia-tensão de contrários, já era mostrado vendo no próprio corpo o berço que mostra *razões*. O que exprime a psique senão justamente esse conjunto? E por isso sua unidade, o êxito de seu caminho, está na profundidade, não há *lógos*. A experiência coloca diante de uma pluralidade de atos, de conexões de quando em quando determinadas, não do Comum que poderia explicar todas. Descartes, «razoavelmente», renuncia à tentativa de construir uma ideia clara e distinta; a filosofia se «especializa», então, no *noûs poietikós*, «assegurado» já como característica imanente do Eu. No entanto, como já foi visto em Aristóteles, a possibilidade do acordo entre este e a coisa não se mostra determinável da maneira como é determinável a experiência da natureza por meio de leis que dizem respeito a conjuntos definidos de fatos. A crítica de toda forma *a priori*, longe de superá-lo, realiza o discurso metafísico; nela, exprime-se, com efeito, a instância que daquele discurso era própria: finalmente fornecer ao *lógos* o fundamento inabalável. Esse fundamento agora é chamado *razão* do corpo; eis a *estrutura* que condiciona materialmente o pensar. Que ele possa mostrar-se sempre em devir, em mudança, não muda nada no papel que por vezes é chamado a absorver: o da explicação de última instância do *operari* consciente. Justamente essa explicação, *Erklärung*, que está à altura de nos colocar diante da *ousía* tanto do essente em geral quanto do essente que é *psyché*, reduzindo-a a pura presença, por outro lado não consegue nessa *ousía* saber *intus-legere*, *recolher* os traços e os signos, além do «preto» da escrita, na psicologia-gnosiologia cartesiana. Podemos dizer que ela finca suas raízes naquela tradição «Europa ou Filosofia», que terá em Husserl sua suprema realização, apenas compreendendo como tal tradição é uma contínua e obstinada busca por «conhecer a si mesma», e não apenas variações sobre formas do *kategoreîn*, da predição do ente. Aristóteles *duvida*: se *psyché* é um composto e de que tipo, se o *noûs* é a ela imanente ou não, se os antigos *lógoi* sobre a imortalidade são credíveis e em que medida; o que ele parece saber é que a luz que subjuga vidente e visto não é um produto do *noûs*. E aqui, justamente na dúvida, retorna com potência, além de todo parricídio, a voz do mestre Platão. Descartes *duvida*: se há ou não uma passagem *física*, ontológica entre sensação e pensamento; existe noção evidente da união de mente e corpo, mas essa evidência não se traduz em ideia clara e distinta. A verdade da psique permanece *indaganda*, e tanto mais quanto mais seja compreendida como uma só realidade, habitada por uma *stásis*, por um conflito entre diversas dimensões distintas e inseparáveis. É de duvidar, de fato, que aqueles que se obstinam em interpretar a «invenção da alma» e o papel fundamental desempenhado por esta na civilização da Europa à luz de esquemas dualísticos, se não certamente gnósticos, jamais tenham enfrentado uma página de Plotino como a que estou prestes a citar. (O mesmo vale para a infindável escolástica pós-heideggeriana a propósito da reconstrução de toda a metafísica como onto-teo-logia, reconstrução «duvidável» até mesmo a propósito de Aristóteles, e possível apenas ao se ignorar o significado, teorético mais do que místico, do Uno-Agathon no platonismo e seus desenvolvimentos ao longo de todo o neoplatonismo).

    Psyché e Physis nunca se contradizem. Physis é alma. Totalmente animada, até o ínfimo grão de areia, e por isso de todo vida. *Psyché* assume em Plotino, de vários modos, justamente seu significado mais originário, quase aquele que tinha nos *fisiológicos*: ela é a respiração que permeia todo o vivente. O que dizemos Physis é *psyché*, uma vez que não se daria nenhum ente se aquilo que o *anima* não existisse (III, 8, 4). O *noûs* nunca se destaca da alma de Physis, mas constitui apenas sua *parte* mais alta. Para Plotino, é também a primeira e originária, pois «aquilo» de onde provêm a animação universal e a de cada ente singular não pode não ser inteligente. Se nada aparece «por acaso» na Physis, se tudo, um dia ainda distante será dito, fala «linguagem matemática», é preciso pensar que *tò logistkón*, a parte pensante-racional da alma, não é apenas a que em nós sempre luta para assumir a «hegemonia», mas também a que in-forma sobre si, *ab origine*, o aparecer e o conectar-se dos entes. Todo ente deve proceder dela, como vida da vida; e todo ente àquela tende a voltar — ou seja, tende a penetrar até o término daquele caminho que para o *lógos apophantikós* mostrou-se demasiado profundo. Há aqui correspondência entre Logos (diria justamente em um sentido que muito se aproxima daquele de Heráclito) e o discurso de quem o escuta e o exprime. Mas, de maneiras diversas e com *energia* diferente, todo ente dela participa e é expressão (III, 8, 5). Plotino afirma essa unidade em todo vivente de *phýsis-psyché-noûs* com extraordinárias imagens, das quais se nutrirá a mente de Giordano Bruno: há um *phytikè noûs*, um pensamento *da planta*, justamente como há um imanente à *aísthesis* (de novo: a «terceira sensação» cartesiana) e um da alma racional, caráter do nosso ser-aí, o que permite conhecer as ordens de Physis, aliás, aquele cuja energia permite a Physis conhecer a si mesma. Há *noûs* no nascer-e-crescer da planta assim como na *vida* da alma que contempla ek-staticamente o Uno. O *noûs* é um *méga zôon*, um grande Vivente (IV, 8, 3), que tudo harmoniza porque em todo ente vive. O vivente não sentiria o vivente se, por um lado, fosse pura matéria e, por outro, puro espírito, ou se, de um lado, um sentir *ápsychos*, i-mediato, e, de outro, o intelecto, em seu mediar e conectar. A sensação de que até a planta é capaz participa em si do intelecto, contém seu germe, exprime sua possibilidade-*dýnamis*. E o *zôon* dotado de *lógos*, que somos nós, poderá compreender a natureza da planta, uma vez que desta é ontologicamente afim. Se não fosse assim, a multiplicidade dos entes seria apenas um *monte*, um *sorós*. A alma apresenta partes ou, melhor, de acordo com diversas perspectivas pode ser considerada, mas sempre atua como um todo. Toda a alma *vive* em cada operação sua. Quando sentimos não intervém apenas a vegetativa e sensória, mas também a noética (IV, 8, 8). Quando temos dor, «sentimos» também *saber disso* e sobre isso nos interrogamos. As repartições acadêmicas são necessárias para a ordem do discurso, mas não podem representar, de uma só vez, em sua inteireza e complexidade o *méga zôon*, do qual a alma do homem é a imagem mais próxima, justamente porque nela se exprimem, divisíveis e indivisíveis ao mesmo tempo, todas as potencialidades (IV, 1, 1). Ora, o *noûs*, em sua vida infinita, em seu ser toda coisa e em seu ter acesso a toda coisa, reconhece, todavia, o próprio caráter finito. *Noûs* é sempre *nesta* vida e sempre *esta* conhece. Ele é múltiplo em si. Mas, não apenas o afirma, afirma com isso mesmo não poder ser o Princípio, o «simplicíssimo» *tò óntos Hén*, «isso» que é em si mesmo, por si mesmo Uno (II, 8, 9). Chega-se a este «ponto» *metodicamente*. O pensamento do Uno é demandado pelo discurso que *define* a natureza do *noûs*. E naquele pensamento, de novo, cruzam-se todos os modos como o *pepékeina tês ousías*, o além de toda predicabilidade do ente, pode ser indicado: Princípio para o qual ek-staticamente todo vivente se volta (a imagem do heliotropismo); luz que consente o «jugo» entre o que vê e o que é visto; fundamento último, imemorial, da palavra, que palavra não pode ser; o porquê da presença do ente, do ente-*alam*, ao contrário do na-da. Mas o que conta é que esse «além» não é simplesmente calado. Com ele, chega-se ao confim da predicação, de-*fine-se* o *lógos*, não o significar. *Agathón-Hén* deve poder encontrar expressão, uma vez que nossa própria alma *sente* sua «presença». A pergunta é essa, e não há *inópia*, por maior que seja, do discurso que possa silenciá-la: como poderemos representar-imaginar («*phantasthesómetha*», III, 8, 9) «aquilo» de que derivam inteligência e inteligível (intelecto em ato e intelecto em potência) e toda vida (como o Sol faz ver e faz viver)? Existe uma *phantasía* possível para o Agathon? Isto é, podemos dela fazer *imagem*? Devemos, e disso não podemos nos esquivar, uma vez que a característica primeira de nosso ser-aí é a do *semaínein*, do fazer signo. Somos os animais simbólicos por excelência, aqueles que querem deixar rastros de sua passagem por toda parte. Por isso, o *noûs* que em nós chega à *maior ideia* não pode ab-dicar de exprimi-la. Poderá apenas indicá-la. Como? Mostrando aquilo que em nós àquela parece mais afim. Nossa psique, vida-*noûs*, está na fonte que dela deriva. Fonte e curso da fonte são um, estão *hesýchos*, quietas em si (III, 8, 10). A fonte não se desperdiça escorrendo, nem se exaure, como não se exaure a linfa de uma grande árvore ao se difundir pelo labirinto dos ramos. Portanto, é nossa própria vida, *zoé*, a ser signo daquele Uno — assim o é a unidade, o *syneichismo*, do nosso ser vivente, a multiplicidade de seus aspectos que remetem sempre ao Uno, mesmo quando parecem mostrar-se-nos um *sorós* (uma vez que nem mesmo se nos mostrariam como tais, como por vezes no erro se nos mostram, se não tendêssemos sempre a recompor a fratura). Nossa vida, *Leib-e-noûs*, é o grande *signo* do Princípio, da *arché*, do Uno (*lógos en arché* — mas Logos apenas? A encarnação é um produto do *devir*? Se assim fosse, duas consequências seriam inexoráveis: que o devir é Senhor e que o Noûs-espírito domina o corpo vivente); a inseparabilidade em tudo o que vive (mas que em nós se faz consciente de si), a inseparabilidade das «partes» de *psique*: corpo e pensamento, essa é a imagem do impredicável. Em que o *lógos*, o *légeinti*, longe de naufragar, chega a ser memória de sua própria origem e se faz um com o *grámma*, com o rastro que indica o «além» de si, mostrando-se também em sua mais originária dimensão fantástico-imaginativa.

Mas como o *noûs* nunca é separável da vida do conjunto, da vida do Todo *e* da vida do todo que é cada essente, assim também o Uno é tanto Unum (no qual o neutro não indica o simples in-diferente, mas o que está além de todo diferir, e, portanto, também além daquele diferir-julgar que estabelece a não-diferença) quanto o uno matemático, gerador do número, a cuja medida parece que Aristóteles quer reduzi--lo. O platonismo de fato não exclui *esse* uno, que permanece, como para Aristóteles, um dos modos possíveis de predicar o ente (*Metafísica*, 1089 b 1-15). Mas, além disso, coloca, acima de tudo, o Uno como número ideal e não como soma de unidade, por meio do qual se constroem as imagens das próprias ideias. Poderíamos chamá-lo o Uno-*esquema*, o que permite construir imagens ideais das próprias coisas sensíveis: primeiro momento da *diánoia*. É o Uno imanente ao Dois ideal, que gera a linha, ao Três (superfície), ao Quatro (sólido). É o Uno *metaxý* entre ideias e realidade sensível. Desse ponto de vista, o próprio Agathon poderia assumir um significado «matemático», em nada contrastante com os já indicados: «bom», absolutamente «bom», seria o poder compreender a totalidade dos entes em similares figuras ideais, *ler* a ordem do cosmo como sequência ordenada de números, a cada um dos quais corresponde uma específica forma real. A *mathesis universalis* não tem outro significado, e a tal perspectiva, *more mathematico*, abre o *mythologeîn* do *Timeu*. O próprio Aristóteles testemunha isso em seu *Sobre o Bem*, mesmo parecendo não mais compreender o nexo entre essa dimensão do Uno, ainda propriamente dianoética, matriz dos números e princípio de todos os entes, e a *metafísica*. A primeira tem em si necessariamente o múltiplo (o Uno--que-é: a Díade), tem em si a potência do acrescentar-se ao infinito e da infinita diminuição; isto é, é sempre *dynámei*, jamais *energeíai*. Mas a *arché* não pode ser pensada como potência. Ela será puro ato. Ato compreendido como *energia* de todas as potências, energia que contém em si *ab aeterno* todo «movimento» desde a potência ao ato. Pode uma *máthesis-máthema* formar uma figura dessa ideia? Pode uma forma, numericamente ordenada, constituir-lhe uma imagem? Não; e, todavia, todas dela provêm, *sentem* dela provir e a ela tendem. A própria relação da qual se faz experiência entre a Vida do todo, *noûs* e Psique *mostra-se* entre Unum impredicável, número ideal e números matemáticos; à Vida-Energia inexaurível do todo corresponde o Unum, ao *noûs*, o número-esquema com o qual construímos imagens correspondentes às formas das coisas e às suas conexões, à psique-alma de cada indivíduo, o uno que numera o múltiplo. O Unum em si não pode ser compreendido em uma ordem categórico-matemático, mas é *in-dicável* justamente ao mostrar seu conectar-se com as dimensões da *vida* físico--psíquico-noética, que a partir de seu infinito *periéchon* desde sempre ek-sistem e nele para sempre estão.

6.3.3. *O galo de Sócrates.* Semelhante perspectiva também vale para os textos «fatais», nos quais a cena parece dominada pelo anseio da *psyché*, do *daímon* que habita o Ego pensante, por libertar-se de um corpo-prisão, fonte de todo *pathos*, obscuridade ou sentimento confuso? O elogio da alma, que se faz um com o elogio da filosofia, no *Teeteto*, não é suficiente para demonstrar sua impraticabilidade — insistirão os «ultrapassadores» da metafísica? A *fuga* em direção à *homoíosis theôi* talvez não seja aqui fuga da *aísthesis* e, por isso, de seus órgãos, os quais pertencem ao corpo? É inútil debruçar-se sobre o fato de que similar leitura demonstrará apenas a completa sordidez do intérprete em relação àquilo que é *grego*, em relação àquilo que para um grego significa *forma-eîdos*; essa leitura não compreende também *in toto* a própria *lógica* do discurso platônico. A «fuga» para o Deus é, com efeito, o «converter-se» a Ele de *toda psyché*, significa uma *metamorfose* da vida do homem, de toda sua natureza (174 b 4) (sempre nesse sentido, ou seja, no sentido de essência da *vida* própria do ser-aí humano, o termo *psyché* é usado por Platão). A psique é coordenação de todos os *sentidos*, é aquilo que os faz *ficar*, que dá a eles a forma do todo. «Seria tremendo, meu rapaz, se as diversas *aisthéseis* estivessem dentro de nós como em cavalos de madeira, e, antes, *não tendessem todas* (grifo nosso) a alguma *ideia*, chame-se esta de *psyché* ou de outro modo» (184 d 1-4). Mas, *ao mesmo tempo*, como *também noûs*, a alma será princípio daquela *liberdade*, pela qual podemos contemplar o Agathon e dele fazer signo — contemplação em razão da qual não se aniquila, de fato, nem o processo que a conduziu, nem a caverna a partir da qual este teve início. Aliás, para entender bem, este permanece sendo justamente o *telos* da jornada que, tendo atingido o ápice, deve mais uma vez voltar-se para ele. A alma, quando se alça ao Agathon, apenas então pode intuir o signo da última ideia em toda coisa, ver a própria vida do corpo como forma do re-velar-se do Bem. Por certo, nenhum *sêma* pode ter significado unívoco; de outro modo, tornar-se-ia idêntico a uma *categoria*. O corpo é *sêma* justamente porque indica também a possibilidade de que não se consiga desenvolver a «linha» além da *aísthesis* e da *dóxa*, de que falte a energia para se liberar dos vínculos-*peírata* que forçam a permanência no fundo da caverna. O corpo-*sêma* tem, como tal, sua autonomia, sua «razão», que psique-*noûs* reconhecem. Como poderia um *sêma* ser apenas *períbolon*, um simples invólucro (*Crátilo*, 400 c 6)? Também aqui, como em outro lugar, o discurso platônico em torno ao *sôma* produziu ingênuos equívocos. O invólucro nunca é algo que se possa lançar, não é um revestimento supérfluo, mas o que ontologicamente se mostra «co-envolvido» na natureza do essente considerado. (Seria possível, com esse propósito, lembrar da importância que o termo assume na *exegese medieval*, e que H. de Lubac magistralmente analisou: *involucrum* é a natureza do *speculum* ou do enigma por meio do qual apenas, *in hoc saeculo*, nos é dado *especular* a profundidade do divino, *tà báthe toû theoû*). Assim deve ser lida essa passagem do *Crátilo*: a presença do corpo, com efeito, é demandada para que a alma pague as penas que deve pagar, e *assim se salve* (*sózein*). O nexo que se estabelece, e que faz pensar, é aquele entre *sôma* e *sózein*. O *sêma*-corpo remete à prisão, mas, de uma só vez, também à salvação dessa prisão, remete à vida (uma vez que sempre é vida) encadeada e à vida da alma que pensa e pensando se liberta, à luz (que sempre é a mesma luz) que faz ver também *na sombra* as sombras e àquela que vemos com os olhos de psique-*noûs*. Em qualquer situação, *vida-psyché* se encontra lançada, o corpo é chamado a nela tomar parte com toda sua energia ou saúde. A partir de sua vida todo discurso tem início. A partir de sua presença, que se faz signo, origina-se a interrogação. E assim ele se faz alma, aliás: *faz* a alma, o *noûs*, a ideia de liberdade (de incondicionamento) que é a mesma, no fundo, do Agathon.

O *thaumázein* não pode não ser *pathos*, e *pathos* não pode não dizer respeito ao corpo. Mas o que representa o *thaûma* mais maravilhoso? Que tudo se dissolva, que o essente não seja e «seja», pelo contrário, a mortalidade do todo. Esse «espetáculo» ameaça — e nele parece que os próprios *sophoí* acreditaram, todos exceto Parmênides, *plèn Parmenídou* (*Teeteto*, 152 e 1). É essa angústia, indissoluvelmente ligada à nossa corporeidade, que obriga a alma a pensar; aqui se concentra a respiração do vivente. O pensamento amadurece como *agón* em face da aparente evidência de nosso ser mortal. Quer dizer que ele se desenvolve como «cura» *para* o morrer? Ou como preparação para a morte? Não; quer dizer que é cura-angústia *contra* o fato cru de que morremos, assim como a *dóxa* com medo o representa, cura que é *vida* que se prepara para fazer do próprio morrer *nomen agentis*, sua *própria* morte.

Pertence ao homem *eúphron*, capaz de raciocinar ponderadamente, livre de paixões, lembrar das coisas ditas no sonho, pensar que elas podem ser signos do deus e refletir sobre isso. O motivo inicial, a *ouverture* do *Fédon*, será retomado e, diria, teoreticamente explicado no *Timeu* (71-72): ninguém cuja vida consiste essencialmente no exercício do *noûs*, que seja *én-nous*, poderá exercitar a mântica. Não é possível ser ao mesmo tempo *én-nous* e *én-theos*, entusiasta. Mas exatamente aquele que concentra a própria alma na dimensão noética sabe que ela vive junto das outras, que em seu *Mit-sein* a *psyché* manifesta um *lógos* muito mais profundo, muito mais arcaico do que aquele que o *noûs* por si só pode compreender. Por isso, ele deverá, por meio do próprio *noûs*, não o abandonando ou renunciando a ele, refletir sobre os signos e os rastros que as diversas formas da *manía* enviam aos humanos. O *noûs* também é chamado para esta tarefa: compreender o valor do *semaínein*. A filosofia já está distante da origem daqueles signos; já há tempos deu a si mesma um nome «modesto» (como Dante adverte), o de amante de *sophía*, não de sabedoria. Mas a distância de fato não é um completo destacamento, perfeito esquecimento ou cancelamento. Nem poderia sê-lo, sob pena perder, justamente, toda «modéstia»: se, com efeito, o *noûs* não *se* refletisse também sempre sobre aquilo que parece exceder a medida do próprio *lógos*, levantaria, de fato, a pretensão de exaurir em si a razão da totalidade do essente; seu *lógos* coincidiria com o Logos que ele deve, pelo contrário, sempre saber escutar. O *philo-sopheîn* deve saber se confrontar com *lógoi* que não só o precedem (uma vez que a filosofia não nasce filosófica, assim como o homem não nasce falante em ato), mas que se exprimem no interior de seu exercício, habitam suas palavras (que não nascem filosóficas, mas do mundo do *thaûma* e da *práxis*), e constituem seu específico e teorético problema, uma vez que suscitam a questão do *signo-semaínein* em suas relações inevitáveis com o *légein-ti*. Por isso, também os filósofos podem se dizer *bákchoi*, caso filosofem verdadeiramente (*Fédon*, 69 d 1). Existem *lógoi* antigos e veneráveis que são *escutados*, mas não por obedientes fiéis, antes, *por filósofos*, isto é, são interpretados — no entanto, não nos termos de uma alegorese que acabe por reduzi-los a revestimentos (não autênticos *invólucros*!) de doutrinas filosóficas (como acontece quando a distância espiritual destes já se torna incolmatável, distância jamais mensurável de modo cronológico). O filósofo *sabe* que esses *lógoi* são signos de «realidade» que o próprio *lógos* não chega a «tocar». O filósofo não institui mistérios, *teletaí*, nem seu discurso é o do iniciado, mas *sabe* que os mistérios não são representações vazias e que aqueles que os instituíram, os *entusiastas*, de fato não são fabuladores ingênuos. Eles instituem algo que permanece *mŷthos*, mas não simplesmente *em silêncio*, algo que «fala» por signos e imagens. E aquilo sobre o que se «fala» diz respeito à *angústia máxima* que toma o homem: é mortal o sopro que lhe dá vida? Apaga-se o princípio da vida? *Psyché* tem um destino próprio, *escorre* mais além do drenar-ressecar-se de nosso corpo (Onians lembra que em Homero o mortal, *brotós*, é definido *dierós*, por seu ser *fluido*, pela água originária de que é feito seu corpo vivente)?

Aquilo que indicam os «*lógoi* antigos e sagrados» (como são chamados na *Carta VII*) não pode ser *demonstrado*. Todavia o exercício filosófico pode torná-lo, acima de tudo, persuasivo, no sentido de nele mostrar a não contraditoriedade intrínseca. A esperança (*elpís*) que eles exprimem torna-se, então, graças ao discurso filosófico, objeto de convicção (*pístis*). Em segundo lugar, a filosofia sabe extrair deles, como por premissa, consequências «lógicas» sob o perfil ético, de fato coerentes com sua missão fundamental: regular toda a vida segundo normas racionais e justas. As assim chamadas «provas», fornecidas no *Fédon*, sobre a imortalidade da alma são consideradas neste quadro: não há contradição mas íntima coerência entre a demonstração, que a filosofia fornece, do fato de que sobre a *aísthesis* nenhuma *epistéme* é fundável, e de que o homem, todavia, pode chegar a ideias necessárias e eternas, por um lado, e à imortalidade da alma-*noûs* que tais ideias *veem*, por outro. Além disso, a filosofia pode demonstrar que *psyché* não deve ser tratada como um composto de elementos independentes, reunidos apenas *a posteriori*; ela é, já em Platão, como se viu, um *Mit-sein* originário, cujas partes são tão distintas quanto indistinguíveis, e todas entram na explicação da mobilidade do ente (que tem característica física *e* espiritual). Mas isso que é absolutamente fundamental no discurso platônico está em outro lugar: no colocar o *philosopheîn* face a face, *em desacordo*, com o *thaûma* que continuamente importuna a existência e que parece não encontrar resposta, o maximamente *Fragwürdiges* para o mortal, ou seja, para aquele ser-aí que se define por sua morte. E, para pensar esse maximamente digno de ser pensado, é necessário alcançar os signos da *manía*, aqueles dos antigos *lógoi*, o imenso patrimônio de imagens de que nos «falam» na linguagem dos «mudos» e que não cessam de nos agitar interiormente, sem que nenhuma demonstração possa nem os confirmar nem os silenciar. Combater a «*pollè apistía*» (70 a 1), a incapacidade de estar convencidos, que a maior parte das pessoas manifesta em relação à natureza da alma, comporta essa escuta. É necessário abrir a escuta àquilo que não se dispõe no plano da argumentação «lógica», mas que nenhuma argumentação «lógica» jamais poderá considerar vanilóquio, e muito menos apagar. De fato, é coerente com seus princípios, uma vez que reconhece não só o próprio limite, os vínculos em que reside a pregação de tudo o que é, mas também o nexo entre as formas de seu *kategoreîn* e o imenso multiverso do *semaínein*.

Por certo, a filosofia pretende ser remédio para a angústia, não para a representar, não para *imitá-la* como fariam os trágicos. Para Platão, a angústia é um *nósos*, uma doença, mas uma doença estreitamente ligada ao início da interrogação. Ler os *sintomas* é fundamental para desenvolver o próprio discurso racional. A razão daquele que é *énnous* não está em outra terra em relação à *manía-follia*; é a razão de quem corresponde àquela angústia, de quem a compreende como uma interrogação que torna possível e exige resposta. Para conseguir isso, a filosofia deve escutá-la e compreender seus signos. Para compreendê-la, também deve contê-la em si. A *diaphorá* radical com o trágico não intervém entre doença e saúde em abstrato, mas entre quem sabe ler e reconhece o mal *que tem em si* e o interroga, e quem o representa «monologicamente», como um dado que se repete eternamente sem solução, que apenas concebe ser reconhecido e suportado. A angústia, então, nem mesmo é um *nósos* em si, mas sim o signo que remete ao mal por antonomásia, o mal que devemos enfrentar com todos os meios: crer que tudo no devir é destinado ao nada, que a medida de todas as coisas sejam o nascimento e a destruição. Não contam os doutrinamentos, que estão imersos nessa angústia. Aqui, a filosofia não só redescobre o próprio originário ser voltado *eis tàs práxeis*, sua originária intenção praxística, mas sua própria «sede», o «grande teatro» da *agorá*, não a academia. Seria o *lógos* do filósofo capaz de tornar dignos de fé (é esse o sentido de *pístis*, e não tem nada a ver com ingênuas crenças ou superstições) os antigos *lógoi* provenientes em grande medida do «fundo» do orfismo, mediados pelas doutrinas pitagóricas, e ainda vivos nos ritos mistéricos de iniciação, nas *teletaí*? É em torno da ideia de *psyché* e de sua relação com o corpo que tudo se joga. Até agora, insistiu-se sobre um ponto: não só que nenhuma separação é concebível, mas que a alma é indivisível em suas partes-funções, e que em cada uma delas está totalmente em operação, que uma instância propriamente dualística é estranha ao pensamento do Ocidente. Mas como? Não é justamente aqui, no *Fédon*, que se afirma com força total, com a finalidade de curar daquela angústia, que o corpo deve ser abandonado e basta, que em sua essência é *na-da*, que sua vida é apenas dor e sofrimento, e que, por isso, é necessário «correr» para morrer, correr ao encontro de *sua* morte para poder acreditar na imortalidade da pura alma-*noûs*?

Talvez nenhuma expressão do *philosopheîn* tenha sido mais mal compreendida do que o «*meléte thanátou*» platônico. (Imperdoável «culpa» do Benedito-maldito? É possível que um pensador imenso, de todo atravessado por correntes místico-neoplatônicas que a ele chegavam devido à herança hebraica, possa ter se equivocado de forma tão abissal sobre a *meditatio mortis* socrática, colocando-a em contradição com a *meditatio vitae*? Antes, não era *versus* a vulgata espiritualística de certo platonismo que se lançava sua condenação?) Em *meléte* é apreendido o tom de *métis, meditatio*, do ter cuidado ao colocar algo no centro da reflexão, e não de um exercício *para morrer*. Colocar no centro da alma essa ideia significa vivê-la, significa que *meléte thanátou* exprime a vontade de ocupar-se, com *cuidado* (em todos os sentidos do termo), do que está no centro de nosso ser vivente, de interrogar, portanto, nossa vida como capaz de meditar, mensurar, *dizer* a morte. No coração da *psyché* indivisível está este *pensamento vivente*: que morremos. E *contra* ele consiste a vida do pensar. O pensamento vive, é pensamento do vivente, na medida em que *contra*-diz esse aparente dado, que a *dóxa* assume por si só, com angústia, é certo, mas angústia impotente. Assim, no *meléte thanátou* é justamente da vida que nos ocupamos, é o pensamento da *psyché* vivente em sua unidade que nos *pre*-ocupa inteiramente. De modo algum *cupio dissolvi*, nenhuma ideia de que o morrer por si só seja uma cura. (Parece impossível que um ouvido como o de Nietzsche possa ter chegado a essa sordidez em relação ao platonismo — mas são traídos assim apenas os amores mais loucos.) Não se cura morrendo, mas, quando muito, *pensando* a morte. Mas isso talvez não equivalha a dizer: *falando*? É Hegel que finalmente compreende o tom teorético do *meléte thanátou*. O *lógos* é constitutivamente ligado ao pensar a morte, uma vez que ele mesmo é a *energia do transpassar*: o *lógos* transpassa a coisa em nome e o nome no complexo da frase, «volatiza» todo dado ao transpô-lo na realidade espiritual, trabalha a coisa até transformá-la em seu produto, opera a metamorfose do servo em senhor: quem fala-trabalha, quem é eficazmente dotado--armado de *lógos lança* à *morte* todo senhor. *Meléte thanátou* é exatamente o oposto de uma espera impaciente e impotente da morte libertadora, mas um saber *lançar à morte* tudo o que obstaculiza e impede uma vida plena, a afirmação *em ato* da energia de toda alma, sua liberdade. *Transpassar* o último senhor, fazer do dado «que se morre» um *fato* do pensamento: eis o *cuidado* supremo e o supremo *exercício*.

Do limite do viver, a morte, ao ser pensada por parte da alma, torna-se fator essencial de sua vida. Um *verbo*, e um verbo de *ação*. Nós *fazemos* pensando a morte. Aliás, estamos finalmente *em ação*, com o necessário *cuidado*, apenas quando voltamos o olhar para a morte, e isso que *agora* fazemos vale para nós como o último, o *éschaton*, o testemunho inapelável de nosso ser-aí. Quando todo momento de nosso fazer é *agora*, e aqui *decide* o sentido de nossa vida. Vivendo, e para viver plenamente, na integridade da *psyché*, é preciso colocar todo pensamento «em pé de guerra» com a morte. Se pensarmos em outra coisa, isto é, se «crermos» apenas no aparecer sensível, no imediatamente visível e disponível, não saberemos *viver* plenamente, não exprimiremos nosso viver segundo a última medida de seu ser-possível. Mas isso de fato não significa, como é evidente, desprezar os sentidos, o visível, o disponível (relação que seria simplesmente ridícula supor em um grego do período clássico); isso significa não os elevar como únicos senhores de nosso ser-aí, interrogar sua própria constituição na perspectiva do *último possível* e ordená-los com base nesta. Ordenar é o oposto do sacrificar ou do apagar. Para fazer uso das grandes analogias da *Politeia*, devemos, *atuando* nosso morrer, sair dos múltiplos possíveis em que se manifesta a vida da alma em seu curso, em sua luz última, da qual ela resplandece quando, persuadida, contente de si, verdadeira *enérgeia*, *vive* seu extremo possível. *Meléte thanátou* é decidir-se por ter cuidado *cotidie* desse extremo — e justamente esse cuidado, longe do «encantarmo-nos» imóvel diante da morte, permitirá viver todo momento como instante pleno, irrepetível, irreparável, podemos dizer: *eterno*. Longe do encantarmo-nos, é esse pensamento (que é *cuidado* como todo pensamento que seja tal, e não autorreferencial discurso sobre discursos, partenogênese de doutrinas e de escolas) a liberar, dado que nenhuma exterioridade e nenhum pressuposto ou preconceito podem desviar — des-*trair* — de viver aquele ao qual, na plenitude da própria *psyché*, está dirigido, «convertido» a viver.

Anacronismos? Projeções no interior dos textos-chave da tradição metafísica de elementos que pertencem, quando muito, justamente a seus críticos mais radicais? Ou talvez, antes, a prova do fato de que tais críticos com frequência se mostram como glosas nos rastros não escutados daquela tradição, se não à sua própria letra, quando ela é de fato *filo-logicamente* escutada? Que se trate justamente do texto que temos diante de nós assim o mostra, de forma inequívoca, o *mŷthos* que o conclui. É notório o enigma: depois de ter mostrado como a *bela esperança* assim pode ser chamada porque *se rege*, porque resulta digna de verdadeira *pístis*, porque a alma-*noûs* consegue, não depois de morta, mas *vivendo*, graças ao fato de que vive, intuir além do imediatamente visível (e como indaga com os olhos da mente números, figuras geométricas e ideias, ela pode *diaskoneîn* com a mesma coerência também os problemas que maximamente nos inquietam, e que poetas e trágicos não podem representar com clareza e pureza; eles não são, com efeito, capazes de autêntica *kátharsis*) — depois, em suma, de ter desenvolvido o próprio *lógos*, que em todo ponto toca a *manía* sem nunca com esta se confundir, até explicar (talvez em vão) o sentido da *meléte thanátou* justamente em seu conjugar-se ao oposto da morte, à imortalidade, Sócrates, declarando-se feliz pela cura que chegou, pede a Críton, o velho e fiel amigo, que agradeça Asclépio, o Curador, com o sacrifício de um galo. *Alektryón*, *Aléktor* é o núncio do sol que retorna, como *alkyón*, o alcíone, do qual fala o fragmento de Alcmane, é o núncio da primavera (G. Semerano, *Le origini della cultura europea*, 1994). Fez-se a luz, porquanto era possível, uma vez que o discurso teve de se desenvolver por meio de indícios, recolhendo antigos *lógoi* e tentando compô-los sem confusão com o *philosopheîn*. Todavia, apesar da periculosidade do caminho (mas belo, nesse caso, foi o perigo), podemos concluir *contentes*. Por quê? Porque finalmente sobrevém o *phármakon*-cicuta para nos livrar desse corpo-tumba? Vá para longe! Porque agora, no fim, a morte se nos mostra perfeitamente como *nosso morrer*. Não nos esquivamos de pensá-la. Quisemos, *com toda a alma*, que fosse ato, marca da experiência, expressão plena de nossa vida. Não nos esquivamos, não cometemos injustiça, não contradizemos nossa filosofia. Tive *cuidado*, diz Sócrates, com o significado do sonho que me foi enviado pelo deus («Sócrates, em breve deverás morrer»), e me preparei para morrer *contente*, fiel à voz de meu *daímon*, coerente com o modo como este me havia ordenado *viver*. Cumpri minha experiência, para poder morrer bem («Bem-aventurado é», diz Guinizzelli ao Dante peregrino, «que das nossas marcas [...] para morrer melhor, embarque na experiência!»). Preparei-me para viver o meu morrer, e creio ter conseguido. Por isso, enviamos a Asclépio o galo que lhes anuncia como nossa vida gozou, até o último instante, da *saúde*, que promete a quem preza por ele. Não o sacrificamos porque abandonamos essa terra pantanosa e nublada (não deveríamos, talvez, subir à *terra pura* [109 b 7], para de lá então retornar, como o galo, para a caverna?), mas porque vivemos bem. E apenas por fim podemos talvez ter o ardil de afirmá-lo, sem temer mostrarmo-nos soberbos (*hýbris*!).

O sentido do enigma, no *signo* do galo, que um grande indo-europeísta assim explicou, melhor do que qualquer filósofo (G. Dumézil, «*Nous devons un coq à Asklépios...*», 1984), é o da alma, da verdadeira «invenção» da alma (Jan Patocka), não de suas lendas, para as quais apontam as flechas da antimetafísica. O *apallagé*, o abandono de que se fala no *Fédon*, e sobre o qual se continuará a falar no platonismo, não é o do corpo, mas o de tudo aquilo — opiniões, preconceitos, situações — que impede a *psyché* de exprimir-se em sua *vital* plenitude, de ser íntegra em suas dimensões, ou melhor, *kalé*, bela pois em si firme em enfrentar os caminhos-perigos que residem acima de tudo em si mesma, continuamente emergentes daquele seu próprio fundo, cuja natureza «ama esconder-se», demasiado profunda para que um *lógos* possa atingi-la. E a vida de *psyché* não poderia dizer-se completa se não pensasse, se não fosse *énnous*, nos signos que daquele *pro-fundo*[3] provêm, todos convergentes em torno de uma interrogação, que só tem no reenvolver-se em si mesma de infinitos modos a resposta: pode ser mortal a *arché* da vida? Assim o será para o todo, para Physis, e não para todo essente que a ela pertence? É vida aquela da alma sem tal interrogar? Não, certamente, pois não é pensável viver autenticamente se a vida não é *meléte thanátou*, no sentido que atribuímos à expressão. Mas não será vida a sua e nem mesmo se ignorarão, refletindo em si mesma, os «indícios» de imortalidade que a mente «inventa», simplesmente se sustentarão indignos de fé não tanto os *palaioì lógoi* quanto aquilo de que continuamente fazemos experiência, *corpo* e *noûs*, isto é, o nexo entre *elpís* e *pístis*, nosso «incurável» crer que aquilo que esperamos não seja um desesperado Impossível. A alma não seria vida se não intuísse o próprio in-visível, caso parasse no sol visível das ideias e removesse a interrogação que se agita e *faz luz em seu próprio corpo*. Portanto, é bom sacrificar em prol de Asclépio não só porque nosso morrer é *contente*, mas também porque o vivemos *dia-logando*: falando *entre* amigos, *entre* mito e *lógos*, *entre* aquilo que aqui-e-agora somos chamados a operar-decidir e a ideia de *imortalidade* que não podemos calar.

---

3   O termo utilizado é *s-fondo*, que, com o hífen, joga com a ideia de *fundo* e *sem fundo*. [N. T.]

7. *«Tractatus»: acidente e substância.* O «labirinto» apresenta, assim, estes percursos: dizer é dizer-algo, mas o *prâgma*, a questão da coisa, não se resolve no ser-dita; o *lógos* não pode valer como equivalente do *ón* e, no entanto, deve, de algum modo, ter a forma deste; se sua predicação quer ser efetiva, o *lógos* deve poder mostrar uma estrutura análoga àquela da coisa que nele se representa, *e* que nele jamais se pode replicar. Mas isso implica, então, que já se dê uma ordem do próprio essente, e que essa ordem seja «escutada» e representada pelo *lógos*. Aquele que escutando a ordem do essente o representa no próprio dizer deverá estar, a um só tempo, ao lado do *lógos* e daquilo sobre o que o *lógos* discorre; *psyché* é *phýsis* e *lógos* ao mesmo tempo, o ponto em que se conjugam, sua *arché*. Mas como representá-lo? Como representar «aquilo» que é condição de toda representação? O «ponto» em que Physis, *na* psique, reflete a si mesma ama esconder-se, e mesmo assim se revela como pressuposto de toda harmonia visível entre o *légein* e a coisa, entre *tò ón* e *legómenon*. Aquela da Physis de fato é *alétheia*, a evidência que custodia em si *léthe*, o esconder. O *lógos* é sempre *re-trato* do realizar-se da onto-logia, do resolver em si a *ousía* do essente, assim como do dar plena razão da *psyché*, pressuposto de toda predicabilidade (e, ao mesmo tempo, pertencente, na qualidade de alma de todo *zôon*, ao próprio Logos de Physis). Sua palavra se re-trai a partir da *infinidade* do próprio finito (pela evidente impossibilidade de tocar-lhe o último horizonte, de definir-lhe absolutamente a *haecceitas*).

É necessário esclarecer tais aporias (lembremos do sentido da «explicação» em Kant!); a filosofia não procede *cumulativamente*, «pedra sobre pedra», nem pode pensar em colocar ordem *na linguagem* que efetivamente falamos recorrendo ao «modelo» de *ideografias*, válidas apenas no âmbito de procedimentos lógico-matemáticos. É, pelo contrário, na estrutura *lógica de nosso lógos* que é preciso penetrar, é ela que é preciso *ilustrar* em suas efetivas capacidades de representar a coisa. E, nesse sentido, a obra que no Moderno mais intensamente desconstrói, revisitando-a e escutando-a novamente, a metafísica clássica em suas mais falhas respostas e aporias parece-me ser justamente o *Tractatus* wittgensteiniano.

É possível limitar seu alcance à disciplina ou «atividade», conduzida nos termos de uma pesquisa lógico-linguística que objetiva esclarecer a estrutura formal das proposições científicas? E é possível compreender essa disciplina como um «domínio» perfeitamente fechado? Apenas se equivocando quanto ao significado do «limite» que Wittgenstein atribui à expressão do pensamento, na medida em que este é *significante*. Colocar esse limite de fato não implica ditar limites *ao pensamento* como tal. Nunca se insistirá o suficiente sobre a frase que se fixa no centro do *Prefácio:* «O livro quer, então, traçar *eine Grenze* para *Denken*, ou melhor — não para o pensamento, mas à expressão (*Ausdruck*) dos pensamentos». Uma argumentação de todo análoga valeria para Kant: a filosofia transcendental define os limites do intelecto ao produzir uma experiência da natureza. Mas a própria definição do limite implica necessariamente que se *pense além* dele. Estabelecido um confim, também se estabelece com isso o *pensamento* de sua «transgressão». O domínio próprio do pensamento, ou do *pensável*, todavia, nada tem de sublime ou secreto, como se viu; ele leva, aliás, o próprio nome da coisa, *prâgma toûto*, e, na qualidade de pensada, *nooúmenon*. Chega-se a ele sem nenhum salto, segundo o *méthodos* do próprio intelecto. O domínio do dizível-predicável, do dizível como representação do ente, e o do indizível, daquilo que não assume a forma do *significado*, de fato não dizem respeito um ao outro do exterior, como mortas abstrações. É o intelecto a pronunciar o termo *nooúmenon*; é o próprio intelecto que não pode não *o pensar*, não pensar a coisa como «aquilo» que é apenas pensável. Uma contradição? Sim; uma vez que para respeitar a própria «disciplina» o intelecto deveria se limitar à formulação dos princípios que o tornam capaz de definir-*kategoreîn* o ente; e, no entanto, ele excede esse limite no momento em que coloca o problema da relação entre aqueles princípios e a ideia de *nooúmenon*, isto é, o problema do *indizível* nos limites da própria linguagem. Mas é contradição produtiva, que esclarece sobre a labiríntica região do *lógos*, contradição que obriga a indagar os distintos caminhos e o caráter aporético intrínseco de sua relação com o mundo.

Também o *Tractatus* se abre sob o signo do *thaûma*: «Die Welt ist alles...»; com o «espetáculo» do mundo se inicia — *e não da linguagem*, muito menos do *lógos* «lógico». Se o mundo é o *próblema*, não poderá ser representado pela «lógica»: «Todas as proposições da lógica são generalizações de tautologias e todas as generalizações de tautologias são proposições da lógica [...] não é tarefa da lógica (*die Sache der Logik*) decidir se o mundo é realmente assim ou não» (*Carta a Russell*, novembro ou dezembro de 1913). «As tautologias não dizem nada, não são imagens de estados de coisa (*Bilder von Sachverhalten*): elas são em si logicamente de todo neutras» (*Cadernos*, 3 de outubro de 1914). «Tautologias e contradições não são imagens da realidade... Porquanto aquela admite *toda* situação possível; esta, *nenhuma*» (*Tractatus*, 4.462). Reaparece também aqui a *doutrina do método* kantiana: a filosofia tem a ver com uma «matéria», que pode ser representada apenas a posteriori; a filosofia está *contra* um pressuposto que o formalismo lógico-matemático sustenta, pelo contrário, ser «livre» para ignorar. Esse pressuposto é *o mundo*, o aparecer das *coisas* como *tà physiká*,

Da-sein no espaço e no tempo. E esse é «caso», *Sache*, da física e da *Erfahrung*. O problema consistirá, então, em determinar as condições com base nas quais a *linguagem da experiência* pode se fazer significante, pode ser dita verdadeira ou falsa como representante efetiva da realidade, conforme sua *forma* corresponda ou não às *Erscheinungen*, às aparências do mundo, cuja realidade não é apenas pressuposta (e também na lógica ela é, de fato, pressuposta, uma vez que a lógica «está antes do Como, não do O que [*Was*]», 5.552), mas se torna o próprio objeto da interrogação. «Sim, meu trabalho se estendeu dos fundamentos da lógica à essência do mundo (*zum Wesen der Welt*)» (*Cadernos*, 2 de agosto de 1916). «Essência do mundo...» — proposição altamente desafiadora e por nada clara. Nela se compreende o mundo como *representação*? A referência a Schopenhauer, poucas linhas antes, poderia dar a entender isso. Mas como a representação conseguirá definir perfeitamente a essência do mundo? A isso será possível chegar, finalmente, aplicando com rigor os mesmos instrumentos da análise lógica, a fim de tornar a expressão linguística capaz de uma exaustiva descrição dos fatos da experiência? O problema é assim, prioritariamente, de ordem ontológica, dado que será lícito afirmar que uma proposição é verdadeira quando as *coisas* estão como nela é afirmado, pois, de outro modo, poderá, sim, ter *sentido*, mas não *significado*. A lógica serve para «descobrir» a estrutura da proposição que na linguagem ordinária se esconde ou mostra-se confusa (*Notas sobre a lógica*, 1913), e não tem nenhuma pretensão de vir em substituição a esta. Nisso consiste seu trabalho «de verdade». Tornada *clara*, «em forma», a linguagem poderá finalmente colocar o mundo como seu *significado, legómenon*. Encontramo-nos assim diante da passagem conclusiva da «missão» para a evidência racional própria da metafísica como ciência geral do ente? Ou, antes, diante daquele rastro, que insistimos em seguir, por meio do qual a própria metafísica se constitui, e, fiel a essa «missão», no ápice do próprio rigor, como abertura ao «além» do limite do *kategoreîn*, ou melhor, como busca daquilo que *neste* permanece indizível?

A busca ontológica, não gnosiológica-epistemológica nem lógica-linguística, das primeiras proposições do *Tractatus* parece indubitável: a referência ao *mundo* as marca, e os termos parecem, em sua ascética concisão, designar justamente que de seus *fatos*, de sua *coisa*, aí se faz problema. Mas, nesse mesmo contexto, também se afirma: «Os fatos no espaço lógico são o mundo» (1.13). Portanto, o mundo é no espaço lógico, isto é, *em seu ser-representado.* O que permite isso? Como é possível que entre proposição lógica e mundo exista uma relação por meio da qual o mundo possa ser verdadeiramente *representado* por essa proposição? É necessário analisar, antes de tudo, a terminologia empregada por Wittgenstein. «O mundo é tudo o que é *Fall*» (1); tudo o que *acontece* é o mundo; portanto, não a totalidade dos *possíveis*, mas apenas o que «caindo» fora do infinito possível advém, apresenta-se como um *fato*. «O mundo é *die Gesamtheit der Tatsachen...*» (1.1); o mundo é a totalidade daquilo que acontece (mas o que acontece pode ser dito Tudo? O termo *Gesamtheit* indica acima de tudo a «classe» daquilo que acontece, e é porque assim é compreendido que pode ser sensatamente usado nesse contexto); o que acontece se manifesta como *Tat-sachen*, isto é, na forma de *fatos*. Está explícito no termo a referência a *Tat-Tun*, ao *fazer*. Trata-se do exato equivalente do *prâgma* grego. O mundo não é o conjunto dos *obiecta*; o que acontece, acontece como *prâgma*, acontece porque «cai» no âmbito de um fazer, de uma atividade, do *operari* de quem o representa. Assim, fica clara a proposição 1.13: o mundo é, sim, o conjunto completo dos fatos, o mundo é, sim, «determinado pelos fatos e por serem estes *todos* os fatos» (1.11), mas *no espaço lógico.* O mundo é o conjunto dos fatos, não de *dados*. O *prâgma* é esse porque está no espaço do *noeîn*. Mas o *prâgma-Tatsache* não pode ser (justamente como *Tat-sache*!) algo simples. Ele se apresenta como o subsistir de *Sachverhalten*;

é, portanto, uma «mediação» ou uma relação entre *Sachen*. O mundo é determinado pelos fatos, mas o fato consiste, por sua vez, em *estados* (*halten* — manter, reter, conter em si) de *Sachen*. (Por que Wittgenstein introduziu o termo *Tatsache*, antes de *Sachverhalt*, quando é este último que corresponde à *proposição elementar*? Isso demandaria uma longa explicação, escreve a Russell, de Cassino, em 19 de agosto de 1919. Mas o motivo é claro: é o próprio motivo pelo qual se inicia a partir do *mundo*! Como Espinosa o faz a partir da substância primeira! O *Tractatus* é o desenho de um sistema filosófico, não um tratado de lógica formal.) O *estado-de-coisas* é, por isso, um *nexo*, uma *Verbindung*, uma conexão bem formada, *que está* (*verhalten*, portanto), de *coisas*. É, portanto, colocada uma diferença e ao mesmo tempo uma relação essencial entre *Tat-sachen* e *Sachen*: o mundo é a totalidade dos *fatos*, mas o fato consiste em estados de *coisas*. E Wittgenstein compreende a coisa, *Sache*, explicitamente (2.01) como sinônimo de *Gegenstand* ou *Ding* (mas sinônimos não são, como veremos). O mundo como *Gesamtheit der Tatsachen* não pode ser compreendido como *completude*, *totalidade das coisas-Dinge* (1.1); todavia, os *Sachverhalten*, que formam a *Tatsache* (atenção: todo fato é, portanto, uma *pluralidade* de estados de coisas), remetem à coisa na qualidade de *Ding*. É um nexo de *Dinge*, que Wittgenstein compreende como *ob-iecta*, *Gegen-stände*, que constitui todo estado de fato; e, assim, diversos *estados de fato* constituem cada *Tatsache*, e ainda assim toda a multiplicidade das *Tatsachen* é o mundo. Se o mundo *são* os fatos no espaço lógico, isso não significa de fato apagar sua relação com as coisas-*Dinge*. O nexo entre *fato-espaço lógico* e *Ding-Gegenstand* permanece constitutivo do horizonte ontológico do *Tractatus*.

Não se dá um mundo a não ser como totalidade-conjunto dos *fatos*. Um mundo se dá apenas como *nexo de nexos*, conexão formadora da *Gesamtheit* daquilo que acontece: nexo de coisas constitutivo do estado de coisas, nexo de estados de coisas constitutivo do fato. O conjunto dos nexos «acontece» necessariamente no espaço lógico. Isso porque justamente o nexo é, como tal, «tarefa» da mente. Mas o espaço lógico é significante apenas na medida em que representa o próprio fundamento objetivo. Seus signos não têm em si mesmos sua verdade, requerem ser preenchidos de conteúdo intuitivo, isto é, por uma *experiência. Os significados não estão na cabeça...* são os mesmos problemas decisivos enfrentados pelo Kant «póstumo» e pelo Husserl da *Krisis*: a filosofia não pode fazer-se ciência rigorosa sob pena de falhar em sua relação com a totalidade dos *fatos* — e essa totalidade significa apenas o mundo, e o mundo é sempre, necessariamente, *Lebenswelt*. Assim, a pergunta é de fato aquela da metafísica compreendida corretamente: pode a filosofia, depois de ter curado o próprio *lógos* das confusões e contradições em que se debate a linguagem ordinária, *significar* o mundo, representar de forma acabada sua *constituição*, a *ousía* dos *fatos* que o compõem? A reposta wittgensteiniana emerge desde as primeiras proposições: essa heroica «missão» (a *katábasis* para a Caverna depois de ter chegado à Luz!) mostra-se alcançável, mas sob a condição de que o mundo seja compreendido como totalidade de *relações*, e não como conjunto de simples e imediatas *coisas*. O espaço lógico pode corresponder ao mundo apenas na medida em que seu *lógos* se constitua como *lógica de relações*. Entre os nexos que constituem o espaço lógico, finalmente *definido* em sua rigorosa clareza, e o mundo como relação-de-relação (convocando todo o «percurso», de conexão de objetos a estados de coisas, de estados de coisas a fato, de fatos a mundo) se dá *isomorfismo*; entre proposição logicamente formada e fato subsistem propriedades estruturais comuns. Apenas na medida em que uma proposição é «logisch gegliedert», articulada logicamente, ela pode ser afirmada como *ein Bild*, uma autêntica figuração, de um estado de coisas (4.032). Compromisso lógico e ontológico devem se saldar por completo. Wittgenstein procedia exclusivamente com base na comunhão entre as imagens da realidade física construídas pelos modelos da ciência física e o funcionamento dos sistemas físicos reais? Ou seja, estamos «obrigados», para definir o isomorfismo entre proposição e fato, a recorrer à lógica das ciências da natureza? Se é assim, é evidente que a escada que será levantada ao final do caminho é a própria filosofia. O problema consiste em compreender se isso de fato assim se concluiu, com a feliz ou não, pouco importa, passagem do testemunho, ou, se em vez dela, por razões fundamentais, é impossível «sair».

A lógica como lógica de relações exige que seja *essencial* à coisa ser parte constitutiva de um *Sachverhalt* (2.011); a coisa é, sob esse aspecto, «prejudicada»: seu possível ocorrer (*vorkommen*) no estado de coisa é, por assim dizer, imanente nela (2.012); em outros termos: a coisa não pode subsistir por si só (2.0121) — e isso explica por que o mundo não pode ser concebido como soma de todas as coisas. O fato de que a coisa seja sempre mediada no estado de coisas é de todo análogo ao fato de que o significado de uma palavra seja definível apenas por meio da articulação e no contexto da frase completa. Fora da proposição, o *signo* da palavra singular não *significa*; fora de seu ocorrer no estado de coisas, a coisa não subsiste. Mas até que ponto? O que não se mostra possível é *conceber* um objeto «fora da possibilidade de sua conexão com outros»; o pensamento concebe o objeto sempre *prós ti*, em relação com o outro, em relação com aquilo que ele *não* é. Mas isso pode comportar a «liquidação» do objeto *kath'hautó*? A possibilidade de entrar em conexão deve ser pensada como constitutiva da coisa, mas a partir disso não parece lícito concluir com uma afirmação «existencial», isto é, de que a coisa *seja* relação. «A possibilidade de ocorrer em estados de coisa é *die Form* do objeto» (2.0141) — a *forma*, justamente, ou seja, o objeto como se apresenta no espaço lógico, o objeto subsumido àquela conexão que é o estado de coisas. A «possibilidade» de que se fala não admite outras articulações? O raciocínio de Wittgenstein é de fato assimilável àquele megárico sobre a redução do realmente possível ao realmente efetivo? É *necessário* que no espaço lógico a coisa se dê exclusivamente como constitutiva do estado de coisas — e, no entanto, nessa mesma *forma* de fato não falta a referência à coisa *em si*. A relação entre proposições e mundo não parece poder ser construída a não ser como relação entre fatos, cada um «complexo» em si, e nexos de objetos. Mas, para que esses nexos subsistam, a referência ao objeto, *Gegen-stand*, ao objeto a cada vez diante de si, *pressuposto* em todo juízo, continua a mostrar-se essencial.

Essa referência deixa um rastro profundo no *Tractatus*. A coisa (*Ding*, sempre pronunciada como equivalente a *Gegenstand*) é dita *selbständig* (2.0122), independente, autônoma, mas apenas no sentido de que ela pode entrar em todas as *possíveis* situações (*Sachlage*, usado também com frequência como sinônimo de *Sachverhalt*); essa forma de independência seria, por isso, bastante aparente, uma vez que vale apenas com o objetivo de consentir *qualquer conexão* (*Zusammenhang*). O possível do ser *kath'hautó* se volatiza na necessidade do nexo que, por vezes, irá determinar. E no espaço lógico *eu conheço* «todas as possibilidades de seu [do objeto] ocorrer em estados de coisas» (2.0123). Para ser no espaço lógico, toda coisa «é como em um espaço de possíveis estados de coisas» (2.013); em outros termos, de novo, a categoria absolutamente fundamental para predicar o ente se mostra a do *prós ti*; outra lógica *significante* não parece valer além daquela da relação. E, no entanto, não se insiste em afirmar, justamente com isso, que a coisa, em sua *simplicidade*, é o constitutivo último e ineliminável da própria relação? Não continuaria toda proposição, como predicação de estados de fatos (*não* de coisas!), a aparecer, a «expor--se», além de si, à coisa *kath'hautó*? «Der Gegestand ist einfach» (2.02) é declarado; o que significa, aqui acrescentada, essa afirmação? (Esta que, por sua vez, deve ser lida em conjunto com

2.01: «O estado de coisas é um nexo de objetos», como a proposição 2 deve ser lida junto com a 3: o fato é o subsistir de estados de coisas; o pensamento, *der Gedanke*, é a imagem lógica dos fatos; fato e pensamento se correspondem: o pensamento é apenas para exprimir o mundo como rede de relações, não o *Ding* singular, e o mundo é totalidade dos fatos, como *prágmata*, pensados, representados — também atuados?. A imagem em si é, por isso, um fato: 2.141.) Por que se impõe a necessidade de enfatizar o ser *einfach*, o ser claramente *uno* do objeto? Porque sem essa unidade o mundo não teria *substância*. É o *hypokeímenon* de toda relação que faltaria, caso faltasse o *simples*, o *incomposto* do objeto; o sentido (*Sinn*) de uma proposição dependeria, assim, do ser verdade de outra e assim até o infinito, enquanto não se encontrasse uma que é *Bild*, imagem-figuração do estado de coisas (isto é, do fato, e, portanto, em seus termos, do próprio mundo): 2.0211. Mas *Bild*, imagem, só o pode ser do *Sachverhalt*; por definição, a imagem é sempre imagem de um nexo, de um *Zusammenhang*. A coisa na imagem, tão logo é colocada como *parte fundamental* (*Bestandteil*) da figuração, cessa de ser a coisa em si, o objeto simples, para mostrar a coisa *dita* na proposição, *tò legómenon*. No entanto, é *o objeto simples*, indubitavelmente, que *se mostra*, e a proposição só pode indicar esse mostrar-se como própria substância ontológica.

As *propriedades* do objeto (o qual, o quanto, o onde de Aristóteles) são predicadas na proposição (2.0231); o objeto *acontece* sempre segundo tais propriedades, assim como em uma determinada relação com o outro. Mas o *objeto-substância* deve ser considerado independente (*selbständig*) da contingência de seu acontecer em estados de coisas (2.024). Enquanto as configurações em que ocorre são várias e inconstantes, ele é, pelo contrário, «das Feste, Bestehende», aquilo que, firme, sólido, subsiste em si (2.0271). Uma relação parecida se mostra logicamente passível de construção apenas desta forma: como as proposições são modelos de estados de coisas (e o mundo é seu conjunto *aparente*; não devem ser considerados *infinitos* estados de coisas possíveis, uma vez que desse modo faltaria toda possibilidade de figuração), assim também à substância simples corresponde o *nome*. O nome está para a proposição elementar (que exprime esse determinado *Sachverhalt*) como a substância está para o estado de coisas. (Vejam-se também as comparações em 2.144 entre nomes e *pontos*, proposições e *flechas*; apenas a *flecha* mira o sentido; mas o nome não tem nenhum sentido próprio? Não existem *nomes próprios*?) E, se a análise ou decomposição das estruturas da proposição é efetivamente operável, o mesmo vale para o *mundo*? Como pode se sustentar tal analogia? O nome é, por si mesmo, elemento da proposição que constrói a imagem como modelo da realidade; o nome vale integralmente em função da construção da forma da *Abbildung*, de modo que esta *atinja* a realidade (2.1511: «Das Bild ist *som it* der Wirklichkeit verknüpft; es reicht bis zu ihr»: isto é, a forma da figuração *adere* perfeitamente à realidade do estado de coisas; estas têm identidade formal). O nome também é sempre predicado. Mas a substância, então, como aqui Wittgenstein a compreende, *não é nome*. Pertencendo à *Abbildung*, o nome recai no domínio do variado e inconstante (assim é necessário argumentar para a 2.0271); a substância *não é*, pelo contrário, ligada àquilo que acontece. Podemos afirmar que o nome *indica* o absolutamente simples da substância-objeto, mas não que a *diz*, fazendo-a assim entrar no complexo da figuração. A substância não é redutível a *legómenon*. E, por isso, o *lógos* que liga-figura-imagina não pode exaurir em si o fundamento, o *hypokeímenon* dos estados de coisas e dos fatos que constituem o mundo. É possível exprimir logicamente apenas conexões. «Só a proposição tem sentido; só na conexão da proposição um nome tem significado» (3.3). O mundo, para nós, é a totalidade dos *prágmata*, isto é, das conexões entre estados de coisas *e* entre estados de coisas e suas imagens. No «discurso» da proposição, o nome pode aparecer como um *ponto*, e podemos pensar fazer corresponder a esse ponto o objeto simples (3.144; 3.203). Mas, na realidade, apenas repetiremos o nome. A substância é a substância, «aquilo» que subsiste independentemente daquilo que acontece. Mas o que acontece é o mundo. O objeto simples-independente (e não no sentido de ser predisposto a qualquer forma de conexão) está então fora do mundo? Não; ele é a substância imprescindível de toda afirmação, como seu necessário pressuposto. Mas está além dos limites da expressão, da figuração do mundo. Está *no* mundo como indizível.

O assunto «clássico», mediado pelo formalismo lógico, de uma predicação exauriente do essente, orienta, todavia, todo o *Tractatus*. O *Bild*-modelo apresenta, exibe, no espaço lógico o estado de coisas. Os elementos da imagem «são na imagem os representantes dos objetos» (2.131). Assim são todas as traduções canônicas da proposição: «Die Elemente des Bildes *vertreten* (grifo nosso) im Bild die Gegenstände».[1] Tradução que não dá o devido peso semântico ao verbo *vertreten*. A imagem não representa de modo algum o estado de coisas, mas *faz as vezes* dele, está em seu lugar, o substitui. Na *Abbildung* lógica o mundo parece finalmente fazer-se *representação*. Mas, temos de perguntar, como podem coincidir os termos *Vorstellung* e *Vertretung*? Apresentar, expor (*vor-stellen*) um estado de coisas implica a *diferença* entre as duas dimensões. *Vertreten* indica, pelo contrário, um avançar na ocupação de um lugar, substituindo efetivamente, com essa nova presença, qualquer outra já passada, presente ou futura. Na *Vorstellung* algo é apresentado na forma da proposição; na *Vertregung* a forma da proposição se coloca no lugar do estado de coisas. Assim, não basta dizer que entre o fato e o figurado,

---

1   Na tradução de José Arthur Giannotti: «Os elementos da figuração substituem nela os objetos». Cf. L. Wittgenstein, *Tractatus Logico-Philosophicus*. Trad. José Arthur Giannotti. São Paulo: Companhia Editora Nacional/Edusp, 1968, p. 59. [N. T.]

das Abgebildete, deve haver algo em comum (2.16); se o figurado é plenamente *Vertreter* do fato, entre os dois deve ser dado algo *idêntico*: «Im Bild und Abgebildetem muss etwas idetisch sein...»[2] (2.161). Mas como pode entrar a referência à *identidade* no contexto de uma teoria figurativa da linguagem? Por certo não no sentido puramente lógico da tautologia, mas naquele de comunhão formal entre propriedade do simbolismo lógico e realidade. Todavia, justamente esse limite impede de poder falar com propriedade de *Vertretung*. Voltam com toda força as aporias do *Crátilo*; a proposição poderia substituir (*vertreten*) o estado de coisas apenas se nome e coisa fossem idênticos, uma vez que então todo «ponto» da frase coincidiria com a substância do fato. Mas se *Bild* só pode valer como apresentação-representação, em qualquer forma que se a compreenda, de um estado de coisas, então torna impossível que desse estado se possa, nos limites do *Bild*, nomear a substância, ao menos na medida em que esta seja rigorosamente concebida como *das Feste, Bestehende*. Se, pelo contrário, também a substância é um fato, a imagem lógica deverá «calar-se» no mundo do variável e inconstante, da temporalidade vivida; se o *lógos* tem sentido quando é *Abbildung* de fatos, a ponto de chegar a fazer as vezes dele, então deverá ser isomorfo aos fatos também do ponto de vista de sua essência histórico-temporal (a objeção fenomenológica ao *Tractatus* mostra-se de todo pertinente; mas é em sua perspectiva que se moveu, depois do grande «clássico» de 1918, o próprio Wittgenstein).

«A imagem lógica pode figurar o mundo» (2.19); o verbo é *können*. A imagem lógica é *potente*. Isso significa que a *substância* resulta plenamente subsumível na configuração por meio da qual todo objeto não é *nada mais* do que elemento de todo o complexo? O *Bild* é imagem do estado de coisas, das relações que o constituem. É imagem *de relações*, ou também

---

2   Cf. ibid., p. 60: «Deve haver algo idêntico na figuração e no afigurado a fim de que um possa ser a figuração do outro». [N. T.]

da substância *kath'hautó*? Certamente, apenas de relações, pois a imagem tem em comum com o figurado a pura *forma* lógica. Mas isso significa, para Wittgenstein, que a substância, assim que pensada, de pronto é tolhida? «Simplicidade» e «independência» do objeto, como *Gegenstand*, apenas indicam um abstrato pressuposto, que não age na construção efetiva da imagem lógica? A pergunta também poderia ser assim, e em geral, formulada: o *pressupor* é *verbum agentis* no contexto do *Tractatus* ou é necessário, pelo contrário, sustentar que o objeto como substância não indica *nada mais* do que uma condição originária do pensar, sobre a qual é insensato interrogar-se além? A verdade da imagem não está na própria imagem, «uma imagem verdadeira a priori não se dá» (2.225). Temos de «confrontá-la» com a realidade para estabelecer isso (2.223); mas, assim como *vertreten* não é redutível a *vorstellen*, assim também *vergleichen* é algo mais forte do que confrontar; *gleich* é o mesmo, o igual: à imagem, como se viu, é demandado aderir completamente à configuração do estado de coisas. O pressuposto da substância estabelece o limite no interior do qual compreender o sentido da imagem e de sua «confrontabilidade» com o figurado. Apenas depois de ter estabelecido esse limite será possível compreender o *poder* efetivo de uma linguagem sígnica «que obedeça à gramática *lógica* — à sintaxe lógica» (3.325). Essa linguagem pode descrever (*beschreiben*) situações ou estados de coisas e não denominar (*benennen*). Falta o *nome* para dizer a coisa, o objeto-di-ante, como *substância*; há o nome que designa o elemento da proposição, o elemento que existe apenas *prós ti*, o nome que tem significado apenas na conexão da proposição (3.3). Mas o *significado* real nunca se dá no interior e nos limites da sintaxe lógica; seu *significado* resulta apenas do subsistir ou não subsistir do estado de coisas. E desse estado o objeto-substância constitui o fundamento fixo, o invariável, o *hypokeímenon*. Uma vez que essa referência última seja retirada, a sintaxe lógica inevitavelmente avançará a pretensão de exprimir, por si, proposições que enunciam fatos, de *denominar*. A possibilidade do figurado, não o figurado, está contida na proposição, a possibilidade de exprimi-lo (3.13). Todavia, essa possibilidade deve mostrar-se real. O ser-aí do figurado é, por isso, pressuposto. «Só» que não posso *exprimi-lo* (*aussprechen*), mas exclusivamente sobre ele discorrer, falar sobre ele de algum modo (*sprechen*): «Aos objetos posso apenas *dar um nome* (*nennen*). Representam-nos os signos [*vertreten*: signos estão em seu lugar]. Sobre eles posso apenas falar (*sprechen*), mas não os posso *exprimir* (*aussprechen*). Uma proposição pode dizer apenas *como* uma coisa é, não *que coisa* ela é» (3.221). Qual valor tem esse «sprechen»? Ele indica como *na linguagem*, na linguagem *comum*, o que «nutre» também todo possível equívoco e desentendimento, *diz-se* de algum modo aquilo que não pode ser definido e nem mesmo logicamente descrito. E «aquilo» que assim se mostra e *sprechbar* não são vagas intuições, não se atêm a uma dimensão confusamente psicológica, mas à *coisa mesma*, ao objeto-substância, que toda expressão (*aussprechen*) ou proposição são obrigadas a pressupor.

O *sprechen* de 3.221 se esclarece como questão fundamental ao se definir, no final, como um *zeigen*, um *mostrar*. É exatamente a questão fundamental que coloca a diferença *metafísica* entre Wittgenstein e Russell (veja-se a carta já citada de 19 de agosto de 1919). A proposição não se limita a exprimir, *mas também mostra*. Atenção: é a proposição que *também mostra*. Não se transcende dela em direção a alguma linguagem especial, «escondida» naquela comum. O *mostrar* se dá na expressão como aquilo que nesta é inexprimível. O mostrar-se «fala» na proposição, é a forma como o inexprimível «fala». O que *mostra* a proposição, sem poder determinar expressamente? Seu próprio sentido (4.022); ela mostra a forma lógica da realidade, «es weist sie auf» (4.121), exibe-a, coloca-a diante de nós, mas justamente na acepção do indicar, do fazer signo (o nome em si é um signo). Mas não poderia exprimi-la senão colocando-se além de seus limites, que são os da *relação* de figuração entre a linguagem e o mundo (entre a ordem lógica da nossa linguagem comum, uma vez que finalmente esclarecida, e a «lógica» da realidade, o «milagre» da simplicidade de suas leis — que, se tais não fossem, jamais poderíamos chegar a definir). A forma lógica é a condição de significância de uma linguagem, mas, por sua vez, não pode ser representada; deveremos inventar uma meta-lógica para fazer isso. «O que *pode* ser mostrado, não *pode* ser dito» (4.1212). Quando todo o simbolismo lógico estiver *pronto*, então ficará *claro* o que *se mostra*, o que na lógica não podemos *exprimir*. Não podemos dizer a substância do mundo; não podemos dizer o que ele é e o que contém, dele excluindo certas possibilidades (5.61). Não podemos dizer — e isso é o essencial — «aquilo» que com a realidade a proposição deve ter em comum para poder desenvolver não só a função de *Vertretung*, mas também a de simples *Darstellung*, de descrição-representação. É o *Xynón*, o Comum, que se mostra como o inexprimível, ou a *verdade*, justamente no sentido no qual o termo comparece continuamente no *Tractatus* (a proposição é verdadeira se subsiste o estado de coisas, falsa se ele não subsiste): fundamento do verdadeiro, com efeito, é o *acordo*, mas o acordo nunca se *toca*, uma vez que não sabemos *como* ele é possível, ignoramos sua *arché*. Sabemos que ele dá vida a construções que funcionam (como as leis naturais da moderna física, que *iludem* como se valessem como explicações dos fenômenos: 6.371); jamais, no entanto, seria possível ser figurado o acordo entre a lógica e o que está fora do espaço lógico, e que é *todo acidente* («alles Zufall», 6.3). E todo acidente é o próprio mundo em seu aparecer para nós: «alles, was der Fall ist» (1). O acordo se mostra como o inexprimível. Não podemos dizer por que sujeito e objeto se correspondem, mas apenas definir seu *como*.

Falta o nome para a substância última, que não é mero signo; falta o nome também para o sujeito que sobre ela se interroga. «Ganz verschleiert ist hier das Wesen des Subjekts»

(*Cadernos*, 2 de agosto de 1916), um véu que não se pode remover recobre a essência do sujeito. O Eu não é objeto; todo objeto é *Gegen-stand* para o Eu, exceto o Eu em si. Mas, então, o próprio Eu que conhece o mundo não está no mundo? Um sujeito *meta--físico* — onde vê-lo no mundo? Se descrevesse o mundo «como eu o encontrei» (*Wie ich es sehe* se intitulava uma coletânea de Altenberg), justamente do sujeito não poderei falar (5.631), uma vez que a ele não corresponderia nenhum fato. Afirmando que o sujeito não pertence ao mundo (como o vejo), mas é um limite do mundo, respondi ao problema (5.632)? Não, uma vez que o limite pertence à forma da qual é limite, de outro modo esta nem mesmo teria uma forma. Posso representar meu ser-sujeito como um fato; o que não posso representar é, de novo, a *arché* do acordo que por vezes se estabelece entre a forma lógica da minha linguagem e a realidade, e, consequentemente, nem mesmo o fundamento que me constitui como aquele *sujeito* capaz de manifestar esse acordo por meio de proposições declarativas. «Das Ich, das Ich ist das tief Geheimnisvolle!» (*Cadernos*, 5 de agosto de 1916), o Eu é o *mistério profundo*!

O Eu é o mistério profundo que *se mostra*, na qualidade de irredutível ao estado de fato. Nenhum modo sem aquele limite que lhe pertence-sem lhe pertencer, que é o mundo sem reduzir-se a um de seus casos. O sujeito não pode ser aprisionado no mundo que vê. Mas o mesmo vale para seu *lógos*. Se tudo se reduzisse à correspondência entre verdade da forma lógica (as regras dos signos) e a ordem lógica imanente em toda linguagem e no mundo, linguagem e pensamento se apertariam em um eterno *simplex sigillum veri*. (Além do *Tractatus*, Wittgenstein mesmo explicará depois como *pensa* a própria linguagem, como esta pode pensar além da própria ordem lógica interior.) O inefável *abre* esse sistema. Quanto mais rigorosamente a forma lógica lhe dita os limites, tanto mais *nela* se mostra aquilo que *para ela* é indizível. A forma lógica não é a Realidade! O ato do *zeigen* tem a mesma característica daquele antigo do *semaínein* (*anweisen*): é a mesma figuração que enquanto diz também *in-dica*: «aquilo» que o fato era, «*tò tí ên eînai*», a substância da coisa que toda relação pressupõe sem poder dizê-la: «aquilo» que torna possível a harmonia entre *lógos* e Physis, entre a forma lógica de nossa linguagem e a realidade; «aquilo» a partir de que o Eu traz seu *poder* de ser limite do mundo. O ato do *zeigen* não tem nada a ver com o «sentido do mundo», como se se tratasse de compensar-lhe a ausência ou de com isso se consolar. Ele é imanente ao mundo e à relação possível entre *lógos* e mundo. *Aqui* se dá o inexprimível. «Deus não se revela *no* mundo» (6.432: o trecho mais amargo do *Tractatus*, disse Ingeborg Bachmann!), Deus não se manifesta no mundo figurável no espaço lógico, resolvendo para este o problema do sentido; mas *no* mundo, no espaço lógico, *dá-se*, *mostra-se* o indizível. Não é um enigma nem uma pergunta à qual não se dê resposta e que, portanto, nem mesmo seria formulável como pergunta (6.5). É tudo *simples e claro*: *que* o mundo é — e que a forma lógica pode dizê-lo apenas nos limites da própria linguagem. Mas tomá-lo (*das Gefühl*) como um Todo-limitado, sentir (*pathos*!) a totalidade, o todo daquele mundo, *Gesamtheit der Tatsachen*, como *begrenztes*, como um algo limitado, não é apenas possível, é necessário, *acontece necessariamente*, assim como acontece inevitavelmente de sentir que nossos problemas vitais ainda não seriam tocados nem mesmo quando todas as *possíveis* perguntas científicas tivessem encontrado resposta (6.52). Místico é aquilo a respeito do qual é preciso se calar nos limites da figuração lógica, aquilo que nesta *se mostra*, sem se desvelar. Impossível não *in-dicá-lo*, assim como é impossível *dizê-lo* no sentido do *aussprechen*. Mas é justamente dizendo que o *lógos também indica*. Essa duplicidade do *lógos* é o «profundo mistério», que se faz um com o do Eu (pertencente-a e limite--do mundo). Caso se quisesse dizer, ou mesmo des-*crever*, *que* o mundo é, *o que* é sua substância, *o que* torna possível a relação sujeito-objeto, exprimir-se-ia apenas a incapacidade de compreender o Místico, o *mýein* que pertence ao próprio exercício do *pensar*, o calar que habita sua palavra, dado que esta é viva, livre, isto é, que não é prisioneira da própria determinação denotativa exclusivamente de fatos, mas, ao permanecer nela, sabe *operar* como a energia que de forma incessante a interroga e a transcende.

Esse percurso torna inevitável *repensar* radicalmente a coisa-substância segundo as formas «clássicas» do «*tò tí ên eînai*», do *prâgma toûto* platônico, da *singularitas* ou *haecceitas*. Justamente o dever de nada dizer senão aquilo que pode ser dito como imagem lógica da realidade *esclarece* a dimensão do Místico. E se esclarece também como o indizível, mostrando a si, é indicável — isto é, esclarece-se o nexo entre *légein* e *semaínein*, e, por meio deste, a arcaica relação entre *lógos* e *mŷthos*. Tudo o que é pensável, e podemos pensar também aquilo que não podemos dizer (nenhum limite é traçável ao pensar). Se sobre aquilo que é apenas pensável o dizer se cala, todavia é em seu próprio discorrer que dele se faz sempre signo, que é seu índice e rastro. E no corpo da palavra este se re-*vela*.

7.1. Do claro mistério. É essencial compreender, *contra* todo reducionismo neopositivista, que a filosofia, para Wittgenstein, não se limita a traçar os confins do pensável (aliás, podemos encontrar também certa contradição entre a afirmação da 4.114 e o que é afirmado no *Prefácio*), nem aqueles do cientificamente disputável do ponto de vista das ciências naturais. «Ela significará o indizível, representando claramente o dizível» (4.115). E, note-se, de uma *Darstellung* aqui se trata, não de *vertreten*! Nem *bedeuten* pode aqui assumir o valor semântico próprio das proposições que figuram estados de coisas. Não parece possível «traduzi-lo» a não ser como equivalente a *semaínein*, a um *fazer signo*. Traçar um confim implica *logicamente*, com efeito, como se viu, indicar «aquilo» que não pertence ao domínio do circunscrito-figurado. Aquilo que conta é a segunda parte da proposição: a filosofia *faz signo* para o indizível *no exato momento em que representa com clareza o dizível*, «indem sie das Sagbare klar darstellt» (4.115). A filosofia, como *atividade* eminentemente *esclarecedora* de proposições (4.112), mas, ainda mais, de «superstições» presentes nas próprias ciências naturais, como a crença no nexo causal (5.1361; 6.371), é, por isso, chamada também para esclarecer o sentido daquele *bedeuten*, irredutível à delimitação do *Erläuterung* (4.112), da explicação-ilustração da relação lógica entre proposição e mundo. A finitude da proposição se exibe sobre o abismo «*que-o-mundo-é*», como a ilha do intelecto kantiana no oceano das ideias apenas pensáveis. Nenhum «salto» kierkegaardiano nisso. Pense-se naquele limite do *meu* mundo que é o Eu; agora, o campo visual não tem limite, é por si só sem fim. Nem mesmo poderei afirmar que ele tem como confim meu olho que observa — onde, com efeito, posso encontrar o olho *no* campo visual (5.6331)? No *presente* da operação mais elementar *mostra-se* o Infinito indizível. Aqui-e-agora ele se mostra, assim como a necessidade da forma lógica *existe* na estrutura da linguagem comum. Assim como o eterno não é eterna duração no tempo, nem uma dimensão abstratamente outra da temporalidade, mas *vida presente* — vida *persuadida*, *en-ergés* em seu presente, teria dito naqueles mesmos anos Michelstaedter —, vida que não se deixa «dis-trair» nem do assim-foi nem do desejo de sempre alongar-se no futuro.

Mas qual é o sentido profundo dessa operação que realiza a lógica como imagem especular do mundo? O que significa colocar ordem em nossas proposições, até chocar a cabeça contra aquela consciência: que a resposta aos problemas da vida não se encontra nem mesmo quando não resta mais nenhuma pergunta? Significa apenas que declarei como o *lógos* pode se construir em formas efetivamente predicativas? Como o *lógos* pode representar a coisa e não tem, de outro modo, nenhum significado? Quando acredito ter respondido de maneira finalmente *lógica* o problema formulado de uma vez por todas no *Sofista* (quem diz algo diz necessariamente uma coisa, e quem não diz algo, *tí*, é necessarissimo que não diga absolutamente nada: 237 e), exauri a «missão» da filosofia? A *Doutrina do método* kantiana já nos indicou o que avança. O próprio percurso, sabendo-se apreender, também se mostra em Wittgenstein: junto com dizer o que *podemos* saber, impõe-se o problema transcendental do *valor* (o que *devemos* fazer), não formulável em proposições (6.41), e o *enigma* daquilo em que não podemos cessar de pensar (a morte — que não é evento-acidente da vida, que continuamente tem-se à frente sem poder nela conhecer, como não vê o olho que vê). Também para Wittgenstein *há* o enigma, basta confrontar a 6.5 com a 6.4312; não pode haver enigma no âmbito das proposições que dizem respeito ao *como* o mundo é, independente da minha vontade, mas essas proposições não resolvem os problemas da vida (enigmática em si, em seu *presente*), e estes atêm-se à relação pressuposta, «arcaica», entre *«que* o mundo é» e o indizível. É claro que para Kant a análise transcendental dos domínios da ética e do «esperável» resulta necessária para a própria forma do sistema — mas, talvez, pelo contrário, em Wittgenstein esta é uma espécie de apêndice supérfluo (a ser atribuído, quando muito, ao caso dos seus natais no apocalipse vienense)? As últimas proposições do *Tractatus* (que projetam seu sentido e sua sombra sobre todo o «labirinto» da obra) valem *sistematicamente*, como razão prática e crítica do juízo em Kant. Não é possível dar-se *clareza*, a proposição não pode assumir evidência racional, enquanto não compreendo: é preciso dizer (*allerdings*) que há, dá-se o inexprimível. Mas é, mais uma vez, a posição de um pensamento do absolutamente Outro, ou apenas a definição do limite do predicável? Não; esta última obra de esclarecimento diz respeito ao *sujeito* de toda forma lógica, de toda imagem, o *quem* da linguagem e dos próprios equívocos, cuja possibilidade está contida a priori na linguagem. Todas as proposições são sua expressão, expressão do

Eu, *das tief Geheimnisvolle*. Ele compenetra o mundo, constitui seu segredo e sua *alma*. No fundo do *lógos* encontra *psyché*. E seria impossível o *lógos* figurar a realidade (até o ponto, para Wittgenstein, de ser capaz de «fazer as vezes dela», de ser seu *Vertreter*) se a psique não pudesse fazer-se «espelho» perfeitamente reflexivo, voltando-se puramente para o exercício-*áskesis*, ao qual parece ser destinada: garantir o acesso ao ente, à totalidade dos entes, ou ao mundo como totalidade dos fatos.

O cuidado da alma é pressuposto e conclusão do *Tractatus*. Ter cuidado com ela significa tentar se conhecer: construir proposições no limite do intelecto *e* pensar que no *suplicar* se exprime («Das Gebet ist der Gedanke an den Sinn des Lebens», *Cadernos*, 11 de junho de 1916). Esquecer *das tief Geheimnisvolle* não constituía essência do «lógico», mas do *ilógico*, uma vez que abstrai as operações do *lógos* de seu *sujeito* e faz delas *idola*, «leis da natureza», e não ilustrações-explicações do «mundo como o encontrei».

O *Tractatus* vale, por isso, também como *Ethica*. A validade da forma lógica, e a construção, por meio dela, de imagens capazes de figurar o mundo, empenha o sujeito em sua totalidade. O percurso do *Tractatus* (da filosofia, para Wittgenstein) indica um comportamento, uma *Haltung* completa, uma direção da alma. Inconcebível *fazer* clareza se o órgão de acesso ao ente não é «puro», não se *decidiu* pela própria missão esclarecedora e não *está* «contente» nela. Mas as razões dessa decisão são, portanto, inexprimíveis. O início que libera a mente e a volta para si mesma e para o essente (por meio de si mesma e por sua própria natureza a alma tende à consciência-*épistéme* da *ousía*: *Teeteto*, 185 e 1-186 a 4) nos pertence sem nos pertencer, manifesta-se em toda decisão como aquilo que não nos cabe decidir. Para valer como real acesso ao ente, a alma deve liberar-se da *aísthesis*, da aparente imediatidade da linguagem com a qual acreditamos predicá-lo. Não do corpo! Originária é a *symploké* psique-*phýsis*. A autêntica *lýsis*, a dissolução, acontece a partir da fé ingênua numa relação ontológica entre nome e coisa. A mente, que é *da* psique, e participa de toda a vida desta última, chega a conhecer apenas construindo uma linguagem que seja efetivamente representativa, *pròs tà prágmata*, tanto em si ausente de todo relativismo quanto integralmente voltada para as coisas-*fatos*. A «fuga» não é, de fato, do mundo, mas de como a *dóxa* o compreende; é «fuga» da sua imagem «estética», para encontrá-lo segundo a *ousía*. De maneira ainda mais própria: é ir além da opinião, não para eliminá-la, mas para demonstrar suas possibilidades *lógicas*, a armadura lógica que nela ao mesmo tempo se revela e se esconde, e fazê-la, finalmente, valer como fundamento de nossa figuração do mundo. Mas, ao mesmo tempo, e justamente para chegar à clareza que por si exige, tal linguagem faz signo para a irrepresentabilidade da *substância* da coisa e de seu próprio *sujeito*, ou melhor: à irrepresentabilidade da razão ou do Logos último por meio do qual realidade e mente podem concordar entre si.

É inevitável que similar instância apareça, como Sócrates, *atopótatos* (*Teeteto*, 149 a 9). Mas é a *coisa mesma* que é extraordinária e desorientadora: que se dê *na* Physis *quem* dela se destaca para poder vê-la segundo sua essência. Que a interrogação e o interrogar-se sejam *da* Physis, isso é o *thaûma*. Um órgão *da* Physis realiza esse «tremendo» exercício, é capaz de uma tal *áskesis*: a alma. Com ela ter cuidado é, por isso, o pressuposto de toda operação filosófico-científica. Mas ter cuidado com ela comporta, ao mesmo tempo, cuidar dela *das Geheimnisvolle*, não como um morto possuído, um imóvel assim-foi, mas aquilo de que a linguagem é signo na e além de sua figuração, con-*sciência* que acompanha o saber ou a ciência em toda sua imagem do mundo. É essa a alma que o *corpo da linguagem* continuamente recria, a alma que impede a linguagem de reificar--se porque sempre a faz voltar ao *prâgma* último que nos limites da linguagem não pode ser determinado, ao *prâgma*, singularidade do essente, ao qual corresponde nossa *Sache* mais própria, nossa «tarefa» ou problema, cuja aporia está constantemente por *diaporeîn*, por ainda se desenvolver: que o essente é, e que, ao mesmo tempo, o Inefável *se dá*.

As palavras que Zaratustra dirige a sua alma (*Da grande nostalgia*) são verdadeiramente tão dissonantes do elogio que a ela dirige Platão? A tempestade do espírito, *pneûma*, põe para fora do espelho de *psyché* todas as nuvens, as penumbras, as poeiras; libera-a de toda reverência ou obediência, tão logo ela possa assumir o nome de necessidade e destino, possa voltar-se novamente para o necessário («Wende aller Noth»), e convencer-se de modo que convença para si os próprios princípios de suas razões, «como o sol convence de sua altura o próprio mar». A liberdade da alma anseia por coincidir com o necessário. Mas é livre justamente porque jamais pode com ele coincidir totalmente, nunca seu nome é a coisa, nunca sua linguagem exaure em si «aquilo» que só se mostra. E essa con-*sciência* torna nela inevitável o tom melancólico, fundamental no discurso humanístico sobre a *psyché*, e ainda evidente seja em Nietzsche seja em Wittgenstein. Quando a alma tiver chegado «a não ter senhor», a ser tão «serena» a ponto de poder refletir tudo, a fazer-se quase uma só com a própria luz, *boa* e como esta transbordante (*Übergute*), resta que ela não é a Luz, nem sabe de onde, na Luz, a ela chega o poder de exprimir-se por meio de um *lógos* que diz a *ousía* do essente. Quando a alma tiver conseguido beber «todos os fortes vinhos da sabedoria», resta o *thaûma* que o ente é, e que nenhum discurso pode em si, em seus limites, resolver. Um *thaûma* que abre, mas que abre ferindo (não é um jogo de palavras a correspondência de *Wunder* e *Wunde*). O dizer do *légein-ti* não é forte o bastante para dizer a *simplicidade* última que no *thaûma* se mostra. Mas, todavia, de novo, indica-a. E indicando-a mostra a generosidade sobre--humanamente boa, o *Übergute* da linguagem, bondade que é traída por quem pretende reduzi-la à única dimensão representativo-figurativa. A grande nostalgia da alma faz, então, signo de si refletindo sobre o próprio *dever* e sobre o próprio *esperar*. Ou ainda, seguindo o convite de Zaratustra, abrindo-se ao *cantar:* «Canta para mim, canta, alma minha! E deixa que eu te agradeça!». Fazer clareza na linguagem significa esclarecer a *symploké* irresolvível de todos esses «metros» com base nos quais a alma indica e diz.

7.2. *Dýnamis.* A alma pode com clareza fazer signo para o inexprimível, uma vez que é *aletheúein* em sua essência. Ela tem o caráter do extrair-para-fora e do colocar-se-diante. Aletheia é verdadeiramente seu *daímon*, a deusa diante da qual sempre se encontra e a partir da qual sempre é julgada. Como nenhuma sensação se dá de modo tão elementar a ponto de não produzir um pensamento em torno de si mesma, assim também se dá com o *thaûma* que imediatamente golpeia, imediatamente aparece também um *pathos* para a própria verdade. Eliminá-lo da busca da verdade é impossível: equivaleria a eliminar o corpo da linguagem, o signo, o índice, o *grámma* do significar, o *semaínein* do *légein-ti*, reduzir a fábula aos *mýthos*. No limite do predicável (uma vez compreendido que esse limite não representa um rígido e militar confim) a filosofia se abre a essa perspectiva, e ao percorrê-la Wittgenstein entrelaça novamente sua «amizade estelar» com o *atopótatos* Nietzsche.

Mas é, de novo, da interrogação do *Sofista* que será preciso partir, uma vez que é aqui que, como muitos insistem em acreditar, o destino giraria do *lógos* à «lógica», e justamente a esse giro, como vimos, parece corresponder *resolutamente* o programa do *Tractatus*. (Talvez essa obra capital tenha nascido da vontade efetiva de a isso corresponder, mas sua extraordinária importância consiste justamente no *esclarecer*, por fim, como a *resolução* do problema não pode acontecer.) À ideia de clareza que permeia o texto wittgensteiniano é possível fazer corresponder, *na origem*, a de *kátharsis* do diálogo platônico. A filosofia como «purificação» da linguagem, ou da expressão do pensamento, no pressuposto de que o *lógos* seja apenas manifestação do «diálogo sem voz» que se desenrola no interior da *psyché* (*Sofista,* 263 e 3-5), pressuposto que estará, primeiro, no centro da «desconstrução» nietzschiana e, depois, do próprio Wittgenstein posterior ao *Tractatus* — essa ideia de filosofia marca não o caráter de uma disciplina específica, mas da civilização europeia até a grande crise novecentista.

Essa obra catártica, que assume, como indica o termo, um valor, mais que ético-médico, quase religioso, desenvolve-se por meio de um trabalho de distinção *crítica* e de refutação, *élenchos* (*Sofista,* 230 d 1). É catarse lógico-dialética em explícita e consciente oposição àquela trágica. A catarse trágica representa para Platão o caráter irresolvível das contradições ou a confusão dos gêneros. A filosófica, pelo contrário, por meio da discussão-interrogação-refutação, é chamada para esclarecer sobre as diferenças específicas (*diákrisis*) entre as formas e entre os gêneros, estabelecendo para eles, então, as relações. A filosofia deverá dar forma a esse desenvolvimento em sua totalidade; seu *lógos* não para neste ou naquele momento, mas é expressão do todo. *Recolhendo*, por fim, os resultados do trabalho desenvolvido na totalidade, sem nele suprimir nenhum momento, ele valerá como *symploké*, cruzamento recíproco entre as formas (259 e 4) — e só então será possível colocar fim à *stásis*, à «guerra civil» que é o mal da alma (228 b 8). Isso significa que o exercício da filosofia deverá se limitar à «catarse» da armadura lógica do discurso? Impossível, uma vez que a pergunta que move o *lógos* permanece aquela: o que é o ente, *tò ón*, e como dizê-lo-determiná-lo, isto é, o que o constitui como a presença, *ousía*, que é. Essa ideia de filosofia que coloca em comum polos tão distantes como Platão e Wittgenstein exige o confronto entre lógica e ontologia. Trata-se, assim, de purificar o discurso que manifesta a *diánoia* para concluir que este pode finalmente, por sua vez, manifestar com clareza *tò ón*. Como definir (*horízein,* 247 e 3) o essente como essente? Toda as logomaquias precedentes, diz Platão, autênticas guerras entre gigantes, conduzidas entre homens veneráveis e tremendos, tinham este objeto de litígio: *perì tês ousías*. Mas a forma de suas proposições era falha em rigor lógico. Assim soa a crítica platônica, e ela se voltou seja para os «materialistas» seja para os sofistas. Mas sobretudo ela vale também para o mais tremendo de todos, Parmênides.

O grande tema do «parricídio» é compreendido nesse contexto. Não se trata, como de outro modo poderia parecer, de uma questão de ordem puramente dialética. É a necessidade de refutar «o sofista», uma vez que sua posição não permite *horízein*, definir o essente, o que obriga a ousar, de modo temerário, o caminho do «conflito» com o pai! *O que fazer* — e Platão usa exatamente o verbo trágico por excelência, *drân* (241 b 5) — para «capturar» o sofista, isto é, para demonstrar que o que ele diz são *phantásmata* (236 c 3), algo que tem a aparência de ser, mas, na realidade, não é? Se o sofista escapa da captura, é evidente que já não poderemos dizer com certeza «*o que é*», porque deveremos admitir que são também aquelas meras aparências, não *eikónes*, não verdadeiras figurações (*Bilder!*) da realidade, que sua *téchne* de ilusionista produz. Mas essas ainda *são*. Então, são as coisas que não são? Impossível; todo discurso gira em torno, ao menos, de um *ti*, de um algo; quem não diz algo é necessário que não diga, de fato, nada. *Tò mè òn autò kath'hautó*, o próprio não-essente em si e por si permanece impensável e indizível (*árrheton*); ele não consente nem expressão nem *lógos* (238 c 9-11). Como refutar o sofista sem cair em contradição? Uma vez que, se o discurso do sofista de fato não diz nada, dele será assim insensato falar. Ou resultará possível «adaptar» (*prosáptein*) de algum modo *tò ón*, a determinação do ente, *tôi mè ónti*, ao «que não é» (241 b 1-3), ou o sofista poderá sempre rebater nossa crítica mostrando o íntimo infundamento desta. A força do *élenkos* se converterá a seu favor.

A argumentação se desenvolve em duas linhas cruzadas: a primeira leva a concluir que se dá a forma, *eidos*, pela qual é possível predicar o «*que não é*» (258 d 6), e que essa forma (que é princípio de todo *lógos* que diz respeito ao ente) é a do *heterótes*, da diversidade, pela qual o «não é» outro é apenas o ser-diverso recíproco de todos os entes entre si (definem o ente dizendo, a um só tempo, o que ele não-é, isto é, como não é outro de si); a segunda linha, submetendo implicitamente a equivalência entre «falso» e «o que não é» a crítica, chega a considerar o discurso falso, que por certo é (e, portanto, *é* também o sofístico), como um dizer as coisas que são *como não são*. O discurso falso não diz respeito ao «não é» de forma absoluta, mas considera *tò ón* como ele não está. Verdadeiro e falso sempre dizem respeito ao essente, mas o segundo, uma vez que não dispõe de formas-*eíde* adequadas, não o figura como verdadeiramente é. É claro que o primeiro discurso poderia ser compreendido como puramente lógico, enquanto o segundo pode decidir-se apenas em sua referência à realidade, por sua coerência com a forma real dos *ónta*. Os *phantásmata* do sofista *são*, assim, diria Wittgenstein, imagens inadequadas do mundo, não são expressões coerentes dos *fatos*, já que o sofista não dispõe de um modelo lógico coerente, nem compreende como os entes estão reciprocamente em relação por meio da participação comum aos gêneros (dos quais, entre os «maiores», ao mesmo tempo a implicação e a diferença, é colocado o próprio «ser»). É a *tôn eidôn symploké* (259 e 5-6) a fazer do *lógos* o «representante» da realidade, das relações e dos nexos que a constituem. Dessa *symploké* lógico-ontológica faz parte a relação que liga (e que nenhuma *lýsis* pode dissolver) identidade e diversidade; todo ente participa de ambas as formas, mesmo permanecendo si mesmo (256 a 10-b 4). Verdade é dizer *como* o essente é, falso é dizer o essente *como* não-é; o sofista com muitas cabeças (240 c 4) é refutado assim que vem demonstrar como *aquilo* que diz não diz o *prâgma* do mesmo modo como ele subsiste em si e em suas relações com o outro de si. O falso não consiste em dizer que é simplesmente aquilo-que-não-é (uma proposição insensata é que desse modo seria definida), mas errar em torno da constituição da *ousía* do ente. E esse erro não pode emergir e ser definitivamente esclarecido enquanto o *lógos* não é colocado em confronto com *tò ón*, mensurado com base em sua capacidade de determinar a *ousía*.

É aqui que recai o tom do *Sofista*. A *diákrisis* deve ser conduzida a partir do *ón*: antes de tudo, é preciso procurar o que se compreende por *tò ón*, interrogar os mestres que sobre ele falaram para que nos esclareçam o que pretendem significar quando pronunciam *ón* (244 a 5-6). A perspectiva mostra-se logicamente análoga àquela pela qual se chega a afirmar a necessidade de compreender o não-é, no contexto da *tôn eidôn symploké*, como *heterótes*, diversidade. Podemos identificar *tò ón* e *hén*, uno? Um monismo rigoroso, que afirma *hèn tò pân*, que tudo é uno, ou exprime a mesma coisa com dois nomes ou exprime duas coisas distintas. Se *hén* e *pân* são o mesmo, ou, caso se acabe por apagar o *pân* e, por consequência, a referência aos *ónta*, ou ainda, caso se elimine o *hén*, não será possível fazer o *ón* participar da unidade. Mas se, pelo contrário, tivéssemos de compreender *hén* e *pân* como formadores do *hólon*, do todo? Não é à ideia de todo, mais do que à de um abstrato *Hén*, que se referia o próprio Parmênides (diferentemente de seu grande discípulo Melisso)? Todo ente é uno inteiramente em si e a totalidade dos entes forma o Uno; todo ente participa do Ser e do Uno. Essas ideias têm realidade além daquilo-que-é e de seu próprio ser-uno? Têm realidade lógica, certamente, mas, de novo, esta tem significado, *significa*, apenas se resulta integralmente voltada para definir *tà ónta*. Sem *symploké* entre *ón* e *hén* escapa a constituição real do essente. Se se cumpre a *lýsis* (contrária ao próprio sentido de *lógos*, absolutamente estranha à filosofia e às Musas, 259 e 2) entre o todo, como composto de partes, e o ente, porque participa do uno, o todo mostrará não ser, e assim também o próprio ente, na qualidade de gerado sempre como um todo, não se poderá dizer «que é» (244 b 6-245 d 6). É apenas o cruzamento, a dialética das ideias, sua *koinonía* a «salvar» o *lógos*, fazendo-o concordar com a realidade e manifestando-o assim como *alethés*. Nesse ponto do discurso, Platão coloca sua palavra sobre a constituição do ente, ao qual a alma dá acesso e que o *lógos* pode exprimir, depois que *lógos* e alma tenham sido «purificados».

A operação é realizada, antes de tudo, por meio da crítica e da refutação das posições precedentes. A grande disputa é sintetizada (e muito esotericamente simplificada) como aquela entre «idealistas», de um lado, e aqueles que afirmam ser *ousía* do *ón* «o que opõe resistência ao contato», ou identificam *ousía* e *sôma*, corpo, de outro (246 a 10 ss.). Mas podem estes últimos sustentar que há corpos não animados? Por certo não; e, então, não deverão colocar a própria *psyché* entre os entes que são? E a alma não é em nós dotada de qualidades que de nenhum modo mostram possuir um corpo ou ser fisicamente visíveis? É a própria observação de *tà physiká* que deveria levar a compreender a natureza da *psyché*. Contra aqueles que gostariam de reduzir a *ousía*, a presença do ente, àquilo que é imediatamente apreensível, *atechnôs*, sem nenhuma *téchne* ou arte (isto é, sem nenhuma *forma* que nos guie no aprender e operar), como uma pedra ou um carvalho (246 a 9), erguem-se aqueles que à força obrigam (*biazómenoi*) a verdadeira *ousía* (*tèn alethinèn ousían*) em formas inteligíveis e incorpóreas, isentas de todo *génesis* e devir (246 b 6 ss.). Esses *amigos das ideias* (248 a 4-5), longe de representarem a posição platônica, exprimem apenas o erro oposto àquele dos «materialistas». É uma passagem que deveria bastar, de uma vez por todas, para afastar toda interpretação «dualística» do idealismo platônico e da «invenção da alma» que neste constitui o centro dinâmico. Os amigos das ideias (amigos, sim, mas ignorantes de sua verdadeira natureza) colocam *chorís*, em termos abstratamente separados, *génesis* e *ousía*; eles sustentam que verdadeiramente é apenas aquilo que *não* devém, enquanto aquilo que devém, e é advertido pela *aísthesis* por meio do corpo, muda continuamente, transforma-se em outro de si, impede, por isso, toda *epistéme*. Mas pode ser que a alma não conheça e a *ousía* não seja conhecida? Não entrariam as ideias da alma *em contato* com *tà ónta*? A ação do conhecer não é, por isso, também um *sofrer* tal contato? E o objeto do conhecer, se age sobre a alma que o apreende, como poderá ser considerado pura passividade? Por fim, a *ousía*, sendo conhecida, será necessariamente *movida* pelo ato do conhecer, a fim de tornar impossível a consideração como algo imóvel (248 c 4-e 5). Existe uma inapagável dimensão de passividade em todo *ato* cognoscitivo, assim como a *ousía*, como conhecida, não pode ser compreendida em si e por si como imóvel. O ato do conhecer *entra* na constituição da própria *ousía*; a relação é *metessi*, um conectar-se dinâmico: *movimento* das ideias, *intencionalidade* concreta, vivida; mas *movimento* também dos *ónta*, que problematicamente se impõem às ideias e por estas, por sua vez, são movidos. Conhecer é agir-sofrer, um en-*contro* entre ideias, *entes* reais também estas, e o objeto conhecido que, por sua vez, mostra-se vida e movimento em si.

Se um parricídio acontece no *Sofista*, este assim se dá, e não tanto com o argumento sobre o *heterótes*, uma vez que apenas aqui de fato parece emergir uma *imagem do mundo* incompatível com o eleatismo. Todavia, temos de nos perguntar, até que ponto? Não poderia o discurso do Estrangeiro soar como a mais explícita defesa do parmenidiano *synéchein* entre *noeîn* e *tò ón*? Ainda que imóvel em seus insuperáveis limites, a totalidade do essente pode ser pensada como o Todo das *vidas* que se cruzam entre entes reais e ideias. *Vida* real é aquela da ideia, mas apenas em sua conexão com as outras, ao formar o Universal. A *symploké* entre estas é continuidade e distinguibilidade ao mesmo tempo, e seu sinequismo não permanece o produto de uma argumentação lógica, mas se dá como experiência vivida, é imediatamente *sentido*. (Em *The Law of Mind*, de 1892, Peirce parece «reatualizar» justamente esses nós do discurso platônico.)

Seja como for, o Estrangeiro é muito consciente de que seu discurso *tortura* o grande pai — e, sem nenhuma dúvida, é este que ele sustenta e que ao longo do diálogo não é de modo algum colocado em dúvida (apesar do chiste suspensivo que ele pronuncia em 247 e 10-248 a 1-2): *psyché*, isto é, movimento e vida, e *phrónesis*, inteligência, estão presentes *por toda parte*, em toda manifestação do essente, não como dimensões separadas, mas em sua *symploké*. *Psyché* é princípio de movimento, e só acontece neles e na inteligência, a qual, como elemento mais alto do ser *hólon* do essente, manifesta-se como intencionalidade ou abertura à vida desse mesmo todo. Se os entes fossem imóveis, não haveria nem mesmo *noûs* para nenhum ente e de nenhum modo (249 b 5-6). Como definir, portanto, a *ousía*? Por certo não mediante um compromisso entre os gigantes do passado; é, de fato, um novo «horizonte» que aqui se desenha: o *é* do essente consiste na posse de certa *dýnamis* de produzir (*poieîn*) um efeito ainda que irrelevante, ou de sofrê-lo (*patheîn*), ainda que da coisa mais insignificante, e até mesmo de produzi-lo ou sofrê-lo uma única vez (247 d 9-e 4). A essência do ente mostra-se, por isso, *dýnamis*. O que significa? É possível compreender isso no sentido de que o ente tem a capacidade ou possibilidade de agir e/ou sofrer. A essência do ente consistiria, todavia, em seu ser *dynámei*, sempre *em potência*. Mas um significado como esse contrasta com seu étimo e com o próprio contexto da proposição platônica. *Dýnamis* indica, antes de tudo, a efetiva capacidade de agir, daí *dynástes*, aquele que exercita pleno poder. O chiste do Estrangeiro em 247 d-e deve ser lido junto com aquele em 248 e-249 a: não pode ser predicado simplesmente *dynámei*, segundo seu ser em potência, o essente que é movimento-vida-alma-inteligência. O ente aqui está *em ato* em seu *poder*; sua própria *dýnamis* é, por isso, *en-érgeia*, efetivamente em obra. Todavia, se movimento é também *patheîn*, o essente será *dýnamis* também no sentido do ser em potência, do não ser ainda em ato. Essa *dýnamis* é o horizonte (*horízein*) no qual se expõe a definição (*hóros*) do Estrangeiro. «O que é», o ente que é, *enérgeia*, pleno poder em ato, justamente em seu ser movimento, ainda sempre está por realizar-se.[3] O essente mostra ser *dýnamis*, mostra o próprio poder, no *operar* ainda além de todo «estado» imóvel; seu sofrer, que o coloca em movimento, é de pronto um fazer (analogamente e em contraposição à sabedoria trágica, para a qual o *patheîn* se dá apenas mediante o conhecer), um fazer *potente*. A essência do ente é *dýnamis* como acordo originário do *dynámei* e do *energeíai*; o ente só pode ser considerado segundo as duas dimensões *de uma só vez*. E *psyché* em seu incessante respirar manifesta-lhe a vida. O ser também *em potência* de fato não contradiz seu ser sempre *em ato*. O ente é aquilo que deve ser integralmente em todo instante; mas aquilo que é íntegro em si *vive*. Seu poder se manifesta justamente no ainda *sofrer*, em ser capaz de *sofrer e ser movido e, portanto, compreender-intelligere*, segundo seus diversos graus, desde o vegetativo ao teorético, em sua recíproca imanência. Se essência do ente fosse pura *enérgeia*, o movimento seria apenas acidente; mas o movimento está na base do «contato» por meio do qual todo ente se relaciona com o outro, e o próprio sujeito conhecido com o objeto do conhecer. Se o ente fosse apenas *dynámei*, tudo se resolveria em *génesis* e *phthorá*, nascimento e morte, diante de cuja potência ele se mostraria apenas *impotente*; mas assim como sofre o ente também *age*, e assim são entes os objetos ideais e eternos, sempre em ato, que a mente reflete e com base nos quais tem acesso à totalidade, ao Uno--*hólon* dos *ónta*. O difícil está em pretender potência em todos os seus significados juntos, e a relação potência-ato em sentido nem puramente lógico nem simplesmente cronológico. Poder,

3 O verbo utilizado é *attuarsi*, que dá a ideia de *passar ao ato*. [N. T.]

posse, é ser-em-potência, poder exceder toda fixidez e, assim, *poder ainda e sempre*; o ente está em ato em sua presença, mas sua real presença é um *poieîn*, fazer, capacidade sempre atual de sentir, de ser movido e de mover e «tocar». Seu poder seria impotência se não pudesse sempre.

As palavras do Estrangeiro colocam sob nova luz as predicações do ente segundo potência e segundo ato também no *corpus* aristotélico. Puro ato é o sumo Ente; mas os essentes jamais podem ser ditos *enérgeiai*, nunca podem ser tomados na forma da *enérgeia*? Só em relação a seu ser em potência. A metafísica exige que a potência se conclua no ato e que o ato seja *primeiro* segundo todo modo de considerar *tò ón*. Mas, se ser em potência se refere ao ato, necessariamente este é o ato porque contém em si a *dýnamis* do ente. E essa sua *dýnamis* deve ser compreendida como falta, como anseio pelo ato (anseio que encontraria paz apenas no sumo Ente)? O Estrangeiro não acena a essa disposição teleológica do pensar. Esta pode, é certo, emergir em Aristóteles, mas não a ponto de comprometer sua concepção realista do ente, que é, assim, considerado *dynámei*, mas sem que aquilo comprometa a integridade de sua presença, a *dýnamis* presente que ele manifesta. A filosofia indaga seu fundamento último — e esse fundamento é *dýnamis*, responde o Estrangeiro. Poderia ter dito: é o *Poder* ou o *Poder-ser* que *faz* com que todo ente seja? É esse o nome do «*tò tí ên eînai*»? O «era» do ente é o Poder que torna possível toda *dýnamis*. Esse Poder não é predicável, mas definir o ente como *dýnamis* deste faz signo de forma mais potente do que qualquer outra palavra; o ente, como poder-possível, é imagem do Poder que tem em si originariamente *potência* e *ato*. A definição do ente como *dýnamis* remete a tal Poder, que se revela ser aquele mesmo de Physis. Mas, como o *lógos* pode conhecer *tà ónta* que Physis gera, e não a razão última do *phýein*, do gerar, assim, conceber o ente como *dýnamis* é concebê-lo como aquilo que *sempre será*, que está em ato justamente em seu *poieîn*, que em sua energia também é sempre em potência, e que, por isso mesmo, jamais poderá ser exaurido em uma «última» predicação.

Uma passagem ulterior ajuda a lançar uma luz sobre essa problemática e aberta conclusão. Quando o Estrangeiro afirma que o *lógos* falso é o que diz que *tà ónta* não são e que *tà mè ónta* são, que não é o «é» e que é o «não é», repete Parmênides (exceto a indagação sobre como é possível dizer-se «que não é» sem cair em contradição, isto é, sem falar daquilo que é *nada* e que, por isso, deve permanecer indizível). Mas a questão se complica se refletimos de forma mais atenta sobre a relação entre *lógos* e ente. O *lógos* que for imagem do ente como *dýnamis* é o *lógos* que necessariamente não pode determinar (*aussprechen!*) o ente como completa e resoluta presença. O ente é energia que in-finitamente move e vive. A *quidditas* do ente se diz «*tò tí ên eînai*». E, ao mesmo tempo, o *lógos* que a isso corresponde deverá ser mais do que predicação categorial, deverá valer também como signo, índice, «nome». In-finito o *lógos* em sua *enérgeia*, jamais horizonte dogmaticamente fixado — in-finita a *hodós* de Physis e Psique, da qual imemorialmente provém o próprio *lógos*.

Afirmando que todo *eîdos* é idêntico em relação a si mesmo, e não-idêntico, mas diverso em relação aos outros, que os gêneros se misturam entre si, que *tò ón* e *o diverso* filtram por meio de todos, segundo as grandes imagens da dialética que o Estrangeiro nos apresenta, aquilo que se mostra é mais do que um simples cruzamento, é uma autêntica *koinonía*. A *dýnamis* da dialética é a força do *koinoneîn*, do ser-*cum*, do *Xynón*, em que uma unidade distinta, íntegra em si, atravessa muitas outras análogas unidades, e nesse caminho se reconhece e recompõe. É a imagem de uma grande árvore que se ramifica por toda parte (253 d 5 ss.), que se eleva à luz e da luz depende e extrai vida, por meio da qual o próprio filósofo deverá para ela por fim voltar-se, seguindo o caminho traçado na *Politeia* (254 a 8 ss.). A *dýnamis* da comunhão das ideias, e não a *dýnamis* de uma ou de outra, será, então, a imagem verdadeira do ente como *dýnamis*. O que significa que o *poder* da presença do ente jamais é definível isoladamente. Nenhum ente *pode* por si só. Cada um é tão *potente* quanto mais em relação com o outro, quanto mais «atravessado» pelo diverso de si. Aqui acontece uma violação do «princípio mais sólido»? Ele afirma a identidade inegável de A, que A é ele mesmo e não algo diferente de si. Mas não se manifesta ao dizer isso justamente por meio de seu necessário referir-se ao outro de si? Para afirmar que A não é outro de si, devo fazê-lo em referência a outro, que A *não* é. Essa relação é necessariamente opositiva, mas por nada contraditória. Contraditório seria colocar entre a identidade de A consigo mesmo e seu *prós ti* um signo de contradição, em vez de relação. A relação não implica nenhuma negação da inegável identidade de A. Essa identidade não pode ser compreendida como negativa ou excludente da relação de A com o outro de si. O Estrangeiro convida a pensar a própria identidade como *Mit--sein*: o essente *diz respeito*[4] à relação com o outro de si justamente para se constituir em sua identidade consigo. Não creio que essa perspectiva contraste fundamentalmente com a severiniana. Ser--com, *mit-sein*, por certo significa *não* ser o outro; mas, ao mesmo tempo, algo pode *não* ser outro de si porque é considerado *com* o outro (caso contrário, não haveria nenhum sentido em dizê-lo outro do outro). Se algo não fosse *com* o outro, diz Severino, não poderia ser sua negação, e não sendo sua negação resultaria idêntico a ele. E, no entanto, se não fosse *com* o outro, portanto, no *não o* ser nem mesmo seria possível dizer-se idêntico a si. A negação é oposição, e oposição é *pólemos* que coloca em relação. As ideias, que são enquanto formam uma *koinonía*, não podem, por isso, figurar nenhum ente fora da possibilidade de seu nexo com outros. E, entretanto, todo ente é também singularidade em si, perfeitamente distinto como o é toda ideia na *symploké* das

---

4 O termo utilizado é *ri-guarda,* que pode significar (sobretudo com o hífen introduzido por Cacciari) tanto *diz respeito* quanto *olha novamente*. [N. T.]

ideias. Todo ente e toda ideia são substância, mas a substância é dizível apenas como relação. O *lógos* é *con-sciência* disso, do indizível que é ao mesmo tempo pressuposto e *periéchon*, o abraço de toda possível definição, de toda forma do *kategoreîn*. Eis a última *koinonía*, justamente: a de dizível e indizível.

7.2.1. *Negatio negationis.* O *agón* dialético, tanto no *Sofista* quanto no *Parmênides*, desenvolve-se sempre na perspectiva que liga a «linha» do Livro VI ao caminho do prisioneiro em direção da Luz do Livro VII da *Politeia*. Nenhuma superação entre as duas dimensões, como se o momento dialético resultasse de um momento «passado», mas, de fato, afirmação da *energeia* de seu comunicar-se; a necessidade de proceder à *teleutaía idéa*, ao Agathon, dá-se no próprio cruzamento dialético, *aqui* se mostra. E a «ideia perfeita» continua a ser ideia entre outras, uma vez que ela é aquilo que funda a unidade de sua *symploké* e não é passível de ser intuída a não ser como coroação de seu lógico desenvolver-se; o que detém a *arché* só no final é reconhecível. A ênfase caracterizadora de todo o neoplatonismo da *teleutaía idéa* não representa, por isso, nenhum «salto» irracional para além da dialética platônica, mas a tentativa de nela explicitar o sentido último que nas obras esotéricas do mestre parecia mostrar-se como por imagem ou enigma. Longe de ser, portanto, o ensinamento dos grandes neoplatônicos, uma assimilação de Platão a motivos genericamente religioso-místéricos, como muito frequentemente ainda se repete, ele se apresenta mais como o intento de evidenciar a característica lógico-especulativa das doutrinas exotéricas em torno do Agathon. É por esse motivo, e não por ecletismos vazios, que de Plotino a Proclo e Damáscio e até o período humanístico-renascentista, eles podem sustentar ser harmonizável o Aristóteles lógico-físico com Platão. Seu Platão é essencialmente aquele dos diálogos lógicos mais impenetráveis (além daquele do *Timeu*, no qual finalmente será apreendido, na leitura que dele fornecem também os platônicos medievais, o grande modelo daquela mesma concepção musical-*matemática* da natureza que se afirmará no século XVI, por exemplo em um Francesco Zorzi), uma vez que é nesses diálogos, mais ainda do que naqueles em que a palavra se faz quase *mýthos* ou à doutrina do Bem se faz signo explicitamente, que o problema do indizível parece emergir como um cumprimento necessário do *philosopheîn*, conclusão imposta pela própria estrutura do sistema. Agathon, uno, indizível não são as vozes de um anseio por um absoluto Transcendente, assim como a «fuga» do *Teeteto* ou a *meléte thanátou* não são signos de melancólica renúncia à vida. Elas indicam a «coisa última», o *prâgma* primeiro e último que o *operari* filosófico deve afrontar. São expressões de sua mais alta *vontade de saber* — e saber é sempre predicar a *ousía* do ente, sempre este é o *thaûma* que obriga à *áskesis* do filosofar.

Theo-logia para os neoplatônicos é a consideração do Uno superior ao uno compreendido como *hólon*. A unidade do todo é sempre unidade composta de partes, uno-múltiplo ou uno *que é* como ek-sistente naqueles distintos que participam de uma única estrutura. A unidade da *psyché* é a do *hólon*, e dessa unidade faz parte o uno-distinto que é o *noûs*. O *noûs* opera, com base nessa sua natureza, diacriticamente e refutando; isto é, ele concebe os entes segundo identidade e diferença, ordenando--os por grupos homogêneos, e com base nesses princípios ou ideias chega a predicá-los *alethés* e pode refutar aqueles que, procedendo por via puramente empírica ou doxista, dizem que os entes são como *na realidade* não são. Isso significa que nesse modo é colocada a equivalência entre *verdade* e *realidade*: *verum-factum*, o verdadeiro consiste na proposição que figura o fato como realmente se dá. Ou, de outro modo: verdadeiro é o *lógos* que diz o uno do ente (o que constitui o próprio desse ente). Uno é apenas o uno do ente; verdadeiro é apenas a *adaequatio* do *lógos* a esse *ti*, todo em si e parte do Todo.

Por que a árvore da dialética deveria, nesse ponto, ainda ramificar? Em seu crescer e articular-se o uno é sempre díade: pensamento e pensado, identidade e diversidade, movimento e repouso. A verdade é a relação dos distintos; uma unidade que não se manifeste *prós ti*, que não se mostre em relação--com, isto é, que não seja elemento de uma proposição, é logicamente insensata, *álagon*. Por que agitar esse sistema aparentemente tão sólido? O que, *nele*, torna necessário «movê-lo» ainda? Podemos responder: o uno coordenado ao múltiplo (o *unum coordinatum multitudini* de Nicolau de Cusa), justamente para sua distinção, para compreender seu ser-distinto, obrigar a interrogar a ideia complementar-oposta do Uno *exaltatum*, do Uno-Unum que pode assumir o *nome* de «ser», mas *não o é* (é essa a «linha» de Proclo e Damáscio, retomada literalmente por Pseudo-Dionísio e, por meio do *Liber de causis*, também presente em toda a Escolástica). Deveria ser claro que a análise dessas posições é essencial para «desconstruir» o pretenso domínio da onto-teo-logia no destino do Ocidente. Mas não é esse o aspecto do problema que por ora prioritariamente nos interessa. É a partir dele, aliás, que se geraram as aporias mais graves no seio do neoplatonismo. Todas elas giram ao redor da questão de como é possível compreender o Unum, por um lado, como além de toda determinação de essência, *árrheton*, indizível, mas, por outro, como primeira Arche, predicável, isto é, também como Causa real e suprema. (E é inevitável que a contradição se manifeste com toda evidência cada vez que se tente assimilar o Unum à ideia de um Deus realmente *poietés*, realmente criador.)

No geral, é necessário compreender a disposição lógico--dialética do próprio problema do indizível; apenas então o neoplatonismo se mostrará aquele momento essencial da «Europa ou Filosofia», que já Hegel dizia representar. A problemática de fato teológica é consequência disso (não por acaso neoplatônica será toda a mística *especulativa*). Retomemos o tema do «parricídio»: a conclusão do discurso do Estrangeiro é que toda determinação do ente comporta uma negação; impossível afirmar *alethés* aquilo que faz de um ente um *tóde ti*, sem dizer que um é diverso de todo outro, que *não-é* outro senão ele mesmo. Se compreendemos *légein ti*, dizer algo sobre algo, parece necessário proceder assim. Todavia o que esse ente não-é *é* a realidade desse outro, e assim para toda a totalidade dos entes. Toda afirmação resulta negativa, isto é, por sua vez negável: esse *ti* não-é esse outro, mas esse outro *é*, negando a negação. Se pudéssemos demonstrativamente proceder de tal modo para a totalidade dos essentes, chegaríamos a uma só *afirmação*, a um só Se, ou, ainda, a uma absoluta *negatio negationis*. Esse caminho em sua totalidade não é percorrível pelo *lógos*, uma vez que ele apenas *pode* saber objetos determinados e formular leis que digam respeito ao conjunto ou a grupos de distintos fenômenos, mas, no entanto, ele é *postulado* por seu próprio método. O Uno-Unum, pura afirmação, absoluta positividade, em si indeterminável, uma vez que não objetivável, é a *teleutaía idéa* requerida pela própria natureza do método dialético.

Isso modifica os termos por meio dos quais é possível afirmar a «verdade» de uma proposição. Ela não é mais «verdadeira» simplesmente por ser *determinatio-negatio,* mas porque participa da Verdade que envolve todas e negando-lhe todas as negações. Verdade é o Uno absolutamente positivo a partir do qual a *singularitas* de todo essente é *eikónisma*, imagem. Verdade é o Unum, ao qual corresponde apenas uma douta *agnosía*, a con-*sciência* de sua indizibilidade segundo o caminho da *determinatio-negatio.* Seria possível afirmar *na verdade* aquilo que o ente é, permanecendo na necessidade de predicar de uma só vez o que não-é? Não, uma vez que o ente *é* efetivamente apenas na Verdade compreendida como *negatio negationis*; a realidade de cada ente não pode não ser compreendida senão à luz dessa Verdade que tudo envolve. E assim toda predicação determinada se coloca à luz da necessidade de pensar toda *determinatio-negatio* como articulação do eterno Sim da Verdade, como superada no Aparecer primeiro-último, alfa-ômega, do Sim, no exato momento em que o ente se dá. Aqui, indizibilidade significa, em suma, impossibilidade de determinar a Verdade como representação do *factum* ou do nexo entre os fatos. Quando predico algo de algo, *não digo a Verdade*, figuro um estado de coisas. Quando demonstro as propriedades lógicas das proposições, *não digo a Verdade*, falo de palavras (produzo tautologias). Quando exponho um nexo irrefutável não represento o Verdadeiro, mas essa relação determinada, a menos que não pretenda que os limites de meu discurso coincidam com os da *res* (os *Fragmentos póstumos* de Nietzsche, de 1885, em particular, estão repletos de considerações desse gênero).

É na ideia de indizível que soa, de modo negativo, a crítica a toda «reificação» da ideia de Verdade, e, de modo positivo, a ideia de que nosso *lógos*, em seu efetivo *operari*, vive *na* Verdade, no Unum não numerável, *superignota Singularitas*. Para o primeiro aspecto da posição neoplatônica, por meio de correntes cársticas (que todavia poderiam ser seguidas e descritas por uma historiografia de fato *filosófica*), toda a *skêpsis* se impregna de si, a «desconstrução» moderno-contemporânea do Verum-Bonum (sobre qual outro fundo é pensável o pensamento de um Bruno? E de um Montaigne?); para o segundo aspecto, ela conduz a uma ideia do *lógos* irredutível à simples lógica da predicação. Em seu próprio representar, e justamente por meio do limite de sua figuração do mundo, o *lógos* é o «lugar» em que a Verdade se mostra. (Isso explica também a forma, por assim dizer, literária das obras neoplatônicas mais altas e conscientes, que ainda se pensa poderem ser interpretadas em chave retórico-evocativa, enquanto *tudo* nelas é formulado com precisão *técnica*. Sua linguagem é expressão da vontade de fazer-se signo da *agnosía* da Verdade, e, nisso, em ser para ela *eikónisma*.) Se Verdade não pode ser dita o produto do *lógos*, nem a capacidade por parte do *lógos* de figurar o ente, e se torna puro nome ou convenção enquanto se reduz sua eficácia ao descrever a realidade de modo útil a certos fins, ou a simples coerência no argumentar hermenêutico, não por isso «aquilo» a que seu «signo» remete poderá ser removido ou apagado. Todo discurso, com efeito, justamente na medida em que se mostra significante, isto é, capaz de predicar algo do ente, está à sua luz e é um reflexo deste. Por isso *alétheia* e *tò ón* são ditas ao mesmo tempo na passagem decisiva da *Politeia*, 508 d 3-8: onde resplandece a *verdade-e-essente*, para aí se dirige a alma (*apereísetai*; de modo mais decisivo ainda: fixa-se), e só então se manifesta na plenitude do próprio pensamento. Verdade não é o produto do *noûs*, nem outra em relação à evidência do *ón*. É o desvelamento do essente, mas uma vez que ilumina a alma e a convoca para si.

Verdade é o desvelamento, *alétheia*, originário em que toda determinação e toda negação estão em sua recíproca indiferença. Esse desvelamento é o indizível. No *lógos* o uno é necessariamente sempre *uno-que-é*, o uno do ente que ek-siste em sua determinada presença. Mas nenhuma figuração do ente jamais poderá negar o in-finito *periéchon*, que por meio desse *isto-aqui* se revela; e nenhum discurso pode dizer «o que» torna possível o *Xynón* com Physis da qual todavia é expressão; e nenhum *lógos* pode «parar» o caminho que conduz da *determinatio-negatio* ao Unum oni-afirmador. No *légein-ti* se custodia (a raiz *war* de *wahren*, *Wahrheit*), com temor justo (*vereor*), a *realidade* última da Verdade (a equivalência em sânscrito entre *sat*, ser, e *satya*, verdade); o *érgon*, o fazer do *lógos*, de fato não é estranho a ela (*érgon-verum?*); aliás, com ela tem cuidado, mas de modo algum pode subsumi-la a si. No *légein-ti*, é preciso que se diga, custodia-se a necessária referência de toda presença ao *Na-da*, que de fato não é sua negação abstrata: todo essente *é*, com efeito, a pergunta sobre o próprio porquê. *A* pergunta leibniziana: «Por que em geral o essente e não o nada» soa, *logicamente*, implícita no pensar neoplatônico do indizível. Todo ente interroga e é interrogado; do *thaûma* se faz *problema*, do dado se faz *prâgma*; e nenhuma predicação exaure-lhe a *substância* (por isso, o *thaûma* é operante no início, como agora e como sempre).

O Unum neoplatônico de fato não exprime um Absoluto que transcende a dialética uno-múltiplo. Quando muito, vale o oposto; como Verdade-Aletheia o Unum é postulado como imanente em toda proposição dotada de sentido. A con--sciência do indizível mostra a proposição na luz da Verdade. Se Verdade não é objeto, nem o resultado de uma operação lógica, todavia jamais poderia se mostrar para nós se a linguagem não fosse signo, se da linguagem não exprimisse a íntima e eterna *intenção*. Na qualidade de outra em relação a toda determinação (*hyperoúsios heterótes*, Proclo), perfeita afirmação, *unum* em si, ela nisso é também perfeitamente determinada em sua singularidade. O Outro supraessencial não pode ser compreendido senão como Outro em relação a todo outro e a partir da própria ideia de *heterótes*, isto é, como a originária in-diferença de identidade e alteridade. Mas essa in-diferença é pressuposta em toda expressão dialética da relação entre o *tóde ti* e seu não-ser o outro. Nesses termos, os temas fundamentais do neoplatonismo, de Plotino a Damáscio, serão retomados pelo Humanismo, o qual já é tempo de ser considerado em todo seu esplendor teorético, e não apenas em Nicolau de Cusa, mas também em autores como Giovanni Pico. No centro está justamente a discussão do modelo onto-teo-lógico: se a «coisa última» coincidente com o «pensamento mais alto» fosse Deus-Esse, *determinatum* em seu existir como sumo Ente, a Verdade consistiria exclusivamente nas formas predicativas do *lógos*; mas, se o Ser acaba por coincidir com uma ideia de Unum absoluta do ente, isto é, «solta» da própria ideia de relação, não só não se dá possibilidade nenhuma de acordo com as teologias monoteístas, mas acaba por determinar o Unum justamente em seu ser-absoluto, precipitando em uma evidente contradição. O Unum «transcende» a determinação do ente de forma análoga a como o *prâgma toûto* platônico «transcende» toda possível expressão de sua própria singularidade. A Verdade como in-diferença de *determinatum* e indizível, como singularidade do Unum que se re-vela naquela do *prâgma*, é indicável apenas como «aquilo» que no *lógos* se mostra. A linguagem só a diz ao procurá-la, ou seja, de forma conjectural. Do Unum é impossível oferecer uma representação-ilustração definitiva; existe necessariamente uma variedade inexaurível de modos para «significá-lo». Para ele vale aquilo que pode ser dito para o símbolo: que na imagem a ideia — seu significado último — permanece sempre tão eficaz quanto inacessível (Goethe; e veja-se U. Eco, *Sobre os espelhos e outros ensaios*, 1985).

É esse o grande tema cusiano. O *heterótes* do Unum, que é alteridade em relação à própria alteridade, pode re-velar-se apenas *alteritate coniecturali*, por meio de conjecturas con-*scientes* de ser outras em relação a ela. Na penetração desse tema, do problema da *consciência conjectural* como forma da *epistéme*, talvez se ilumine a possibilidade de uma *skêpsis* que, refutando tanto a fagocitose idealística da Verdade no movimento do pensamento quanto toda ideia ek-stática do Místico como «êxodo» no puro Inefável, exprima na *diferença* entre Verdade e *lógos* (e «salvando» ambos) o caráter ou o *daímon* de uma *anthropíne sophía*.

O *lógos* vive no «lugar» da Verdade e por ela sente *paixão*. Ele é, aliás, *a* paixão pela Verdade. Qualquer que seja a forma que assuma a busca pela Verdade, essa paixão constitui seu pressuposto. Que «não haja Verdade» não tem nada a ver com o sentido nietzschiano do niilismo. Nietzsche é muito filósofo para ignorar a evidente ingenuidade de uma afirmação como essa. Ela pode, quando muito, caracterizar um niilismo «passivo», expressão patológica da «décadence». O niilismo «ativo» opera por meio da energia do *interpretar*: a coisa não tem constituição *em si*, mas a encontra no *ponto de vista* da vontade que a interpreta e faz sua. O niilismo ativo se manifesta, por isso, como declinação da verdade: a verdade consiste na vontade que a coloca. É verdade *onerosa*, porque cai integralmente nas costas de quem a encarna (de «todo o fardo das minhas verdades», fala Nietzsche em um fragmento de 1885); ela é, mais precisamente, *vontade de verdade* (e Nietzsche pensa ser a respeito dela o «gênio», como escreve de Turim para Von Meysenburg), mas esse *pathos* por ela nunca o abandona, desde *A filosofia na era trágica dos gregos* até as últimas mensagens. Em certos momentos, ele parece reduzir-se, de forma natural, a fisiologia ou a instinto irreprimível, funcional às necessidades da «luta pela vida», mas o tom que predomina não é o da simples vontade ou do querer que se dirige imediatamente ao objetivo (o Nietzsche de certo pragmatismo). Antes de tudo, ele é o da autêntica *skêpsis*. Os «filósofos do porvir», diz ele no aforismo 210 de *Além do bem e do mal*, serão «experimentadores», praticarão, sim, a verdade, mas sobriamente. A *crítica* será seu instrumento. Eles serão (e aqui a proximidade com Wittgenstein se faz extraordinária) «operários» da filosofia (aforismo 211). Mas esses operários, mais do que colocar ordem na linguagem e desconstruir genealogicamente tradições, morais e preconceitos, pretendem corresponder à pergunta metafísica por excelência: o que é *tò ón*? Como predicar a presença do essente? E eles «ousam» responder (continuando assim a «ousar tudo», como exigia Platão): o ente é vontade de potência.

O *pathos* pela verdade é expressão da *vontade de potência* própria do ser-aí humano; é vontade daqueles que anseiam superar a si mesmos («Da superação de si mesmo», na segunda parte do *Zaratustra*), daqueles que querem tornar pensável «alles Seiendes», todo o essente, até criar-se por si o mundo diante do qual se ajoelhar. Nenhum outro lugar poderia ajudar melhor a sustentar uma interpretação de Nietzsche na trilha da metafísica e do próprio idealismo, a não ser pelo fato de que esse «mundo» é pensável apenas como construção do

Além-homem. Mas o além-homem é precisamente a figura que *dispõe* toda vontade de potência, que *pode* pronunciar o grande Sim, finalmente «curada» daquela força da determinação-negação que necessariamente insiste em todo ato do querer. Contradição fecunda, graças à qual Nietzsche se destaca tanto da metafísica compreendida «vulgarmente», para nela alcançar os rastros que estamos indagando, quanto de todo «des-construcionismo» futuro. A instância experimental-crítica, herdeira inconsciente da conjectura de Nicolau de Cusa (mas de fato inconsciente? E até que ponto? E o interesse de Nietzsche por Bruno, então, chamando-o de Cardeal «divino»?), não assume o próprio sentido senão na perspectiva da Afirmação do Além-homem, em cujo oceano todas as contradições, determinações e negações são destinadas a se resolver. O *pathos* da Verdade significa, assim, um *sofrer-lhe* a ausência — mas se trata de um sofrer *ativo*, uma vez que exige experimentação, crítica, itinerário conjectural *in Veritatem*. Toda *operação* realizada sobre a linguagem, toda «verdade» assim definida, bate de frente com o limite de lógica-e-mundo — ou, para Nietzsche, com o sempre-porvir do Além-homem —, mas atinge o próprio sentido apenas nesse ponto, nessa extrema margem de seu caminho. E, mais uma vez com as mesmas palavras que serão de Wittgenstein, Nietzsche pode afirmar: «Todas as verdades são para mim verdades sangrentas» (*Fragmentos póstumos*, verão de 1880).

8. *Salvar o finito.* Que Deus não *se* revele no mundo, que o mundo seja representável mas não *explicável*, que não se possa fazer a Verdade consistir simplesmente no acordo (*Übereinstimmung*, diz Kant) da consciência com seu objeto (uma vez que neste se dá apenas a congruência desse determinado juízo com esse determinado estado de coisas), e que, portanto, *mostre-se* irrepresentável-indizível como o abissal fundamento que aquele acordo torna possível, que se mostre insuperável a diferença *em sua unidade* de *psyché* e *phýsis* (aquilo que consente distinguir a psicologia como ciência da *natureza pensante*, assim a define Kant, quase que citando inconscientemente Pascal, da fisiologia, que tem como objeto apenas a constituição física da psique: *die Seelenlehre*) — todo esse revolver-se, em suma, do pensamento em torno da própria *Sacher*, isto é, da condição, do pressuposto, da *arché* de sua relação com o mundo, de seu ser-aí intramundano, só representa uma *cisão*? Uma situação de impotência, sempre ameaçadora de desenraizar o sujeito da própria corporeidade, assim como da *história* de sua contínua busca por encontrar *satisfação*, de estar «em casa»? Vimos como não só o discurso cartesiano mas também a grande tradição platônica *não* podem ser interpretados dualisticamente. Pensar a diferença é precisamente pensar aquilo que *não* é cisão. E o próprio diferir (que significa *diákrisis*, juízo, refutação, dialética) «envia» à ideia do Uno, que *no* dizível se mostra como o *indizível*. Claro, o pensamento pode avançar a exigência de ir além, de representar também aquele Uno, de

subsumi-lo ao próprio discurso, de chegar finalmente à real equivalência de *tò ón* e *legómenon*. Não há dúvida de que apenas Espinosa e Hegel apreenderam *radicitus* esse desafio (que tal desafio, assim, comporta a identidade de teologia e filosofia, ou melhor, a plena superação da teologia na filosofia, com a consequente transformação da filosofia em *teosofia*, conclusão de qualquer *itinerarium in Deum*, é algo que Kojève esclareceu de uma vez por todas, com a licença de quem se obstina a «teologizar» Hegel). Mas se sustenta similar *Befriedigung*, essa suprema conciliação, e sob quais condições? O saber chega a *poder* integralmente sobre a coisa, «salvando», ao mesmo tempo, *em si*, o aparecer do ente finito, *tà phainómena*?

A coisa é «salva», sim, em Espinosa, mas apenas porque a *res extensa*, a *extensio*, é definida a priori como atributo infinito, incorruptível e eterno da Substância: «Deus est res extensa» (*Ética*, II, prop. 2). E, se pode ser *concebida* pela mente, é porque o mesmo vale para a *cogitatio*: também ela infinito atributo da Substância. A mente não pode chegar a conceber todos os seus atributos, mas por certo pode o da *res extensa*, uma vez que o apreende de uma só vez com a própria consciência de si. Que a Substância se constitua de infinitos atributos não é problema (diferentemente do que é para Bruno), permanece uma ideia inoperante, sobre o fundo. O que conta é *saber* que essas Duas, *cogitatio* e *extensio*, existem *em unidade* na Substância, a fim de assegurar a priori o *poder* da mente de conceber toda *res extensa*. Também constitutivos da Substância são esses dois atributos, chegando a designar também para eles o nome de substância (quase contradizendo a I, prop. 14: «Praeter Deum nulla dari neque concipi potest substantia»), mas no sentido de que eles formam com ela uma só «quae jam sub hoc, jam sub illo attributo comprehenditur» (II, prop. 7, escólio). Nenhuma criação e nenhum emanacionismo (nesse sentido, a crítica à tradição neoplatônica será então sempre retomada no racionalismo contemporâneo — e é crítica que se funda, já vimos, sobre uma compreensão insuficiente da problematicidade daquela tradição, com frequência reduzida a seus elementos «mitológicos»): a Substância-Deus não é *causa transiens*, mas absolutamente *immanens*; mais precisamente ainda, Deus não «age» («realizando» assim ideias, projetos que «tinha» em si), mas é *actuosa essentia, actuositas, actu ab aeterno et in aeternum*. Deus opera *ex solis suae naturae legibus*, só pela *necessidade* de sua natureza. (*Evacuatio Christi* radical, sobre a qual o espelho deverá medir todo o Moderno, a Era que segue, a Era *anticristã*.) E, de novo, é por essa razão, porque tudo é possível argumentar a partir da *arché*, a partir do princípio da Substância, que a mente *pode* chegar a saber perfeitamente a *ousía* do ente. Mas não deveria afirmar sabê-la como *necessária*? Se a partir da Substância seguem infinitas coisas como a partir da natureza do triângulo determinadas propriedades, aquelas coisas, em sua própria determinação, devem ser concebidas imanentes à necessidade da Substância (que perfeitamente coincide com sua liberdade: «ea res libera dicitur, quae ex sola suae naturae necessitate existit», I, def. 7). Como manter sua ideia de finitude? Bastará, para isso, recorrer à distinção tradicional: a coisa finita não é *causa sui*; a essência da única Substância implica *immediate* a existência? «Rerum a Deo productarum essentia non involvit existentiam» (I, prop. 24). Mas como compreender o produzir-ser produzido senão de modo metafórico? Nenhum movimento «criativo» é compatível, com efeito, com a ideia de *actuositas* da Substância; o «*a Deo*» pode compreender-se apenas como «*in Deo*». Assim, qualquer coisa singular, «*quaevis res, que finita esta*» (I, prop. 28, grifo nosso), é eternamente como afecção dos eternos atributos da Substância; sua existência é colocada tão necessariamente quanto a existência desta. Como dizê-la *contingens*? Talvez pudesse também não ser? Poderia a ordem das coisas ser diversa do modo como se «produz»? Ou ser modificada *ad libitum*? Ou poderíamos contemplar a possibilidade de verdadeiros «milagres»? Não se afirma que *Realitas* e *perfectio* coincidem perfeitamente? Ou, ainda, jamais poderemos pensar a Ordem de todas as coisas, eterna e necessária, sem pensar a eternidade e necessidade daquilo que a constitui, ou seja, separando seu Todo das partes que a compõem e a fazem assim? Esse é só o ponto de vista de nossa ignorância, defeito de nossa capacidade de *intus legere* como tudo é determinado a partir da necessidade da divina natureza (I, prop. 33, escólio). Mas a mente *luz meridiana clarius* reconhece como «in rerum natura nullum datur contingens, sed omnia ex necessitate divinae naturae determinata sunt ad certo modo existendum et operandum» (I, prop. 29). As coisas advêm pela natureza de algum atributo da Substância, e, portanto, propriamente nem mesmo advêm ou seguem-a partir de, mas eternamente *são* como o é aquele atributo. «Omnia ab aeterno Dei decreto eadem necessitate sequuntur» (II, prop. 49, escólio).

Podemos dizer que a *res singularis* é determinada e finita quando em relação com outras e *dependente* da cadeia das relações (em termos lógicos: ela se determina sempre *prós ti*), todavia jamais se poderá definir *em verdade* como contingente, uma vez que de nenhum outro modo a partir da Substância poderia ter sido «produzida», nem em uma ordem diversa (I, prop. 33). Todo ente e toda ordem devem ser concebidos como *decretos* da Substância, e a Substância não é concebível nem antes de nem sem seus decretos (I, prop. 33, escólio 2). Se a essência da coisa exprime atributos eternos de Deus, que certamente exprimem, por sua vez, em um modo determinado, a própria essência de Deus, a existência dessa *res singularis* resulta absolutamente necessária. Se o homem é corpo e mente por certo finitos (tanto que, ignorando a ordem completa das *causae secundae* ou delas tendo apenas uma ideia confusa, ele se encontra quase obrigado a imaginar que se dê algo de contingente), sua essência, *cogitatio* e *extensio*, e o modo de sua relação, está a priori eternamente na Substância. Apenas como ideia? Não pode ser, uma vez que tão necessariamente se dão também todas as coisas que «seguem» à essência. Poderia essa ordem, que «levou» à existência desse ser-aí, conceber-se de forma diversa? Poderia a Substância *não* se exprimir, ou exprimir-se de modo diverso daquele que «levou» à determinação *dessa coisa finita*? De modo algum, a partir do momento em que a essência da coisa é afecção ou modificação dos atributos da Substância. Isso não implica, evidentemente, colocar uma abstrata identidade. Se a essência do homem coincidisse com a Substância, haveria apenas *um* Homem. A modificação dos atributos da Substância implica a multiplicidade. Mas, se a unidade da natureza da Substância não pertence à essência das coisas «produzidas», é a multiplicidade destas que é concebível apenas *essencialmente* como *in Deo*. As coisas não são *o mesmo* que a Substância, mas *participam necessariamente* de sua essência.

Como é possível, então, insistir, em um sentido de todo ontológico, que «omnes res particulares contingentes et corruptibiles» (II, prop. 31, *corollarium*)? E então, em outro sentido aparentemente de todo gnosiológico, que «de natura rationis non est res, ut contingentes, sed ut necessaria, contemplari», ou que todas as coisas devem ser consideradas «sob certa espécie de eternidade» (II, prop. 44)? Mas, se chegássemos a vê-las na totalidade de suas causas, as veríamos como na realidade *são*. E, por isso, elas *são* necessárias e eternas. Uma consciência *infinita* não acrescentaria nada à *razão* que agora já estamos à altura de ter sobre a natureza das coisas. Espinosa afirma que uma mesma consciência infinita seria impotente para determinar a duração de nosso corpo (II, prop. 30, *demonstratio*), que da absoluta natureza de Deus só derivariam os atributos de natureza eterna e infinita, como extensão e pensamento. Mas resulta ontologicamente impossível separar a necessidade do «processo» (que se viu ser já *actu* na Substância em si: I, prop. 33) da multiplicidade dos modos determinados como ele se explica. E entre estes há, sem dúvida, a própria duração. A ordem das coisas na Substância é idêntica àquela das ideias, e sua duração é elemento da ordem das coisas. Também ela deverá ser decidida *ab aeterno*; a mente finita não pode prevê-la, mas pode *determinar*, «de natura rationis», que ela é também necessária. Se a *res singularis* é corruptível, isso pode querer dizer apenas que sua própria corruptibilidade é necessária, isto é, eterna e infinita, e, portanto, em si mesma *por nada contingente*. Se na Substância está clara a Ordem das coisas, deve ser clara e evidente também sua duração; se esta, para a mente humana, não se mostra determinável, o intelecto pode todavia determinar com absoluta clareza que *res omnes necessarias* (V, prop. 6). Portanto, na Substância será dada a ideia da própria essência *desse ou daquele corpo*, e, quanto mais o compreendermos em sua singularidade, tanto mais compreenderemos Deus (V, prop. 24). De modo mais preciso, quando chegamos a conhecer nossa mente e nosso corpo *sub specie aeternitatis*, a «liberá-los» de toda contingência, tanto mais os sabemos como modificações necessárias da Substância necessária — isto é, sabemo-los *em Deus* — e tanto mais compreendemos a Substância-Deus.

A finitude da coisa assim é «salva» apenas ao «superá--la». A mente não pode calcular todas as suas dimensões e todos os aspectos, mas *sabe* com absoluta clareza que todos são necessários. E sua eternidade e necessidade é o objeto de seu *amor intellectualis*, no qual ela mesma se eterniza. Apenas isso conta; contingência e corruptibilidade em si devem nos ocupar tão pouco como o pensamento da morte. A Ordem do ek-sistere não pertence ao tempo como *temporalidade histórica*. E aqui está o grande salto realizado por Hegel «para além» de Espinosa. Mas em que sentido? Exatamente naquele de superar a imagem da «duração» como caráter contingente da coisa, de esclarecer o equívoco persistente no espinosismo. A coisa é plenamente tempo, e tempo como história, não medida do movimento dos entes físicos; mas o tempo não é o da duração do contingente e do corruptível. Apenas nesse ponto a Ordem espinosiana e sua ideia de Substância podem se dizer «perfeitas», uma vez que também o drama de todo o processo, em sua eficácia, é plenamente concebido *sub specie aeternitatis* e, por isso, não resta rastro algum de algo que possa ser definido como verdadeiramente contingente. A finitude do ente é «salva» na medida em que é de todo suprimida. Não em uma perspectiva teleológica, pela qual o processo seja salvo apenas em seu Fim. Todo momento *é*; nenhum momento se anula no sucessivo, mas o transpassa, exprimindo justamente neste transpassar a própria essência. Todo momento deve ser observado *sub specie aeternitatis*. A identidade de cada um é em sua essência aquilo que dá vida ao outro, ao diverso. Todo ente é tal porque se faz diverso de si no outro, gerando-o. É essa a forma como Hegel se reconecta à dialética platônica do *Sofista*, aplicando-a à ideia espinosiana da Substância: Substância é identidade-diversidade, mas compreendida de modo dinâmico, pela qual nada é idêntico a si a não ser em sua forma específica de transpassar no outro. A eternidade de todo momento coincide com a necessidade de que ele seja, necessidade que seu transpassar gerador manifesta. A conciliação «satisfeita» de consciência e realidade pode ser obtida apenas com a eliminação do contingente. Se o mundo é «tudo o que acontece», todo caso, *das Fall*, como partícipe da totalidade dos fatos (*Tat-sachen*), aqui chega para assumir o sentido do Todo e deve ser considerado do ponto de vista do Todo (o Todo *das determinações* que o produziram). O acontecer perde todo caráter de abstrata casualidade. A lógica do Todo o compreende perfeitamente. Nenhum resíduo de indizível; nenhuma substância da coisa excede o *lógos* que a determina. O *légein ti* afirma a própria vontade de definir, saber e *poder* sobre o próprio devir do essente.

8.1. *A experiência da consciência.* À *Befriedigung* (pacificação-satisfação — de modo algum deve-se fazer corresponder ao termo uma ideia de quietude!) do desejo que comandou o caminho (*Erfahrung*) da consciência (*Ciência da experiência da consciência* é o «verdadeiro» título da *Fenomenologia*!) chega-se apenas quando o acordo do conceito com seu objeto estiver perfeito. A filosofia (ou melhor, aquela *ciência*) não apenas representa, mas *explica* a realidade *das Wirkliche*. Esse é o próprio nome do essente: *wirklich* significa aquilo que é eficaz, aquilo que em seu ser ativo produz efeitos reais. O Todo, o massivamente concreto, é o complexo das atividades dos essentes. Heidegger, especificamente no *Nietzsche* e no grande ensaio *O conceito hegeliano de experiência*, colocou em primeiro plano esta definição hegeliana do ente, nela mostrando o nexo com aquela aristotélica: a essência do ente é para Hegel *apenas enérgeia*; Hegel pensa o *tò ón* segundo o primado do ato. Essa definição absorve todas as outras. Todo momento da experiência da consciência é *wirklich*, e assume o próprio objeto como *wirklich*. Atividade é consciência tanto quanto energia é o objeto que ela em si compreende. *Wirklichkeit*, Realidade, é o produto de seu acordo. O ente não é um dado, nem um «estado» de coisas, mas *actuositas*; por isso, ele é em sua essência o mesmo do pensar. *Explicando* essa identidade, o saber (*wissen*) da filosofia mostra ao mesmo tempo o próprio poder (*können*), uma vez que o sujeito reencontrou, naquele saber, a si mesmo em seu ser-outro, a própria energia no ser *ato* do ente. Se o ente fosse concebido como *dýnamis*, no sentido do ser ainda em potência, do ainda esperar o realizar-se de sua forma, sua própria compreensão jamais estaria *em ato*, mas sempre tensão, «dever» voltado para o conceito ou para a explicação do mundo. Mas todo ente é *atual* determinação do Todo, e todo momento da experiência da consciência sua *atual determinação*. A realidade é *sempre* esse acordo, que tem sempre a mesma «forma lógica», que é essencialmente o mesmo, ainda que se manifeste em figuras e momentos distintos, conhecem-se, diríamos, diversas épocas. E esse acordo torna possível, no limite, que o ente, como *conhecido*, apareça também como um *produto*, um *Gemachtes*. O saber manifesta o próprio poder *wirklich*, de modo eficaz, quando faz do objeto um produto do próprio *trabalho*. O saber é *absoluto* quando se livra de toda exterioridade, de toda dimensão puramente especulativa, quando é consciência do próprio poder, não como *imposição* do *cogito* sobre a *res extensa*, mas como expressão da própria *enérgeia* do ente. Esse aspecto, ignorado ou mal compreendido por muitas *vulgatae* heideggerianas sobre o destino da *Técnica*, é fundamental para compreender a posição de Hegel. A *negatividade* do saber, o «poder absoluto», a «energia do pensar», que «sacrificam» toda identidade abstrata, ao mesmo tempo com a mesma «fixidez» do autocolocar-se do sujeito, para fazer-se-outro, sem jamais sentir-se no outro «estrangeiro» (o movimento real do *Ent-äusserung* em seu opor-se ao da *Ent-fremdung*), não são compreendidos em Hegel como se formassem uma dinâmica que acontece ao ente, que o «toma em mãos» vindo de «fora», mas como aquilo que se impõe pela própria constituição deste último, como *enérgeia*. Potência é poder; poder e ato se convertem reciprocamente. O conceito de Espírito é a expressão dessa perene «conversão». O objeto é, sim, só para a consciência que se forma trabalhando toda abstrata dadidade, mas nesse seu trabalho ela descobre que a representação do ente como dado é intrinsecamente falsa. A verdade do saber consiste em reconhecer que a constituição última do ente *se mostra* como pura energia. O *trabalho* transforma o essente uma vez que este o requer, sendo para ele nada mais do que a forma inconsciente.

Como será lido o famoso «aforismo» da *Filosofia do direito*: «O que é racional é real, *wirklich*, e o que é real é racional, *vernünftig*»? Real, aqui, de fato não diz o fenômeno, muito menos um estado de coisas, mas pretende afirmar a essência do ente: o ente é *actuosa actualitas*. E, por isso, é compreendido junto com a própria energia da razão, da experiência da consciência que chega ao saber absoluto. Mas o modo como Hegel a compreende transforma desde a raiz a ideia aristotélica de *enérgeia*: o ente é energia no sentido de que sua constituição essencial não pode ser «reificada». Por isso, ela pode acabar solúvel no conceito. O «suprassensível» do conceito pode corresponder ao ente na medida em que este, em sua essência, não é «coisa» ou «dado», mas sim coisa como *causa*, principio gerador, *dýnamis*, *dýnamis* que a cada vez, em cada aspecto seu, é aquilo que deve ser, não em potência. O ente é devir, *dýnamis*, em ato em cada momento seu. Racional e real formam uma unidade incindível, e essa unidade não representa nada além do conceito pressuposto da *ciência* e nada mais «justifica» do que seu procedimento eficaz. Aquilo a que a ciência corresponde não se firma no *phainómenon*; superando finalmente toda exterioridade, a ela aparece a essência do ente como infinita energia. E nessa essência do ente a *con-sciência* reencontra a si mesma, a própria «desenfreada inquietude», «salva», todavia, no resultado atingido (meta inconcebível sem a experiência daquela inquietude e da angústia que a acompanha até o fim). A Realidade, *die Wirklichkeit*, é o essencial corresponder-se entre o pensamento e a coisa. No Todo é impossível abstrair *tò ón* do *légein*. O eficazmente essente é apenas a eficácia do saber, o qual, em si mesmo, reconhece-se e se reencontra na constituição da coisa, satisfazendo a própria consciência. Desse ponto de vista, a «vontade de saber» de Hegel não tem nada de voluntarioso. E muito menos a «vontade de potência» que nela pode se exprimir. Estas são ainda categorias «filosóficas», enquanto Hegel pretende determinar a ideia de *ciência* que daquelas categorias, para ele, *cumpre* a história: a ciência se funda sobre a conexão originária, que no processo se desdobra na concreta determinação de seus momentos, entre o *operari* da mente e o da própria *phýsis*. É por causa dessa conexão que a razão, na forma do saber absoluto, que é identidade de saber e poder, poderá manifestar-se como eficazmente *criadora*, superior a toda exterioridade ou condicionamento, e colocar o ente como próprio *Gemachtes*. *Wissenschaft* é *Machenschaft*, ciência e técnica, naquele sentido infinitamente superior ao apenas «técnico», aquilo que Heidegger compreendeu ao percorrer Hegel de forma crítica (por cuja filosofia, ele adverte, continuamos a ser «submersos por todos os lados»).

Mas ainda é lícito pronunciar o nome «filosofia»? Sobre essa pergunta se mede todo o caráter epocal do pensamento hegeliano. A filosofia chega aqui a identificar-se com o *Wissen*, com o saber no sentido do saber científico. Hegel é explícito no famoso *Prefácio* à *Fenomenologia*, e jamais abandonará esse ponto de vista: é chegado o tempo em que a filosofia dá adeus ao nome de «amante» para afirmar-se como verdadeiro e absoluto saber. Por nada *polymátheia*, que fique claro; *enciclopédia*, sim, mas no sentido da demonstração de que concreto é apenas o Todo, no sentido da metódico-sistemática recondução das partes à unidade do saber, à *lógica* que se determina em cada uma, permanecendo todavia a mesma. A *Enciclopédia* afirma que filosofia se faz «nome plural», mas que tal pluralidade é apenas determinação da *unidade* das ciências, e não se dá unidade a não ser em seu «encarnar-se» em formas determinadas. Toda a filosofia sucessiva é obrigada a refletir-se nesse paradigma; ela se *decide* com base na relação que assume com o *Wissenschaft-Machenschaft* hegeliano, com o «sistema» dos nexos que ligam historicamente ciência, poder, técnica, ou assumindo-o como próprio *húmus* em todo ou em parte, ou afastando-o. Quando se contestar o direito da filosofia de ainda pretender ter um primado (*filosofia primeira*), apenas se levará ao extremo, de todo «logicamente», a posição hegeliana. E permanecerá ainda mais em seu leito abstraído do conjunto do sistema a relação teoria-práxis. Todo pensar ou agir além-filosófico é hegeliano em sua própria origem, além daquilo que é possível «sabiamente» afirmar sobre este ou aquele argumento. A *Befriedigung*, o «dia de paz», que a filosofia em sua história prometeu, coincide com sua *realização*. O *philo-sopheín* se revela, por fim, obrigado na *negatividade*; ele é a *dýnamis* que finalmente nos separa do individual, a *ferida* que nos livra de toda exterioridade e da contemplação do objeto-dado, mas não pode ser *enérgeia*, e, por isso, nem mesmo *ciência do ser enérgeia do próprio essente*. A filosofia está «antes» do saber-*práxis*, certamente no sentido de que deste constitui o principal passado, mas, no fundo, ainda como última expressão da consciência infeliz, cruz *necessária*, mas *cruz*.

Ao lado do colossal desentendimento da equivalência real--racional, no sentido de uma justificação a posteriori de tudo aquilo que acontece, está aquele outro que diz respeito ao «fim da história», que seria representada pela «identificação» do *philosopheîn* na atualidade do saber-*Wissen*. Marx, glosando Hegel em outro contexto, já havia compreendido: só agora, pelo contrário, a história tem início. A «verdadeira» história é-será aquela das infinitas conquistas do «sistema» *Wissenschaft--Machenschaft*; todo o devir que precede sua vitória, mesmo absolutamente necessário em todos os seus momentos, permanece a expressão do *desejo* desse saber, é o formar-se da plena *consciência* de que esse desejo move e pode tudo, de que sua negatividade é a *energia* que permite à consciência chegar ao próprio ser-em-ato, à plena satisfação pelo próprio *érgon*. Por isso, nem fim da história e muito menos fim do devir, uma vez que toda afirmação da *ciência* superará a precedente re-colocando-a em si. O movimento da *Ciência da lógica*, pelo qual o ente é a realidade em si do devir, cuja figura emerge do apagamento recíproco, um no outro, de ser e nada (absolutamente distintos e, ao mesmo tempo, inseparáveis), vale de forma necessária e eterna para todo conceito consciente de si («gewusster Begriff»), para toda proposição científica consciente de exprimir o essente em si e para si. A ciência apreenderá sempre o ente na inquieta luz de seu ser-devir. De outro modo, não o apreenderia como *dýnamis-enérgeia,* isto é, de fato não o apreenderia. Mas se trata de determinações sempre mais *potentes*, ou seja, sempre mais capazes de apreender a concordância íntima e originária entre sujeito e objeto do conhecer, sobre o fundamento da chegada do cumprimento da pré-história que conduziu à forma absoluta da *consciência* do saber. A vida, a *Lebenswelt,* sua *dýnamis,* por certo penetra todas as malhas de tal sistema, mas na rede do sistema permanece também totalmente compreendida. O conceito compreende também todo possível porvir, não no sentido de prever seus casos, mas naquele de nele conter a priori a expressão da armadura lógica. Desde a noite da cisão, por meio da própria angústia que no *philo-spheîn* encontrou expressão, transpassando em saber, ao dia da ciência, que está além da filosofia, ou que é filosofia não mais «amante». Uma *krísis,* é certo, que toda a filosofia moderna gestava em si e tinha preparado, mas que só em Hegel se explicita com consciência plena da *novitas* da época. Longe de ser o último «metafísico» que reage à grande corrente da superação ou do tornar-se verdade da filosofia no paradigma físico-matemático da ciência moderna, Hegel é o primeiro compreender o destino histórico e a estrutura lógica desta — não em um sentido formalista —, e o primeiro a procurar corresponder a estes com o próprio *pensar.* A determinação do ente como *enérgeia,* que não se fecha de modo teleológico em uma *entelécheia,* que não tem um Fim, mas que é *actu* a todo momento de seu devir, e que assim o é pois é sempre *prâgma,* um só com a *práxis* do saber que lhe corresponde — essa determinação do essente é chamada a marcar o giro em que a filosofia *transpassa,* assim como na filosofia eram transpassadas religião e arte.

Mas será que a aporia marcada pelo *prâgma toûto* platônico foi assim resolvida e que a própria ontologia aristotélica, como se procurou demonstrar, não pode deixar de «recordar»? A citação de Aristóteles que conclui a *Enciclopédia* evidencia o poderoso esquema onto-teo-lógico da leitura hegeliana: o sumo Ente nada mais é do que a absoluta imanência do ente no pensar, a identidade de pensamento e pensado. A *haecceitas* ou *quidditas* é considerada o signo da individualidade a ser tolhida no conceito. É a partir desse ponto, ao qual aqui se chega, isto é, do saber absoluto, que se percorre a história do *Erfahrung.*

A experiência é a do conceito que se autocompreende na própria gênese. A necessidade de todos os seus momentos não é tanto resultado de sua intrínseca estrutura quanto do fato de esses momentos serem a priori inscritos na forma final do saber. Aquilo a que assistimos (e só *Untermenschen* podemos não provar ilimitada admiração pela grandiosidade da obra) é uma grande *anamnese* por parte do próprio saber absoluto. O «cuidado», em todos os sentidos, com o qual ele re-*cor*-da o próprio destino e o extrai da laceração e dos dramas da consciência, faz da *Fenomenologia* a insuperável *Bildungsroman* do Moderno da Europa, mas o círculo que essa obra desenha contém em si um vício tão insuperável quanto. A consciência, reportando-se ao início, pretende verdadeiramente dele fazer experiência, nele refletir aquela experiência determinada, e daí partir (*fahren*) para sua viagem (que necessariamente se pressupõe já realizada). Portanto, aquele início é pensado *realiter* como o próprio saber absoluto *dynámei*, em potência. Hegel o afirma de maneira explícita: «Es ist noch Nichts, und es sol Etwas werden»: o início é ainda nada, mas deve tornar-se algo. Isso significa que o início é *em potência* aquilo que a partir dele deverá seguir. Mas tornar-se algo ou ser em potência *realiter* por si só não pode comportar o tornar-se *esta* coisa, nem mesmo tornar-se propriamente *algo*. Se o início é *potência* no sentido de *dýnamis*, este *pode* também não chegar a sua meta. Mas isso é impossível para Hegel, *adýnaton* — e o é porque aqui é a Meta atingida que repercorre o próprio caminho. Assim, todavia, o início já não se mostra *dýnamis*, mas ato. Hegel faz valer o primado do ato como experiência histórica; o ato, aristotelicamente, está «antes» no sentido de que nenhuma forma pode compreender-se de outro modo, mas no devir não deveriam pressupor-se formas já dadas, que remetem ao próprio ato para explicar sua concreta presença. Aqui, é a experiência em si que deveria produzir os momentos do próprio caminho, a própria estrada, transpassando de uma forma à outra. Mas, para Hegel, pelo contrário, esta *deve* realizar-se no saber absoluto, uma vez que a experiência de sua realização lhe aparece como um *feito*. O ente, o mesmo ente-em-devir, é pensado à luz do primado do ato, e, todavia, o ato, para Hegel, não pode ser origem, mas apenas cumprimento, cumprimento que na origem é pensado *dynámei*.

Se a vida-*dýnamis* do ente-*prâgma* é o conceito que deste possui o saber ao final da experiência da consciência, toda sua *singularidade* será «sacrificada». O ente não deverá ser considerado *kath'hautó*, mas do ponto de vista do *ato* final. No *poder* deste último se desvanece toda «potencialidade». Pelo contrário, caso se afirme a singularidade da *ousía*, ela excederá o conceito, como a substância do mundo, no *Tractatus*, excede a rede dos estados de coisas de que a proposição lógica é imagem. E, então, entra em crise a figura do saber absoluto.

A *Erfahrung* da *Fenomenologia* é o monumento que o saber edifica para si mesmo, a Coluna Trajana de suas guerras até a Ara Pacis. Seus momentos são todos «transpassados», tão necessários a ponto de merecerem o «transpassar». Por princípio, todavia, nenhum é *kath'hautó* predicável, porquanto agudo seja o olhar do saber que os recorda — aliás, quanto mais esse olhar é agudo, tanto mais os «supera», colocando-os no «fogo» da conclusiva *Befriedigung*. É um olhar que toda determinação finita inexoravelmente projeta em seu cumprimento, e só assim a «salva». A pergunta metafísica sobre o ente fez desaparecer aquele rastro, aquele signo, aquele *grámma* que em si produzia — *ao indizível*. A *quidditas* do ente pode e deve aqui ser integralmente predicada: ela consiste na própria relação do ente com o saber-*ciência*. E aquilo vale para o ente, como para toda situação ou estado de coisas, como para todo momento do devir. Mas o sacrifício do individual não pode acontecer sem perder a própria determinação última do essente. A objeção é metafísico-ontológica, não histórico-política — ou melhor, esta última só pode encontrar na primeira um fundamento próprio. Não conta opor à síntese hegeliana esta ou aquela outra «emergência» que parece nela criticar a potência ou mesmo quebrá-la: o «singular» da fé *versus* o saber; a impossível harmonia entre as «energias» que constituem o Moderno; as infinitas declinações de um pensamento da *diferença* (como se pudesse haver compreensão da diferença além da dimensão *comum* dos próprios diferentes). Todas essas posições históricas escondem a questão a partir da qual ainda tem início o pensamento hegeliano: o que é o ente? Como predicá-lo? E qual a relação entre ente e *lógos*? As críticas dirigidas a Hegel por seus grandes adversários, ao menos até a re-proposição, *Er-örterung*, heideggeriana de sua «além-filosofia», subentendem sempre uma resposta à pergunta de todo coerente com aquela mesma de Hegel, ou, ao menos, em nada incompatível com ela. O ente como *dýnamis*, mas potência subtraída de todo esquema teleológico, pura possibilidade, é a concepção que rege a *Vontade-de-vida* schopenhaueriana; o ente como devir e *Gemachtes* aquela marxiana; o ente como *enérgeia*, superador de todo «estado», vontade de poder sempre-além, aquela nietzschiana. Nenhuma dessas concepções contradiz *metafisicamente* a de Hegel, mas, aliás, nela quase já estão a priori compreendidas. Nenhuma delas, pelo contrário, reflete sobre a essência do ente na perspectiva do «*tò tí ên eînai*», da *singularitas* do ente; nenhuma afronta o *indizível* da possibilidade originária da relação entre as formas da predicação e o *prâgma toûto*, que *não* é o mesmo do *legómenon* ou do sabido. Para todas, segundo a lição de Hegel, a filosofia cessou de ser amante — amante da Luz que aquela relação consente e do objeto como *pró-blema*, que naquela Luz nos vem ao en-*contro* e com cuja irredutível singularidade temos *cuidado*. Para todas, a filosofia cessou, por isso, de ser, ou, de *poder*; para todas, agora vale o mote: «Silete philosophi in munere alieno».

8.2. *De Hegel a Kant.* No conceito kantiano de *nooúmenon* é possível encontrar um rastro capaz de «abrir» a definição hegeliana do essente? Ou se trata de um conceito meramente negativo, importante talvez no âmbito da analítica transcendental, mas sem nenhuma importância ontológica? Como deve ser interpretada a imagem da ilha no capítulo III do Livro II da Parte I da *Analítica transcendental*, «Sobre o fundamento da distinção de todos os objetos em geral em *Phainomena* e *Noumena*»? O domínio do intelecto é uma ilha, fechado pela própria natureza em imutáveis confins (*Grenzen*; em outro lugar, Kant diz que eles não devem ser confundidos com barreiras rígidas, *Schranken*; e, todavia, um limite intransitável no que se diferenciaria de uma barreira? Eis a primeira questão). É a *terra da verdade* — nome, certo, que atrai, excita e incita ao mesmo tempo a busca («ein reizender Name»), mas também coerente com a imagem de uma ilha fechada, de domínio separado do todo, de *parte* abstraída do Todo? Verdade é, para Kant, aquilo que o intelecto atinge a partir de si, a priori, seus princípios, produtos de todo espontâneos da alma, *e ao mesmo tempo* seu compromisso com objetos de uma experiência possível, isto é, com *phainómena*. Seria possível, com propriedade, chamar de *verdadeiros* aqueles únicos princípios em si e para si? Não; se quiséssemos defini-los como tais, apenas construiríamos *tautologias*. Não é possível explicar os conceitos de possibilidade, existência, necessidade e causalidade sem referência a uma intuição sensível. A partir da simples não contraditoriedade lógica nada é dedutível em relação à existência de um objeto. Um conceito permanece sem sentido (*Sinn*), isto é, sem significado (*Bedeutung*), se a ele não corresponde um objeto na intuição sensível. Nem algo puramente abstrato poderia definir-se verdadeiro, aliás: ele parece perder relevância também em si, uma vez que não só se mostra vazio semanticamente, mas também *tout-court insensato* («ohne *Sinn*»). Portanto, todos os princípios a priori e as proposições fundamentais assumem uma «validade objetiva» apenas em seu uso empírico. A *terra da verdade* se revela, assim, como a da *validade objetiva, objektive Gültigkeit*, isto é, do acordo de nosso conhecer com objetos. Ela é, dessa forma, a terra onde *lógos* é formado pelo conjunto das proposições sensatas porque significantes. Mas a palavra «verdade» excede por si só esse limite, não tem logicamente direito de cidadania na ilha assim definida: uma proposição que concorda com um estado de coisas diz tal estado de coisas, não «a verdade».

No entanto, por que Kant deve recorrer ao antigo e venerando termo «verdade»? Talvez porque, no interior dos próprios limites do domínio do intelecto, algo fundamental para a própria definição de seu poder permaneça impredicável. São as ilusões que estão sediadas no oceano «vasto e tempestuoso» que circunda e ameaça a ilha? São as «esperanças vazias» que atraem o navegador-aventureiro (não o pesquisador cientista!) em viagens que jamais conduzirão a algum porto seguro? (Podemos imaginar o Ulisses dantesco? Mas ele não joga simplesmente com a própria capacidade de imaginação; são *experiências* reais aquilo que ele busca. O que lhe falta? Kant provavelmente responderia: o a priori do conceito, e, portanto, o fundamento de uma autêntica consciência da coisa — mas não só: o intelecto desse Ulisses dantesco procede empiricamente do todo, de situação a situação, sem refletir sobre os *limites* do próprio conhecer, isto é, procede como se o intelecto *não tivesse limites*, e é por isso que naufraga.) Mas por que «leere» devem ser as esperanças? Na *Doutrina do método* se viu que também elas são consideradas objeto da razão. Podemos pensar em uma divisão da alma por faculdades rigidamente separadas? E o que as distingue são *Grenzen* ou *Schranken*? (E a loucura consiste em separá-las ou transgredir-lhes os confins? Ou em anulá--los? O em esquecer a ilha pelo oceano? Ou em viver na ilha ignorando que ela é assim, transformando-a numa terra firme sem confins?) O recurso ao termo «verdade» acena a razões teoricamente mais significativas. As proposições fundamentais do intelecto puro só contêm «o puro esquema da experiência possível». Os princípios a priori contêm, portanto, em si, assim como o a priori, *também* a possibilidade de sua relação e de seu acordo com os *phainómena*. No conceito de fato não explico *como* ele pode ter determinado estado de coisas como conteúdo; as proposições fundamentais do intelecto, em seu uso empírico, ou, de modo mais preciso, no esquematismo que as aplica a intuições empíricas, já *pressupõem* em si a possibilidade de seu conteúdo, sem poder de modo algum tornar essa possibilidade objeto da experiência. Essa referência tem a ver com a «verdade»? Sim, na maneira mais radical, uma vez que essa referência é o fundamento do ser «verdade» de toda proposição dotada de sentido. Mas essa «verdade» não é predicável nos limites da própria proposição.

A coisa não é, então, o *ob-iectum* que o intelecto encontra, a *Erscheinung*, o aparecer, que os princípios originários e espontâneos do intelecto têm o poder de representar sinteticamente; a coisa, a *possibilidade* em geral da coisa como predicável e predicada pelo intelecto, está a priori na própria constituição, na própria natureza da razão. Aqui se revela toda a força ontológica da crítica kantiana; aqui se ultrapassam os confins de todo formalismo gnosiológico. E aqui volta ao jogo a *quaestio de veritate*. Nesse contexto, então, como manter a definição «negativa» do *nooúmenon* como mero *Grenzbegriff*? Por número compreendemos uma coisa «abstraindo de nosso modo de intuí-la», ou o objeto «*de uma intuição não sensível*»; a intuição sensível se refere ao fenômeno, à coisa *como nos aparece*, e esta apenas constitui conteúdo e significado das categorias. Mas a palavra *aparência* pode evitar a referência ao «algo» como a um objeto independente da sensibilidade? Podemos considerar o aparecer apenas aparecer, ou não é a própria intuição sensível *mais do que sensível*? A intuição sensível, repete Kant, fornece sempre o aparecer de algo determinado, de um *tóde ti*, jamais de um objeto em geral ou da aparência em geral. Do aparecer só podemos ter um *pensamento* totalmente indeterminado, que pretende estender-se para além de nossa sensibilidade e impede, assim, o uso das categorias do intelecto. A «liberdade» de tal *pensar* é, por isso, tão vazia quanto aquelas de esperanças que seduziam, no início dessas páginas fundamentais, a abandonar a «terra da verdade» pelo alto-mar. Mas, se o intelecto é uma ilha, esta não *significa em si mesma* o oceano? Deste não se faz experiência justamente no constituir-se como ilha? Como, de outro modo, seria possível de-*fini-la* como tal? E assim, se o fenômeno implica a referência à *coisa* de que é fenômeno, essa *coisa* não será percebida em sua própria intuição sensível? Não é a própria intuição sensível a fazer signo dela? A referência do *phainómenon* ao *nooúmenon* não pode ser reduzida à dimensão puramente lógico-gnoseológica. Nem ser explicada com base na «dificilmente evitável», porquanto ilusória, tendência das formas do intelecto, por causa de sua origem a priori, de aplicar-se para além dos objetos e sentidos. Toda imagem de estado de coisas pressupõe e implica a referência à *substância*. Essa referência mostra-se imanente à própria intuição sensível, como o será à proposição-figuração wittgensteiniana. E, nesse sentido, ela mostra a própria necessidade ou inevitabilidade, não simplesmente porque impede um uso problemático e assertório das categorias do intelecto (não contraditório em si, mas de fato privado de conteúdo objetivo). No conceito de número se definem os limites da intuição sensível, isto é, define-se *a própria intuição sensível*, que não seria concebível sem ser assim determinada. O número não remete a «objetos» para além da intuição, mas ao referir-se dessa intuição ao próprio objeto, desenhando o limite dessa relação. O número não é uma impossível «coisa» não objeto dos sentidos, mas o *próprio objeto*, considerado como «aquilo» que dele não pode ser sensivelmente intuído, mas apenas pensado — e todavia pensado apenas *na relação com seu ser-fenômeno*. Em outros termos, podemos predicar apenas fenômenos; mas esse é um limite da expressão, e de fato não significa nem um limite do pensar nem que os limites da expressão coincidam com a substância da coisa.

O que é o essente? Fenômeno *e* número; por nada apenas fenômeno; se o afirmasse deveria concluir dogmaticamente: *tudo* aquilo que existe, existe apenas no espaço e no tempo. Mas no espaço e no tempo existe aquilo que se mostra para mim, e não me é lícito generalizar a partir disso que se mostra para mim a universalidade das aparências possíveis, nem que todas as coisas devam ter uma relação entre si e com o sujeito pelo qual e com o qual constituem um mundo. E ainda: tem um fundamento aquilo que se mostra para mim? Ou afirmo ser *eu mesmo* o fundamento ou este só pode ser inevitavelmente *pensado* como aquilo que necessariamente é a condição de possibilidade do próprio aparecer *e ao mesmo tempo* do possível acordo entre aquilo que aparece e as formas do intelecto. Número significa, então, o objeto *pensado* e o *pensamento*, que é impossível determinar, mas do qual fazemos experiência em toda predicação, do acordo entre categorias e intuição sensível. A coisa em si mesma, *kath'hautó*, não é, de fato, «outra» em relação à aparência; a coisa em si só pode ser considerada fenômeno e número, é por nós *notada* apenas nessa forma «dupla». Ao mesmo resultado se chega seguindo Kant desde os primeiros passos da *Estética transcendental*. De nenhum outro modo pode nos ser *dado* um objeto senão por meio da sensibilidade. Portanto, não existe um puro *dado*. Ou melhor, justamente o puro *dado* é apenas o puramente pensável. A aparência, aquilo que nos aparece, não é nada simplesmente imediato, uma vez que pressupõe as formas a priori da sensibilidade, espaço e tempo. E é por meio da *idealidade* do tempo, de novo, que os conceitos se esquematizam para a aparência. Isso significa que o fenômeno se constitui na *forma* da sensibilidade, e que por isso os conceitos podem a ela corresponder, por «isomorfismo», isto é, entre as formas a priori do intelecto e aquelas da sensibilidade. Desse ponto de vista, o fenômeno é a priori um *pensado*, ou melhor, nenhuma percepção imediata do objeto como simples dadidade pode ser demonstrada. A própria percepção já é atividade sintético-formal; portanto, de algum modo, já «pensamento» ou «voltada» ao pensamento. Número poderia assim ser dito o objeto em si, já que a nós aparece necessariamente por meio das *formas*, ou *informa*, e, ao mesmo tempo, a substância impredicável cujo objeto-fenômeno faz signo em si, justamente em seu definir-se como pura aparência. O essente é também, por isso, sempre número; não só porque o pensamento, em sua autônoma espontaneidade, pensa, de forma inevitável, sempre também a *substância* do aparecer (e esse pensamento é fundamental para «curar» do dogmatismo em que recai o intelecto quando pretende afirmar o indemonstrável: «*tudo* é fenômeno»), mas porque o próprio ente, como objetivamente percebido, só aparece para nós por meio de *idealidades* formais. O conceito de número não é nem gnosiológica nem ontologicamente separável daquele de fenômeno; antes, ele indica a absoluta irredutibilidade do fenômeno ao *dado*. O aparecer já é *mediação*, mas nisso mostra também o próprio pensamento do *imediato*. O ser em si mediato do aparecer consente a articulação das formas do intelecto e uma experiência da natureza, enquanto, por outro lado, no definir-se segundo seus próprios princípios, essa experiência é também *pensamento* da substância do aparecer. O número não é um limite que sobrevém no fim do caminho do intelecto; antes, ele está na origem deste, na relação entre objeto e sensação, e a partir desse ponto marca no intelecto todos os sucessivos momentos. Número não é um «pensamento», mas aquilo que do objeto é necessário pensar justamente no ato de determiná-lo, no ato do *légein ti*. O fenômeno é *pensado* de forma dupla: porque mediato mesmo nas formas da sensibilidade, que estão na base do mesmo uso das categorias, e porque inconcebível apenas à luz de seu *indizível* ser para si mesmo, *kath'hautó*, à luz-treva, para parafrasear o «místico», de sua *superignota singularitas*.

O conceito de número não se refere, portanto, ao objeto absolutamente indeterminado, à *ideia* abstrata de objeto. Pelo contrário, diz respeito à finitude do *este*, e, ao mesmo tempo, ao limite intrínseco do nosso predicá-lo. Já na primeira *Crítica* ele resulta necessário para compreender a faculdade da razão em geral. Nas formas da sensibilidade *se mostra* a autônoma espontaneidade com que a alma ordena em determinadas relações o múltiplo da experiência, mas tal «liberdade» não é, por sua vez, de modo algum determinável. A coisa *kath'hautó* é tão indizível quanto a condição ou causa originária por meio da qual ela parece predicável. Além disso, como Kant explicitamente sustenta na assim chamada *Erste Einleitung* da *Crítica do juízo*, *Introdução* que Dilthey intitulou *Sobre a filosofia em geral*, o intelecto é obrigado em seu efetivo *operari* a pressupor que as leis que progressivamente determina sejam imagem de um *sistema da natureza*. O princípio de finalidade, puramente *pensável*, age assim de forma eficaz, *wirklich*, nas conexões da experiência. Se o intelecto não *pensasse* a natureza como *sistema lógico* — e a natureza como sistema lógico é *nooúmenon* — se desperdiçaria na «pilha» das diversas leis particulares. Estas, pelo contrário, são sempre determinadas em vista daquela sua unidade. O número aqui opera como inapagável ideia regulatória do *trabalho* do intelecto, mostra-se neste, assim como a *quidditas* do ente em seu determinado aparecer. Na *Crítica do juízo teleológico* Kant leva mais além essa reflexão: o juízo teleológico (ou seja, a ideia de que seja possível aplicar à natureza o conceito de uma causalidade segundo fins) se aplica *com razão* ao exame dos próprios fenômenos, mesmo não podendo ser determinante, uma vez que sem dúvida é um *fato* certo que «o simples mecanismo da natureza não pode fornecer nenhum princípio para a explicação (*keinen Erklärungsgrund*) da produção de essentes organizados» (par. 71). O juízo reflexivo *pensa* a necessidade como uma causalidade *não determinística*. Não se trata de um juízo que se constitua em algum «outro lugar» em relação ao determinante; este último encontra no juízo reflexivo o *próprio* limite e nem poderia *determinar-se* de outro modo. Ele se funda sobre as *ideias* de uma ligação do Todo, e de que a coisa *é* apenas em virtude de sua ligação com o Todo (par. 65); ele remete a um Princípio de unidade e finalidade imanente à natureza, que, porquanto permaneça desconhecido para o intelecto, deve ser *postulado*, na realíssima base da impossibilidade de explicar as conexões da experiência exclusivamente por meio de princípios mecanicistas-deterministicos. Mas, sobretudo, é a própria eficácia operativa do juízo determinante a fundar-se sobre a irreprimível exigência de nossa razão em assumir, *em si*, a ideia de um Princípio absolutamente incondicionado, no qual reino da natureza e reino da liberdade coincidem. Qualquer operação do intelecto assume a própria forma a partir do *fato* de que ela tem como próprio fim, sendo ou não consciente, a *realização* da liberdade, e, portanto, pressupõe que a natureza «conceda» essa realização, isto é, que ela seja, por sua vez, referível a esse fim. Não haveria ciência, para Kant, sem tal *ethos* — nem há alguma ética dotada de sentido que possa ser «desencarnada» de sua referência à *vontade* de conhecer, de determinar o fenômeno. O conhecimento da natureza não tem nada puramente contemplativo em si; seu *ethos* (o sentido da vontade sobre a qual se apoia) consiste em considerar toda a natureza *a serviço* da cultura humana e do bem-estar humano (par. 83). Se esse fim permanece puramente pensável, todavia age de forma concreta no método científico, se não como seu significado por certo como seu *sentido*.

No conceito de número não se parte, por isso, de um limite negativo à expressão do pensamento, mas da própria constituição do ente como aparece para nós, e, por consequência, do sentido do nosso predicá-lo. Não se trata do oceano que abraça e ameaça o intelecto, e sobre o qual o intelecto nada *pode*, mas de um inevitável fator da consciência do próprio ente, deste ente, do *tóde ti*. O desconhecido indeterminável que «compreende» em si o intelecto (nada mais significativo do que o fato de que ele é imaginado no elemento marinho, onde, para dizer com Schmitt, falta todo *nómos* e o «pirata» faz suas incursões) é, na realidade, imagem daquela dimensão numênica na qual concordam sensibilidade, intelecto e objeto: númeno a espontaneidade livre das formas, númeno a substância da coisa, númeno o fundamento do «isomorfismo» entre categorias e aparências. Por outro lado, nem sequer é pensável o efeito *prático* dessa consideração do essente: é graças a esta, com efeito, que o intelecto procede por sínteses sempre mais gerais, e em substancial acordo com o Fim que a razão persegue, o do *Übereinstimmung* entre determinismo físico e reino da liberdade, o que significa conceber teleologicamente a natureza como um meio em conformidade com os livres objetivos do homem. Para Kant, esse Fim é perseguido sem que jamais se possa realizá-lo — e, todavia, como se viu, seus efeitos ético-práticos são decisivos. Contradição que se pretende poder tolher das filosofias idealistas da natureza: para elas, a razão opera *realiter* sobre a coisa no sentido de que exige a razão prática; isto é, ela *pode* realizar na natureza o reino da liberdade, e o realiza *actu* por meio de seus momentos, todos necessários. É a passagem epocal de uma concepção do ente como fenômeno-númeno — na qual o ente, como *pensado*, é considerado distinto do simplesmente *legómenon* (númeno é, com efeito, o impredicável do ente) — a uma em que o ente é visto como puro produto, *Gemachtes* ou *factum*, *prâgma* resolvido nas formas da teoria-práxis que o produz. A *substância* do intelecto e coisa tornam-se então *uma só*; seu acordo se funda sobre a unidade de sua substância. Todavia, nem mesmo em Kant o acordo tem um teor meramente analógico, uma vez que o objeto é *ab origine* marcado pelas formas da sensibilidade, e é por meio deste que de novo o acordo é obtido pelas categorias. Podemos dizer que o objeto *se dá* também como *pensado*. A passagem seguinte, além de e *versus* Kant, consiste em conceber o pensamento como a atividade que coloca o essente como tal. Não há outro aparecer senão aquele do *pensado*. Falta a *diferença* kantiana, que não tem o sentido da abstrata separação entre fenômeno e númeno, mas, pelo contrário, da inseparabilidade dos dois na rigorosa distinção. A perspectiva ontológica do «*tò tí ên eînai*», se não a do *prâgma toûto* platônico, permanece ainda aberta em Kant. Ela se fecha, pelo contrário, com a chegada do idealismo clássico. Aqui, *prâgma* se torna o próprio fazer do pensamento que conhece e, conhecendo, transforma aquilo que soube até que a Physis recrie a própria imagem.

Kant afirma que o conceito de número é um conceito sem intuição correspondente, isto é, a ele não correspondem objetos extraídos da experiência, mesmo não apresentando em si nada absolutamente impossível (o impossível sendo o objeto de um conceito que contradiz a si mesmo). Também não se pode dizer número a negação do *tóde ti*, do algo, e tampouco a simples forma da intuição, que também seria mesmo que não fosse preenchida. O número tem a ver com um conteúdo, um *pensado*, e, por isso, nunca se apresenta como uma forma abstrata, uma intuição vazia. E, com efeito, tão radicalmente se «vincula» à coisa a ponto de pretender indicar-lhe a substância. Se não é o nada = impossível, o nada como abstrato *ens rationis*, o nada = «que-não-é» (a ausência do objeto), o que significa o número? O *puramente possível*, responde Kant, o possível que só se dá *dynámei*, que jamais pode chegar ao ato ou ao *sabido*, o possível *irrelativo*. É aqui, ontologicamente, que irrompe no sistema crítico o modo da possibilidade. Pode-se afirmar que ao número não corresponde nenhuma intuição? Pelo contrário, são, quando muito, as formas da sensibilidade e do intelecto que se podem conceber também «vazias», como também *denkende Wesen*. O número, como soa em seu próprio nome, é uma só ideia com aquilo que na ideia se pensa. O número significa precisamente a intuição do puro possível, não só no sentido de que seu conteúdo não é em si contraditório, mas também no de que *pode ser*, mesmo permanecendo indeterminável. No número não pensamos uma ideia sem objeto, menos ainda o objeto na perspectiva de sua indeterminabilidade. Pensamos o objeto *como se* se pudesse dar exclusivamente segundo o modo do ser-possível. Com o intelecto, pelo contrário, pensamos o objeto segundo o modo da necessidade, e com a razão segundo o da finalidade. O que *pode ser* — e participa como tal da constituição do essente — é a substância ou coisa em si; ela é o possível que constitui o conteúdo do conceito de númeno. Mas, aqui, *possível* acaba por assumir um significado muito mais amplo do que não-impossível ou não-contraditório. A intuição que nele preenche o conceito, referindo-se, como se viu, à irrepresentabilidade *Urgrund* do objeto e do acordo entre conhecer e objeto é também a intuição *daquilo que torna possível*, ou melhor, do fundamento do ek-sistere do ente em sua determinação. Apenas *dynámei*, apenas segundo o modo da possibilidade, o númeno considera o ente, mas isso significa, ao mesmo tempo, que o intui *sub specie* daquela substância que o torna possível, ou que *o tornou possível*, segundo o fundamento que o ente, que aqui-e-agora aparece, *era*. O modo da possibilidade não acena à ideia de que aquilo *que é* possa não ser, mas ao *poder* que faz ser aquilo que é. Esse poder é o da Possibilidade, em si indeterminável, mas pressuposto de todo conceito que *possa* determinar *tò ón*. O poder-*können* do conceito sustenta-se sobre aquele da *Mögen-Magia* que faz ser o essente; é para este que se volta[1] a ideia do númeno e para o qual também não pode não se voltar o conceito ao formar a experiência da natureza, a não ser que se caia na contradição ou na afirmação, impossível de fundar, de que «*tudo* é fenômeno».

Que o possível não seja redutível ao modo lógico fica evidente na própria relação entre as formas do intelecto e seu objeto. As formas do intelecto sempre se referem a uma experiência, mas a uma experiência *possível*. Elas jamais espelham

---

1   O termo usado é *ri-volge*, que tanto pode ser traduzido como *dirige-se*, *volta-se*, mas também como *revolver*. Ao salientar o *ri-*, Cacciari também joga com a ideia de *novamente*. [N. T.]

um simples dado. O intelecto é produtivo, não reprodutivo. Formando a imagem de um objeto no espaço lógico, ele forma, ao mesmo tempo, aquela de uma experiência possível. Que não pode compreender-se senão como experiência ulterior. Toda consciência determinada mostra essa abertura. O intelecto, no uso de suas categorias, não se mostra coerente apenas com estados de coisas, mas opera para tornar *possível* uma experiência. Se não fosse assim, seria preciso dizer apenas: o intelecto determina o objeto-dado, e a faculdade da imaginação, que permite o esquematismo entre conceito e aparências, deve aplicar-se apenas ao fenômeno aqui-e-agora percebido. O intelecto, pelo contrário, determina as *condições* de uma experiência não atual, mas que se mostra não contraditória, não impossível, verdadeiramente ato em potência, com base naquilo que aqui-e-agora chega-se a conhecer. Daí o papel essencial da faculdade da imaginação no trabalho do intelecto; podemos dizer que do intelecto ela representa a *dýnamis*: o que na experiência atual faz intuir aquela possível, ainda não determinável, ainda apenas *pensável*, mas sem a qual a expressão do pensar permaneceria fechada no ser imagem do dado, ou imagem sem imaginação. O verdadeiro conteúdo e significado do intelecto resulta, assim, dessa experiência *possível*, e sua função consiste em determinar-lhe as condições. Mas, para ser coerente com uma experiência *possível*, o intelecto deverá pressupor como possível o próprio ente, ou a possibilidade como *modo de ser* do ente, segundo a dupla perspectiva exposta antes: o possível de seu fundamento indeterminável e o Possível como a Potência *que faz com que ele seja*, por força da qual necessariamente ek-siste e é impossível pensar que não seja. Representa-se, por isso, no próprio cerne da *Analítica*, a ideia de número, como a que não só negativamente limita o uso do intelecto, mas participa de modo determinante nas formas com as quais predicamos o essente. E precisamente isso faz com que o objeto não possa apresentar-se como determinável por completo, como presença-*ousía* «deduzida» do Cogito, e que o Eu penso, por sua vez, comporte uma analítica da finitude do sujeito cognoscente. O número estabelece a relação entre a pura pensabilidade da substância da coisa, justamente por ser esta um *tóde ti*, e os limites da expressão do pensamento conceitual ou do intelecto diante de seu aparecer. O Uno dessas dimensões deve ser pressuposto, mas de modo algum pode ser predicado. Isso não significa que ele não seja continuamente *indicado* na primeira *Crítica*, e que outras faculdades da alma não mostrem a exigência suprema para a razão pensá-lo. A essa exigência correspondem as outras *Críticas*, e, em particular, a do juízo teleológico, contida na terceira. Todos estes são desenvolvimentos de fato inevitáveis da ideia de número, considerada imanente na constituição do próprio juízo determinante.

8.3. *Suprema Magia.* Em suas *Lições* sobre o idealismo clássico alemão, que aconteceram em Freiburg em 1929, Heidegger insiste sobre este ponto, aparentemente tão óbvio que com frequência chega a ser esquecido: a questão fundamental para o idealismo consiste na liquidação do conceito de número. Qualquer outro «ataque» à filosofia crítica depende disso. Essa questão é a «ferida» que exige o «bálsamo da conciliação», e o conceito de número é o confim que será transgredido. E este é, para o idealismo, o signo do passado em Kant, o rastro de um dogmatismo ainda não vencido, de um pressuposto que condiciona a priori a liberdade do pensar, ou melhor, a afirmação da identidade entre pensamento e liberdade. O número é signo de um dissídio interno à própria razão. E, se a razão sofre em si esse dissídio, se não se mostra em si *conciliada*, não poderá agir como potência que harmoniza, fundar nossa racional habitação. A filosofia fracassará então na própria *missão de civilidade.*

Para que o «reino da liberdade» possa ser realizado é necessário possuir um Princípio a partir do qual qualquer desenvolvimento seja alcançável, isto é, do qual todo agir-e--saber, toda ciência, sejam apenas manifestações ou revelações particulares. Pode existir *sistema* das ciências (a *enciclopédia* hegeliana) apenas se um *saber primeiro* exprime suas conexões essenciais, apenas se há *Ciência das ciências*. Essa Ciência não deve, por isso, pressupor nada além de si mesma, nada além da *proposição essencial* sobre a qual se funda, e a partir da qual todas as articulações do sistema devem poder ser logicamente alcançadas. O problema dessa proposição sempre atormentou a filosofia moderna que, aos olhos do idealismo clássico — e, nesse caso, de seu primeiro e decisivo expoente, Fichte —, todavia nunca conseguiu exprimi-lo de modo adequado. Entre todos, talvez, é o gênio de Espinosa o mais próximo da empreitada idealista; um Espinosa filtrado, certamente, por Kant, mas também usado como arma *contra* Kant. Mas nem o Cogito cartesiano, nem a Substância de Espinosa, nem o Eu penso de Kant podem satisfazer a instância mais radical. O Cogito, com efeito, mostra-se originariamente oposto à extensão, que a partir dele não é de forma alguma dedutível; a Substância espinosiana é perfeita liberdade, mas não, ao mesmo tempo, autoconsciência do fato de sê-lo; o Eu penso só exprime a consciência interior da identidade do sujeito em todas as suas representações, a simples condição a priori da possibilidade da síntese de um múltiplo. O idealismo requer um Princípio do saber que coloque imediatamente a partir de si, a priori em relação a todo desenvolvimento, a possibilidade da síntese de sujeito e objeto, que os mostre originariamente em sua absoluta in-diferença (aquilo que de fato não comporta o anulá-los). O caminho em direção à perfeita conciliação, ou à *vida beata*, pode também ser infinito, mas a *destinação* do homem deve ser marcada a priori por aquele Princípio, e a missão da filosofia-ciência consiste em mostrar essa destinação *em ato* em todo momento do agir da consciência. O Princípio estabelece a *realidade* da destinação e a *possibilidade real* do Fim que ele em si já custodia. Está claro como essa ideia de sistema remexe, desde os fundamentos, a filosofia crítica em seu caráter decisivo: a diferença originária que ela coloca entre as faculdades (intelecto, razão e juízo), diferença que está no fundamento de toda analogia ou *ideia* de relação entre elas. No Princípio da *doutrina da Ciência* (da Ciência, isto é, que fornece o supremo e absolutamente incondicionado *Grundsatz* para todas as ciências) deve se encontrar, pelo contrário, o fundamento de toda teoria e de toda práxis.

«Alma do meu sistema é a proposição: o Eu coloca absolutamente a si mesmo.» Essa intuição, para Fichte, precede todas as operações, é o fundamento que as torna possíveis. Não se trata aqui de uma representação; o Eu é *representante*, é *inteligente* porque encontra algo «fora» de si. Mas este deve ser tornado possível no próprio Princípio em que o Eu se coloca absolutamente. Esse princípio coloca com isso as condições do representar, mas não pode, por sua vez, ser representação. Colocando absolutamente a si mesmo, *gerando-se* a partir de si, o Eu coloca a própria identidade de pensante e pensado; essente e pensar são o *idêntico* no Princípio, Eu = Eu. Em perfeita autonomia e espontaneidade a alma o intui e sobre ele funda a própria atividade. Todo saber determinado é deduzido a partir dessa intuição, todo saber é consciente de si como imagem da relação saber-sabido, que se dá originariamente no Eu que coloca a si mesmo. Todo saber é um *Eu sei*, que coloca o objeto como produto da atividade do Eu, expressão de sua *Tathandlung*. O Eu = Eu torna possível, aliás: é a *Ermöglichung*, a potência que permite realizar a consciência efetiva do objeto, de fazer dela um *positum*, nela eliminando assim toda dimensão numênica. O Eu que coloca a si mesmo é a potência originária que torna possível colocar o objeto em si, a suprema *Posição*; o Eu = Eu é a condição a priori do *Eu coloco*, do Eu que representa e compreende (ou melhor, do Eu destinado, para Fichte, a legiferar sobre toda natureza — natureza que ainda, pela falta de consciência do Princípio, seria representada como aquilo que a este simplesmente se opõe, como o que lhe «resiste»). Ao pôr-se si mesmo, o Eu é a pura espontaneidade, livre de todo pressupor, absoluta. Mas não vazia ou abstrata, uma vez que, justamente, em seu Princípio está o princípio de toda *posição*. Em seu autocolocar-se o Eu se representa, e nesse ato se encontra imanente toda representação ulterior. A do Eu que o-*põe* a si um não-Eu deriva necessariamente da forma do Princípio. O caráter absoluto do Princípio não é indeterminado, mas maximamente determinado e concreto: estabelece que o Eu está sempre diante de um objeto, uma vez que sua forma é incondicionada, mas não afirma «Eu» simplesmente, mas Eu = Eu, isto é, que o Eu é *intuição* de si mesmo, que o Eu é originariamente *atividade intuidora*. Sobre esse fundamento ou, melhor, sobre esse *Urgrund* (um fundamento que precede todo fundamento lógico-discursivo) o Eu está diante do não-Eu e o representa. O Eu representa, por isso, toda vez o objeto como *sua representação*; o Princípio primeiro, o *ato* Eu = Eu, domina todo o desenvolvimento do sistema, jamais se «ab-solve» dele, justamente em sua incondicionalidade. Todo pôr, contrapor, dividir é expressão daquele ato ou *atividade* primeira, e desta é uma determinação; sua finitude é apenas o determinar-se do Incondicionado. Como tal, em si e por si, o Princípio não é representação, mas aquilo que a torna possível; o Princípio não pode ser determinado em uma representação, mas é *determinável* nela. Todo concebível pressupõe, em suma, a intuição «inconcebível» do Princípio.

«Se o objeto tem seu fundamento exclusivamente na atividade do Eu (*im Handeln des Ich*), e apenas por meio dela é completamente determinado (*bestimmt*); então, se se deve dar uma diversidade entre os objetos, essa diversidade deve extrair origem exclusivamente dos diversos modos de agir do Eu» (*Introdução* aos *Fundamentos do direito natural*, 1796). *Dito* que faz-época, se é que há um: nele se afirma que a atividade do ser ativo do Eu, sua fundamental e «inconcebível» capacidade de apreender *com as mãos* (*handeln*), de manter *em mãos*, e assim ligar o múltiplo da representação, é aquilo que determina os objetos em sua diversidade. Os essentes se dizem exclusivamente *prágmata*. O ente é o representado do Eu, a manifestação de sua potência representativo-imaginativa. O objeto é o *positum*, aquilo que o Eu coloca diante de si, e não pode não poder pôr, a partir do momento em que, intuindo-se como Eu = Eu, afirma-se como princípio da *Setzung*, da atividade-que-põe em geral. O Princípio não soa, com efeito, como tautologia vazia, mas como *Urgrund* de todo pôr, opor, estabelecer, e, por isso, requer ser sistematicamente colmatado por representações determinadas. Por certo, o processo de suas determinações é *infinito*; a atividade do Eu, produto de sua originária e autônoma espontaneidade, não é concebível caso se interrompa. O conceito hegeliano de saber absoluto retomará a ideia: a conciliação de sujeito e objeto não define um «estado» do ser, mas vale como infinita potência. O saber é absoluto em seu fundamento e realizado em sua forma lógica, mas *continua infinitamente a saber*, isto é, a representar-imaginar-determinar. Assim, no Fichte da primeira *Doutrina da ciência*, do *Direito natural* e dos escritos jacobinos sobre a Revolução Francesa, o Princípio mostra-se pura *Ermöglichung*, a originária *Magia* que torna possível o infinito desenvolvimento da potência do conhecer; na origem, podemos dizer, está o *Mögen*, o conceder-tornar possível, o abrir-se do tempo-espaço do representar, no qual se afirma o *Können*, o poder determinante do saber. A liberdade do primeiro ato (Eu = Eu) não admite fechamento; a partir dela se libera um movimento que, como o da antiga Physis, não pode ter um termo que nele bloqueie, em certo instante, a potência. Um movimento tal a ponto de quebrar todo enraizamento terreno, de quase obrigar o pensamento a uma vida ultraterrena. O «jovem» Fichte, o Fichte que afirma ser o amor a fonte de toda certeza, verdade e realidade, mostra-se, a partir desse ponto de vista, de todo coerente com o grande parricida da filosofia crítica, autor da *Wissenschaftslehre*.

A dedução foi bem-sucedida? De fato, é necessária a passagem do Princípio ao sistema das ciências? Uma vez que o Princípio pode se dizer válido apenas na medida em que se demonstra determinante para o saber. A intenção fundamental do idealismo é oposta à da definição de um âmbito autônomo para a filosofia; esta move, aliás, como se viu em Hegel, para a ultrapassagem da filosofia na plena atualidade do conhecer. Seu ponto de vista é o seguinte: enquanto as ciências não se fundam sobre um Princípio, elas não podem chegar à plena expressão de sua potência e se limitam ao acordo de quando em quando empiricamente atingível entre determinadas proposições e estados de coisas. As condições em geral da possibilidade desse acordo constituem o objeto da filosofia crítica; o acordo é possível apenas entre intelecto finito e fenômeno. O Princípio que o faz necessário se torna, assim, o problema fichtiano; aqui, o acordo é colocado com o pôr-se do Princípio em si; o intelecto *intui* sua necessidade e com base em tal intuição arquetípica procede em toda representação ulterior sua. No início de seu trabalho, Fichte sustenta, assim, de todo «honestamente», interpretar Kant melhor do que Kant compreendeu o significado de sua obra. Mais tarde, emerge o dramático «salto»; o idealismo contradiz Kant no ponto essencial: a finitude do sujeito de todo conhecer, finitude que torna impossível toda intuição do Princípio absoluto. Trata-se de duas concepções opostas do ser-aí, de duas *antropologias*, de respostas incompatíveis com a pergunta que para Kant exprimia a *necessidade* da filosofia: quem és, homem? Para Kant, o homem *são* as faculdades diversas, regidas por diversos princípios que podem concordar entre si apenas analogicamente; para Fichte, é o Sujeito-*substantia*, por meio do qual essente e pensamento são idênticos, o Sujeito que *possui*, portanto, em si a potência da perfeita conciliação, e tal potência tem a missão de atualizar, criando a partir de si o próprio mundo.

Mas como do Eu = Eu desenvolver sistematicamente a ideia de tal missão? A única autolimitação dedutível do Princípio é aquela pela qual o Eu intui a si mesmo. O Eu é o Eu-que-é. Revisitação da primeira hipótese de *Parmênides*. Dessa dualidade obtém-se necessariamente a existência do múltiplo. Mas se trata do puro conceito do múltiplo. Como se passa dele para a realidade do objeto? Do Princípio resulta inegável a pura possibilidade do objeto; nada a contradiz; mas nada conduz dessa ideia à realidade efetiva do pensado. E, se não se efetua essa passagem, a exigência de determinar completamente o objeto sobre o fundamento da espontaneidade do Eu permanece insatisfeita. Para Kant, a aporia não se colocava: o Eu-penso de fato não determina o objeto, mas é a condição transcendental da unidade das percepções, isto é, pode referir-se apenas ao *fenômeno*, que, por sua vez, como se viu, implicitamente remete ao *número*, ou seja, à pura pensabilidade da *coisa em si*. Como o fenômeno, e não a coisa em si, pode concordar com o intelecto, como o «bem» desse acordo pode se dar, não é, para Kant, objeto de nenhuma possível representação. Apenas uma inteligência que intuísse a coisa em si, uma inteligência pela qual o *número* já não fosse tal, isto é, apenas pensado, mas objeto de real experiência, poderia conhecer o objeto da representação. Uma inteligência que tenha *feito* objeto e sujeito, que os conheça em seu em si porque os *criou*. Mas essa *Tathandlung* é sobre-humana. A aporia certamente não se supera afirmando que o ser racional que intui o Princípio *tende* a «se tornar Deus». No Princípio é possível mostrar o objeto como produto da atividade do Eu apenas se o Princípio é divino *actu*. Conclusão que Fichte, pelo contrário, não toma como sua, aliás, afasta-a, refutando o caráter finito da inteligência humana; mas, então, seu representar jamais poderá sair da *diferença* kantiana entre fenômeno e número. Afastada essa diferença, torna-se necessário demonstrar que a Luz que torna possível a concordância é imanente ao Eu que põe a si mesmo, e que é uma Luz que ilumina a própria constituição do essente, por meio da qual no Eu = Eu possa não só pensar-se como mera possibilidade, sem contradição, mas ser de fato colocada a condição do próprio não-Eu como representação do Eu, *sua* representação. Em vez disso, a dedução, em Fichte, para na forma lógica e a esta podem corresponder apenas as conexões do múltiplo dos fenômenos. A predicação deve parar na *ousía* como presença do fenômeno. Nem a *experiência da consciência* hegeliana, nem o Princípio fichtiano de toda dedução parecem por isso corresponder à instância crítica que os moveu a «superar» o *problema metafísico* repensado por Kant.

Mas é justamente refletindo sobre seu limite que para nós reaparece «salvo» o *epékeina* do *prâgma toûto*, o inexprimível da coisa em si, de um lado, assim como do Agathon, do subjugador Comum entre o ser-aí da inteligência finita e o essente, *tò ón*, do outro. Em Fichte, a exigência de imaginar-intuir o Princípio como forma em ato, que contém em seu centro todo possível desenvolvimento, integra em seu próprio irradiar-se, tolhe toda substancialidade da diferença entre o essente-*legómenon* e o essente em si, mas ao preço de reencontrá-la sempre como acidental, dado que, no concreto de sua experiência, o sujeito cognoscente se encontra tendo de entender o objeto, *tóde ti*, e procura deduzi-lo a partir da posição universal do não-Eu. É a finitude do intelecto kantiano, pelo contrário, que, ao manter viva a diferença entre *Objekt-Gegenstand* e *Ding-an-sich*, entre fenômeno e número, entre fenômeno-número e *dito*, *legómenon*, entre essa predicação do ente e o *fato*, *poioúmenon*, assinala e remete a uma impredicável unidade sua, que deve ser postulada como *Urgrund* do essente. Todos os nomes com os quais o predicamos, a *linguagem* com a qual o representamos — e é, todavia, apenas por meio das formas a priori desse imaginar-representar que podemos conhecê-lo —, não podem ser abstraídos de seu ser-signo «daquilo» que sempre os excede. Como disso são o signo, re-velam-no ao mesmo tempo, mas, justamente, re-velam seu próprio esconder-se. Não re-velam um «além» da *ousía*, mas o além da possibilidade de exprimi-la-predicá-la. Não se aplicam a entes de razão ou ao impossível, mas indicam, pelo contrário, o fundamento infundável da própria *ousía*, da presença do ente. A predicação não para porque chegou à perfeita definição do essente, porque finalmente sustenta «tê-lo em mãos» por causa de sua *Tathandlung*, mas quando, do próprio essente, em seu representá-lo, descobre a diferença constitutiva entre aquilo que dizemos fenômeno e o que dizemos número. A finitude do intelecto reflete a diferença ontológica imanente à coisa em si.

8.3.1. *O puro X.* Essa posição kantiana, a fecunda *aporética* da razão kantiana, volta, por isso, a impor-se na época da crise dos grandes sistemas do idealismo. Diante da potência (teorética *e* histórico-efeitual) de tais sistemas, as críticas epistemológico-gnosiológicas do neokantismo são de todo ineficazes; ao contrário, *o próprio Kant* pode não ser ineficaz como pensamento da diferença: diferença entre pensamento e expressão do pensamento, entre *necessidade* da razão e limites do juízo determinante, entre consideração lógica e ontológica sobre a constituição do essente.

A coisa pode ser indicada como o «‹portador› de predicados»? — pergunta-se Husserl em *Ideen I*. Os predicados se referem sempre a algo, mas nenhum complexo de predicados jamais chegará à definição da *substância* da coisa. «O ‹portador› [...] ainda que não seja colocável ao lado deles nem separável deles, é mantido necessariamente distinto dos predicados» (par. 131). Os predicados expõem e representam sempre diversos aspectos da coisa, mas devem também sempre pressupor que ela permaneça a mesma. Ao definir a coisa, pressupomos que o objeto intencional seja distinguido, permanecendo ele mesmo, «dos mutáveis e alteráveis predicados». Esse objeto, *Gegenstand*, que sempre está diante de nós, irredutível ao complexo dos predicados, é o *idêntico*, «o puro X». O idêntico, aquilo que faz da coisa singularmente ela mesma, é indicado pelos predicados, mas destes ao mesmo tempo sempre se distingue. O ente é a diferença entre sua identidade e seu ser-representado. Ao predicar o ente, realizamos uma «abstração» do puro X, uma vez que é este o maximamente concreto, mas a cada vez também o indicamos «abstraindo» da determinação das representações. O ato do conhecer se define e se limita entre essas duas formas do abstrair. Por um lado, colocando o objeto «no *como* de suas determinações», o ato de conhecer abstrai do «objeto noemático, *ut sic*», por outro, abstraindo deste último, de seu, podemos dizer, puro «o que é», ele chega a determiná-lo sempre e apenas segundo alguns de seus aspectos, por «como é». A con-*sciência* desse duplo movimento de abstração mostra--se fundamental para uma filosofia crítica. A «posição» do saber científico deve ser sempre reportada à consciência da pressuposição necessária do X da identidade da coisa; ela é o dado--*Gegenstand* que se opõe a toda *forma do fazer*, mas que mesmo assim nela se determina sempre se re-velando. Pelas diversas formas de seu aparecer e ser representada, é sempre à coisa-X que se faz referência; ela está diante de nós justamente como o indizível do próprio aparecer. Ou o Aparecer das aparências, que as aparências mostram em seu próprio esconder-se.

Husserl retoma assim o significado essencial da *ideia* kantiana. *Ideia* é «*a perfeita dadidade*» (par. 143), isto é, que em todos os seus momentos o *continuum* das aparências é apenas determinação do mesmo X. Ideia é o *dado* desse X, predeterminado como aquilo que por vezes se determina, isto é, como *o puro determinável*. Toda determinação é apenas um aproximar-se daquela «ideia», uma busca por apreendê-la mais «de perto», mas nunca se poderá afirmar tê-la expressa-representada (mais uma vez, o *aussprechen* de Wittgenstein).

Naturalmente, a ideia não é em si essa dadidade; na ideia se exprime a consciência de que o dado-X não pode encontrar outra expressão senão, de fato, como ideia. Mas formular essa ideia é exigência imprescindível e necessária de toda predicação determinada pelo essente. A correlação entre «dadidade em forma de ideia» e ser-verdade que é da forma lógica do discurso, que «está» na *diánoia*, mostra-se na diferença, estabelecida por Husserl, entre visão «*adequada*» e visão «*transcendente*»; na primeira «não há coincidência entre sentido e objeto», mas entre sentido e aquilo que nele é efetivamente contido, mas que ele pode concretamente apreender. É a correspondência ou o acordo kantiano entre formas do intelecto e fenômeno. Na visão transcendental, pelo contrário, «o elemento objetivo não pode chegar à adequada dadidade» (par. 144), uma vez que aqui não se trata do *Gegenstand*-aparência, mas «daquilo» que em todo aparecer permanece idêntico a si, ao qual o *continuum* das experiências e dos pontos de vista se refere sempre, sem o poder determinar. Mas o *eîdos* ser-verdade é correlativo àquele ser-dado e não cindível deste. Mais a fundo: o *eîdos* ser-dado (isto é, a *visão* real que não podemos não ter do essente) não é compreendido como uma última dimensão da coisa, como se a identidade consistisse também ela em um aparecer da coisa, porquanto para nós inacessível. É evidente que para Husserl esse *eîdos* é o mesmo do *puro possível*. Na ideia de dadidade predeterminada em relação a toda determinação *vemos* o «ponto» ou o X a partir do qual têm origem as *infinitas possibilidades* da coisa mesma, a polivalência das perspectivas segundo as quais tem sentido dizer «o que é». A identidade é «aquilo» que torna possível a coisa nos infinitos e não predetermináveis modos de seu parecer, e, portanto, de seu ser-fenômeno, e, portanto, de seu ser adequadamente compreendida. A ideia kantiana assim revisitada parece ligar-se à visão que o Estrangeiro convidava a ter do ente: o ente é *dýnamis*. Se quiser observar (*eîdos*) aquilo que ele *era*, a razão ou o *lógos* último que assim o faz aparecer e devir, não deve considerá-lo quase como uma estratificação de estados, um composto de elementos e partes como tais determináveis, se não já determinados (ou mesmo, talvez, jamais todos determináveis, mas simplesmente por causa da finitude do intelecto humano); ao contrário, considerá-lo como a originária potência que abre às suas infinitas possibilidades, e que pode ser expressa apenas como sua *ideia*. Assim, não esquecerá na consideração do essente o tom da *arché* de Physis.

A coisa, portanto, a «verdadeira» coisa, seu *realissimum*, não está no espaço imediatamente perceptivo, nem naquele «matemático» da ciência, compreendido o primeiro como transcendente. A percepção não pode ser «falsa», nem a consideração científica pode eliminar nela a dimensão, pois também ela sempre tem a ver com aparências. É a composição das percepções que pode resultar adequada ou não, correspondente ou não ao fenômeno. Mas ambos, percepção e juízo determinante, fazem signo para a *ideia* da coisa, que originariamente os compreende, a partir da qual procede todo determinável, sem que, por sua vez, possa ser demonstrada. É essa ideia *o transcendente* (par. 42), a unidade real de fisicalidade-percepção e consciência-ciência, unidade que transcende o limite de ambas (par. 39). Mas não — segundo um platonismo mal compreendido — como se esse transcendente fosse também ele um «estado» da coisa. Transcendente, isto é, não determinável como não o é o Aparecer das aparências, é a unidade incindível de identidade-*singularitas*, dadidade-percepção, fenômeno-representação. Não se dá representação-*Abbildung* sem referência ao fenômeno, não se dá fenômeno sem referência ao imediato da percepção (que, como se viu, jamais é propriamente assim, porque sempre colocado na conexão com os outros momentos), e não se dá nenhuma «parada» da experiência-*Erfahrung* a não ser em uma constitutiva relação com o indizível nela, dado que justamente do *prâgma toûto* a experiência, a cada vez, é *tomada*.

8.4. Realismo e interpretação. À luz dessa ontologia *crítica*, o que propõe uma hermenêutica «fraca», que se fia a um Nietzsche reduzido a *slogan* («não há a verdade, há apenas interpretações»), só pode ser um fantoche, um alvo fácil construído à sua própria medida por um «realismo» também pobre e ingênuo. A «idade hermenêutica» de fato não é marcada por esse dissociado relativismo. Ele tampouco seria reportável à sofística, a qual se guia justamente pela diferença entre o fenômeno «que sempre domina» (Timão, fr. 69 DK) e a «verdade» no abismo de Demócrito, ou, ainda, como será Pirro, o Uno-Bem além do mundo como «vontade e representação». Do ponto de vista mais propriamente teorético-lógico, então, a sofística, em seus desenvolvimentos no ceticismo (naquele *universal ceticismo* reivindicado tanto por Hegel quanto por Husserl como traço necessário da filosofia), pretende valer como crítica dos princípios pressupostos necessários da metafísica clássica, demonstrando que a verdade sobre a qual se funda o raciocínio (o silogismo) remete sempre, pelo contrário, à experiência (o homem é mortal? Jamais *vi* um homem não morrer; *princípio* de não contradição? Jamais *vi* uma coisa branca e vermelha ao mesmo tempo e com o mesmo olhar). As razões dessa crítica não têm para a sofística nada de «relativista», mas querem denunciar aporias objetivas que a *diánoia* encontra em sua demanda por alcançar as *verdades* universais e necessárias. E é evidente que elas não poderiam compreender-se a não ser em referência ao eleatismo de Melisso; a crítica sofística mostra plena consciência de operar no âmbito (que vimos *necessário e inegável* também para a Deusa de Parmênides) do *onomázein* — consciência de que não pode não se referir, *de uma só vez*, ao próprio Discurso *alethés*. Nada, em suma, de mais equivocado do que aplicar o título de neossofística a uma imagem da hermenêutica «fraca».

Em qual autor, em qual pensador autêntico, a «realidade» foi reduzida a interpretação? É possível ler Nietzsche nessa chave, abstraindo do complexo de seu pensamento citações demasiado famosas, como «Existem ‹verdades› de muitas espécies, e, portanto, não existe nenhuma verdade»? Em nenhum caso a letra trairia mais profundamente o espírito. Talvez a ideia de vontade-de-potência valha para Nietzsche como mera interpretação da «realidade», à qual seria possível opor outra também «adequada»? Pelo contrário, o ente, que Nietzsche pretende predicar, *na realização da metafísica*, deve para ele ser necessariamente dito *vontade-e-potência*. Não só o intelecto, mas a própria vontade do sujeito cognoscente devem corresponder a essa essência do ente: conheço o ente como vontade-e-potência, e *assim quero que seja*. A forma da *adaequatio mentis et rei*, que Nietzsche pretende que seja a única validade, envolve a própria vontade. *Psyché* participa integralmente da totalidade da Physis, porque nela domina, como em todo outro essente, a vontade de poder atualmente e eficazmente. Talvez não seja nada mais do que uma interpretação, para Nietzsche, que essa essência do ente como potência deva conceber-se, *radicitus*, como vontade de conferir ao devir o «selo» do ser? Que o conhecer o ente deva, por fim, traduzir-se na invocação do amor pela eternidade? (Não era Nietzsche aquele que teria desejado como epígrafe de um livro seu o verso de Dante: ser mestre de «como o homem se eterniza»?) Apenas ao espoliar Nietzsche de seu polêmico e agônico enraizamento nos grandes temas da metafísica, apenas ao ignorar o tom trágico que desse confronto ou *agón* continuamente explode, é possível resolver seu pensamento em uma chave simplesmente hermenêutica. O que equivale a liquidá-lo (fazer dele uma das tantas presenças «líquidas» da chamada «cultura»). Por certo, o oposto da leitura de Heidegger — mesmo que seu *opus* depois de *Ser e tempo*, *Nietzsche*, não enfrente a contradição mais *trágica* da experiência nietzschiana, aquela entre Dionísio e o Crucifixo (para Heidegger essa contradição é reduzida a um passado que *não mais carrega* a experiência do pensar).

Em que sentido, para Nietzsche, não há *a* verdade, mas apenas interpretações? Exatamente no sentido de que a afirmação poderia valer hoje para um autêntico «realismo» científico. *Sabemos* não só que não se dá *adaequatio* à coisa senão em sentido fenomênico, mas, além disso, que toda observação modifica a coisa mesma. Isto é, *sabemos* e podemos *mensurar* como toda observação «entra» no fenômeno, é parte de seu ser--fenômeno. É pura ignorância dos *physiká* (e não metafísica!) supor que o ato do interpretar-*mensurar* (*metiri-mens*) seja inessencial na determinação do essente. E é óbvio que assim seja, de outro modo fenômeno e dado coincidiriam. Dizemos *phainómenon* a coisa justamente porque *é enquanto nos aparece*, isto é, enquanto nosso percebê-la aparente é constitutivo dela. Não se dá fenômeno puro ou imediato, como não se dá à percepção a coisa em si. Real é a coisa observada, isto é, «alterada» pela observação. Isso significa des-ontologizar filosofia-ciência? Nada disso; é essa perspectiva que permite, pelo contrário, a compreensão-mensuração mais precisa do ente. Pressuposto de todo «realismo» é compreender que a coisa só existe em seu ser-outro, ou seja, no complexo da percepção, observação, mensuração, predicação. «Realismo» é a consciência de que a coisa, como resultante da totalidade das perspectivas com base nas quais pode ser apreendida, é uma ideia-limite, eficaz porque reguladora da busca, não um conceito determinante. Toda determinação é redutiva e pode mensurar apenas alguns aspectos do ente. Não se dá consciência simultânea do todo. A indeterminação que assim se afirma tem valor ontológico ou apenas gnosiológico? Marca um limite de nosso conhecer ou é justamente do aparecer do ente o ser indeterminado? A pergunta remete talvez à do X, à da dimensão numênica, sobre a qual já discutimos. O que podemos dizer hoje *saber* é que não é de fato verdadeiro o pressuposto da mecânica clássica, isto é, o de que se conhecêssemos posição e velocidade de cada molécula poderíamos calcular *tudo* aquilo que deverá acontecer a um estado de fato... Aos autodenominados neorrealistas só resta conciliar a leitura do áureo diálogo galileano de J. M. Jauch, *São os quanta reais?*, 1973.

Real é apenas o complexo, aparente em seu próprio *phainómenos*, de *extensio* e *cogitatio*. Uma não se dá sem a outra. Atributos inseparáveis da Substância, que impedem qualquer dualismo, qualquer abstrata contraposição. Kant chega a se equivocar sobre Espinosa a ponto de nele ver o responsável por certa difusa *Schwärmerei*, entusiasmo ou exaltação, mas não é de fato, ao menos na primeira edição da *Crítica da razão pura*, tão estranho a esta ideia fundamental: a própria percepção já não tem nada de simplesmente imediato, o próprio fenômeno se constitui na perspectiva do *cogitatum*. O que não significa, de fato, identificar os dois termos! As formas da sensibilidade são, sim, *formas*, mas é apenas enquanto *movidas*, enquanto a *extensio* as «golpeia», que elas se manifestam, e é só à *extensio* que poderão fazer referência para assumir um significado. O que torna Espinosa e Kant incompatíveis, para este último, é que justamente a Substância, a *unidade* da Substância, não pode ser de modo algum predicada, a não ser «errando» em um uso transcendental da razão. Pelo contrário, com ela Espinosa «ousa» iniciar, e a partir de sua evidência ou não contraditoriedade meramente lógica «faz existirem» toda determinação e todo fenômeno. Todavia não poderemos indicar a Substância com o próprio termo «coisa em si»? Eis, então, que ela seria chamada a desenvolver, no âmbito da razão pura, a função fundamental que procuramos esclarecer antes. Toda proposição dotada de significado harmoniza em si o a priori da forma (*cogitatio*) com o dado sensível, pressuposto de todo fenômeno, a espontaneidade-atividade do a priori com a passividade. Essas dimensões jamais se dão separadas. Mas o fundamento de sua harmonização, a *substância* de sua unidade, permanece indeterminável. Creio que podemos chegar a afirmar que a coisa em si kantiana se ilumina apenas se compreendida nessa *contra-dição* com a ideia espinosiana de Substância. Verdadeiramente *real, realissimum*, é a Substância apenas (verdadeiramente *real* é a *res* em si mesma, em sua *quidditas*), mas todo fenômeno também o é, como efetiva expressão da impredicável Substância, uma vez que todo fenômeno *mostra* que evidentemente é constituído *ao mesmo tempo* por pensamento e extensão. *Vejo*, e aquilo que vejo é fenômeno, não *a* coisa; o fenômeno se constitui já no ver, isto é, por meio das formas da sensibilidade, as quais necessariamente se referem ao sensível. No *phainómenon*, com efeito, essa referência não se volatiza, justamente porque não se volatiza a referência à coisa em si por parte do complexo das formas da sensibilidade e daquelas do intelecto: não é *a* coisa a se tornar *perceptum* e, depois, *cogitatum*, em suma, um *positum*, mas o fenômeno que à coisa-substância, a seu X, refere-se como ao próprio infundável fundamento. E o *real fenômeno* é extensão *percebida-observada*. Vemos no fenômeno nosso próprio percebê-lo; assim, apenas ao conhecê-lo, no conhecer aquilo que se nos mostra *outro* do conhecer, nos conhecemos.

No «entusiasmo» espinosiano faltaria, para Kant, a distinção entre fenômeno e número. A coisa em si apenas do ponto de vista da Substância poderia ser conhecida, uma vez que, para sabê-la, não só deveria conhecer a infinita cadeia causal que a produziu mas também representar a rede infinita das conexões que a ligam atualmente a todas as outras. Podemos, com efeito, afirmar conhecer realmente o que um ente é em si, sem nele determinar a relação com os infinitos outros? Ainda assim, é evidente que todo essente ek-siste apenas *prós ti*, em sua relação com o outro de si, em sua *diversidade* em relação a todo outro. Portanto, esse «realismo» nos é excluído. Nenhuma figuração, *Abbildung*, poderá «substituir» a coisa em sua realíssima singularidade e também realíssima participação no Todo. Mas não por isso não é real o fenômeno, *no qual* se manifesta imanente o perceber-observar. Ou, caso se queira, a intranscendentibilidade da interpretação, a insuperabilidade para a interpretação assumir *um* ponto de vista ao considerar o essente, «abstraindo-o» do Todo.

Observando bem, a crítica de Hegel a Kant não diz respeito tanto ao conceito de númeno (quando muito esse aspecto é mais evidente em Fichte e no primeiro Schelling) quanto, justamente, ao equívoco ante a ideia espinosiana de Substância, não apreendida em seu ser *em ato* em todo momento do pensar. O saber é *fenomenológico*, tem como conteúdo *fenômenos*, mas o fenômeno é *espírito*. Essa perspectiva poderia deixar também «imprejudicada» a coisa em si. Não é seu aspecto gnosiológico-formal que interessa a Hegel. Seu significado se resolve afirmando que não se dá fenômeno, *real* aparecer, que não seja espontaneidade, atividade, que possa reduzir-se a um simples imediato. E Espírito é mediação. A referência a uma Unidade transcendente da *fenomenologia do espírito*, que se conclui com o saber absoluto, estaria em ler Espinosa com os olhos voltados para o passado, com os olhos da *philo-sophía* ainda não tornada *ciência do eficazmente existente*, *Wirklichkeit*. Isso significa que a ciência se funda sobre a consciência da inextricável conexão, em cada momento seu, de *cogitatio* e *extensio*. Hegel assim pretende superar (já o vimos) todo suposto «dualismo» kantiano, como Espinosa pretendia fazer em relação a Descartes (B. De Giovanni, *Hegel e Spinoza. Dialogo sul Moderno*, 2011). Entretanto, isso não comporta necessariamente a liquidação do conceito de coisa em si. O saber absoluto de Hegel surge da *experiência*, conhecendo e *realizando* fenômenos. São fenômenos no tempo que o conceito *compreende*, mas tão perfeitamente a ponto de deles dispor, de transformá-los, até determiná-los como seus produtos. É a potência do saber-poder, *Können-Kennen*, para «superar» o conceito de coisa em si. Kant, para Hegel, não reconhece ainda o poder do saber, concebe esse poder como um Fim ainda sempre por realizar. O que pode ser verdade do ponto de vista empírico, uma vez que o saber será sempre *produtivo*, mas não do conceitual, uma vez que *actu*, agora, é *sabida* sua infinita produtividade. Em suma, a crítica de Hegel não quer ser apenas lógico-filosófica, mas eficaz-histórica: chega-se à experiência da consciência no pleno domínio do ente. O mundo que seu caminho produziu é o da unidade de *Wissenschaft* e *Machenschaft*. Marx chamará esse mundo «sistema social de produção capitalista». Quer dizer consciência da coisa em si, superação da necessária referência do conhecer ao fenômeno? Quer «apenas» dizer que para Hegel o conceito de coisa em si representava o índice de um limite na consciência dos próprios fenômenos, limite que a *realidade* já consente colocar como superado. Muito menos afirmar que a coisa é produto, *minha Sache* (ou a afirmação da «reciprocidade» de real e racional), significa fazer dela uma «interpretação» minha. A coisa-produto também é *Gegenstand* (e não, para Hegel, simplesmente não-Eu!) do dado pressuposto que «move» as formas da sensibilidade. A forma-produto condiciona e determina. Se o sujeito autoconsciente se tornou assim *sophós* para fazer da coisa um *Gemachtes* seu, este último age sobre o sujeito, sobre as formas de sua sensibilidade e de seu intelecto, modificando-os, «alienando-os». Nenhum mundo colocado no cérebro tem pernas para o ar. Marx explica Hegel, e por vezes o glosa, muito mais do que o transforma. Se *fato* é a essência do ente, isso não lhe retira a natureza realmente fenomênica, nem faz faltar no conceito o nexo de *cogitatio* e *extensio*.

Nenhum conceito subsume a si *a* coisa, nem a coisa nunca é pura dadidade. O próprio fenômeno se constitui como *Gegenstand* na medida em que sempre é também signo da coisa em si, e sempre se manifesta, no próprio instante de seu ser-percebido, o próprio ser-uno com a *cogitatio*. Essa relação é por vezes determinada — e, todavia, trata-se de determinações do indeterminável. A Verdade do acordo entre os dois atributos da Substância é a Luz que torna o essente visível-cognoscível, mas permanecendo «salva» em si, *epékeina tês ousías*. O mesmo vale no concreto da atividade interpretadora. Impossível chegar até *o significado*. Talvez o *nomen propinquius* do essente seja *dýnamis*; assim, talvez possamos chamar de *potência-energia* também o significado último de um texto. Em que sentido? No sentido de que *o* significado, em si não alcançável, é precisamente a força, a energia que gera e move a atividade do interpretar. Há interpretação porque subsiste a *intenção* de chegar até *o* significado (como a busca das leis da natureza, porque subsiste, conscientemente ou não, a ideia de *a* lei da natureza). Nenhuma interpretação começa afirmando que existem apenas interpretações. Também se se pretende enfrentar o conjunto de um texto apenas de um ponto de vista ou segundo um particular aspecto seu (e não seria possível agir de outro modo), com a intenção de dizer não como ele parece, mas como é. Sem essa direção ou «ideia», o «círculo hermenêutico» se reduz a mísera sofística (nada a ver com a clássica), e a hermenêutica esquece *in toto* a própria aporia imanente e, por isso, a própria dramática. A interpretação é movida pela vontade de representar *o* significado do texto; ela se origina, aliás, do pressuposto de que esse significado exista realmente, assim como de que a coisa seja complexa e a sobreposição de perspectivas de fato não elimine a referência a sua substância. A busca, o caminho, a experiência que a interpretação realiza não seriam de outro modo nem mesmo concebíveis. Esse inatingível, *o* significado, a coisa em si, *são realmente*, enquanto se representam na energia que move o interrogar-interpretar. A interpretação busca uma ausência, procura dizer aquilo que no âmbito do dizível é ausente. Mas esse ausente se manifesta na própria busca, em sua *dýnamis*, na direção que esta assume, nos rastros, índices, signos que nela acompanham o *lógos*. Podemos dizer que o indizível *atrai* não como o sumo Ente, em si perfeitamente determinável, e que, por isso, pode ser dito Causa, ou como, por outro lado, também a Substância espinosiana, mas como a Luz supraessencial que em si compreende, e não apaga, aquela dos diversos modos de predicar o ente e a multiplicidade das inte-pretações. Essa atração, que exercita *o* significado ausente, é *realidade* inapagável, como o é a da coisa em si ou da substân-cia, uma vez que sem ela nem mesmo o aparecer fenomênico seria concebível. Essa ausência é, por isso, efetiva potência, pois abre, origina, torna possível. E a interpretação, por sua vez, será tão potente quanto mais saberá ser signo da ausên-cia. E assim poderá ser apenas mostrando *a diferença* entre o próprio dizer e a coisa, entre o próprio manifestar-represen-tar e a verdade, apenas *dizendo pollachôs*, dizendo por meio dos muitos possíveis modos de afrontar e predicar o essente ou o texto diante do qual se está, *phainómena* ambos, na consciên-cia da verdade que em si custodiam e que aparecendo para nós re-velam. É eliminando essa diferença que se abre o campo da autêntica *tirania dos valores*! Assim, só existe o valor *relativo* de um essente (ou de um texto, ou de uma interpretação) em re-lação ao outro. A única categoria se torna o *prós ti.* Tudo o que existe, existe apenas para ser valorado, e fora do valor que lhe é atribuído é nada. A «tirania dos valores» não é o domínio exer-citado por ideologias ou visões de mundo que se pretendem de positárias da Verdade (domínio há tempos superado), mas o da radical *in-diferença* por tudo o que transcenda o horizonte do valor «economicamente» mensurável, da *valoração* da coisa no domínio da troca universal.

8.4.1. *Prágmata.* A partir de qual princípio pode ter sido derivada a ideia de certas correntes des-construtivas «pós-mo-dernas» sobre o caráter intrinsecamente «enganável» da ordem do discurso (ideia que nada tem a ver, como se procurou obser-var, com Nietzsche e muito menos com Heidegger)? Parece-me que Hilary Putnam apresentou a resposta justa. Mais do que de uma tradição propriamente cética, de uma visão «autonomista» da semântica. O ceticismo clássico se apega firmemente à rea-lidade do aparecer; ele sustenta, aliás, que o *fenômeno* sempre predomina (e em Pirro, como já se apontou, além do fenômeno, permanece de todo *pensável* uma natureza do divino e do Bem; essa forma de ceticismo retorna no contemporâneo talvez apenas em um autor: Giuseppe Rensi). O pensamento desconstrutivo questiona, pelo contrário, justamente isto: que o fenômeno externo *exista* do mesmo modo como eu mesmo existo (Kant), e, portanto, que sobre ele se possa dar uma representação verídica. O que existe é a *genealogia* de suas representações, a historicidade determinada e sempre relativa de seu aparecer nos *signos* que dele fazemos, e estes resultam essencialmente *autônomos* de todo *inter-esse* ontológico pela coisa. Trata-se, no fundo, de uma variante do «silete philosophi», cuja expressão mais forte é a neopositivista. Como a primeira acreditava interpretar Nietzsche, esta crê interpretar Wittgenstein ao afirmar a ineficácia dos termos metafísicos e a necessidade da resolução dos *philosopheîn* na lógica da ciência. A substancial falência desse *méthodos* também foi esclarecida por Putnam em numerosos ensaios (recentemente, *Philosophy in a Age of Science*, 2012). Contra ela ainda é afirmado que real, *wirklich*, não é nem um suposto dado, nem o evento, nem a interpretação, mas o *fato* de que ao distingui-los os reúne e ao reuni-los os distingue, *fato* como tal inseparável das *formas do fazer* (entre as quais, a característica «tremenda» de nosso ser-aí, o pensar). *Realissimum*, assim, é a unidade que seu nexo necessariamente postula, e que nenhuma *theoría* poderá determinar. A filosofia poderia assim configurar-se como a *prática* que volta seu olhar para a constitutiva problematicidade das formas do fazer, dissolvendo a pretensa separação e autonomia de cada uma, ou melhor, a imagem autorreferencial que cada uma tende a dar de si. É um olhar não muito distante daquele «enciclopédico» hegeliano, que não vale como somatória de saberes particulares, mas como exame sobre a existência de conexões lógicas profundas e sobre os princípios que a tornam possível. Ou, caso se queira, próximo ao anseio que movia uma obra como *Filosofia das formas simbólicas*: abrir a passagem de uma crítica da razão a uma crítica da civilização (para a filosofia americana, essa ideia parece configurar-se como uma retomada de Emerson; sobre isso, é notável a obra de Stanley Cavell). Não há, então, coisas senão *prágmata*? A explicação-interpretação genealógica nem mesmo compreende a pergunta. Ela é, por certo, fundamental para *recordar*, no exercício do *lógos*, acerca do limite de todo produto seu, para sempre retornar à interrogação nietzschiana (e desenvolvê-la em todos os seus sentidos): «de onde nasceu a lógica na cabeça do homem?». Mas o *prâgma* é desse modo porque re-vela a *substância*, porque a ela se endereça, por meio do universal e necessário ceticismo, que é universal justamente como nunca realizador, nunca capaz de *Befriedigung*. A própria irrefreável vontade de reportar todas as leis da natureza a um único e imprescindível fundamento da *vontade de saber*, por força da qual toda lei é eficazmente determinada, soa, no *saber* que o aparecer iridescente do ente não corresponde à verdade de seu ser ele mesmo, singular, *kath'hautó*. A compreensão genealógica não resolve o caráter aporético intrínseco do discurso metafísico, como discurso sobre a vida-*dýnamis* do essente, muito menos daquele essente chamado a conhecer e a exprimir a si mesmo. O tudo-interrogar do *philosopheîn* começa, não termina, no momento em que nele se reconhece a origem praxística e toda sua «soberba» é finalmente dissolvida. Sim, todo nosso saber afunda em um complexo de práticas, que produzem *prágmata*, que, por sua vez, como realidade eficaz, determinam e condicionam. Mas somos nós *agora* a nomeá-las. É essa linguagem, que agora manejo e transformo e por meio da qual sou também falado, a nomeá-las. Os nomes *não* são aquelas práticas em si. Não são os «nomes» com os quais elas se nomeavam, se alguma vez foram nomeadas. No que diz respeito aos *prágmata*, o caminho «afunda»; mas afunda porque permanece nos rastros do Logos de Physis.

O *lógos* se sobrepõe sempre à «origem». A palavra dela faz signo, mas nunca pode coincidir com ela. É seu símbolo, impensável sem aquilo a que se refere. Sua própria realidade é apenas o produto dessa *referência* que em si continuamente ela exprime. Mas a palavra não pode representar o «fundo» de sua proveniência. O que nela se revela é seu *ser-proveniente* em unidade com sua potência de ainda *advir*. No «corpo marcado» da palavra, essa implicação se mostra. Mas é uma implicação aberta, ou *ferida*, pois nenhuma imagem corresponde àquele «fundo», como nenhuma predicação corresponde à singularidade do essente. Toda nomeação se exibe ao indizível-irrepresentável. E justamente este alimenta a imaginação: o *fazer* novos nomes e novas imagens. A *poeticidade* da linguagem, que para Giordano Bruno muito se assemelha à da *mão*. A linguagem vive e se alimenta «queimando» em si, a cada vez, esses experimentos de «aproximação» daquilo que a palavra adverte faltar-lhes. A palavra viva, o *corpo* da palavra que tem *voz*, é essa perene transgressão entre dizível e indizível; nenhum confim fixo, nenhum lugar geometricamente calculável, mas uma energia (como sabemos hoje ser energia, imaterial e realíssima, realíssimo Invisível, a constituição material última da coisa) que nenhum *lógos* pode recolher-conter em si, porque se faz um só com o *lógos* ao formar o *prâgma*. Energia que sempre *se transcende*, uma vez que reconhece «aquilo» que sempre a transcende, e que nada mais é do que o *realissimum*, o maximamente concreto do próprio essente. Não representa o transcender-se, que é essência da faculdade de falar, o signo último daqueles «longos braços» (Putnam) de nossas faculdades mentais, que se estendem ao ambiente, que interagem com os *prágmata*, e que demonstram assim sua irredutibilidade a programas de computador instalados no cérebro? O «léxico intencional» (e aqui Putnam convoca expressamente Husserl) que forma o vocabulário dessas faculdades não manifestaria a própria essência, dado que chega a ser intenção *do dizível ao indizível*?

A movimentos e estados do cérebro correspondem atos mentais. Mas corresponder significa determinar? Talvez seja possível estabelecer que *esses* atos mentais, expressão *desse Da-sein*, são o produto desses estados do cérebro? Entretanto, nunca estamos lidando com o Ato mental, mas com *este-aqui determinado*; desses atos determinados apenas temos experiência. Eles apenas *falam*; os movimentos das circunvoluções cerebrais são mudos. O que pode explicar de forma determinística como estes últimos dão vida à singularidade dos primeiros? Bergson se perguntava em *L'âme et le corps*: podemos apreender a sinfonia a partir do estudo dos movimentos do maestro? Entre a relação cérebro-ato mental e aquela que liga predicação do essente *prós ti* à singularidade da substância do próprio essente é possível traçar uma analogia; mas a *palavra* do ato mental é irredutível à determinação da constituição do cérebro, como a substância do essente em si, *kath'hautó*, à figuração do estado de fato, com base numa lógica das relações.

8.4.2. *De coniecturis.* A ideia de interpretação que sustentamos se liga explicitamente, «aquém» da hermenêutica pós-modernista (e das polêmicas da moda contra ela por parte de um suposto «realismo»), àquela cusaniana da *conjectura*. Ela não deve ser confundida com a ideia, já presente também na filosofia tardo-antiga, de que muitas vias conduzem à Verdade, versão «forte» do mesmo relativismo vazio do «não há verdade, há apenas interpretações» (afirmações em si autocontraditórias, como todas aquelas próprias de um ceticismo «absoluto»). A conjectura é sustentada de modo que se disponha segundo uma intrínseca forma lógica, formule hipóteses satisfatórias em contraste com outras; ela procede submetendo-se a verificação contínua mediante esse contraste-diálogo. A conjectura pressupõe a *realidade* daquilo que se está procurando e a possibilidade em geral de que ela seja expressa. Essa possibilidade, por assim dizer, é a cada vez desmentida e reafirmada.

Colocada uma hipótese, chega-se a formular uma conjectura; verificada a conjectura, conclui-se que ela não é capaz de predicar exaustivamente a realidade (o «texto») que tem à frente, o *próblema* com o qual esta se confronta; então, avançam-se novas hipóteses e se formulam novas conjecturas. Em outros termos: posta uma «imagem» que parece coerente com a realidade que se pretende representar, procura-se de novo sua *diferença*; e, posta a diferença nesse novo nível, busca-se entre os diversos uma mais radical razão de unidade. Subindo a espiral, o procedimento volta-se sobre si mesmo. O passo último será também ele conjectura, e será fundamento apenas para aqueles sucessivos; ele *deixa ser* sua possibilidade, *oferece lugar* ao outro. Longe de fechar-se em si, cada passo é movido com o intuito de ser «superado», justamente porque é consciente do fato de ser conjectura, em diálogo não só com as precedentes e próximas, mas com as que estão por vir.

O significado nunca poderá ser «liquidado» no jogo das interpretações, uma vez que essas existem justamente enquanto pretendem exprimi-lo. Sua *realidade* subsiste como subsistem as conjecturas que o aproximam ou que custodiam em si o aproximar-se dele como seu fim ou ideia. Dividir as duas dimensões é pura abstração. Analogamente, *realidade* é o próprio fenômeno, em sua diferença do número e, por isso, irredutível ao pensado; mas o fenômeno implica em si mesmo a *presença* do sujeito ao qual aparece. Imanente ao fenômeno, que insiste também no estar *diante*, *próblema* para o sujeito, é seu aparecer *a nós*, e, portanto, nosso vê-lo-observá-lo. Uma vez que o conceito de fenômeno implica o aparecer ao sujeito, ele custodia em si o de número (que indica a referência em geral ao pensamento do aparecer do essente). Por um lado, o fenômeno é o *aparecer para nós* e, por outro, rastro efetivo, signo, índice da *substância* da coisa, sem a qual nada poderia aparecer. No determinar o fenômeno, necessariamente o sujeito a indica, está *nos seus rastros*. Toda afirmação determinada, toda imagem definida é, a um só tempo, conjectura dessa substância. À máxima clareza atingível na imagem da realidade (ou do «texto») que encaramos corresponde a máxima tensão da conjectura voltada a compreender nisso o *significado*. A ideia de númeno se impõe quando a ordem é feita na linguagem que figura o aparecer da coisa, no *lógos apophantikós*. Mas substância, já vimos, e isso também vale para Nicolau de Cusa, não deve ser compreendida como um «estado», ou um fundamento do aparecer, não determinável apenas para os limites do intelecto humano. A conjectura que diz respeito à substância do ente fala disso como do *puramente determinável*, do *Possível* de toda determinação. A substância da coisa (do «texto») é *dýnamis*, a potência que faz ek-sistir os aspectos determináveis da coisa e, ao mesmo tempo, a diversidade das interpretações. Tais aspectos e essa diversidade aparecem — mas aparecem sempre em referência àquela *dýnamis*, e desta constituem a revelação. Por isso, o fundamento primeiro, o *Ur-grund*, da coisa mostra-se como indizível: predicá-lo significaria não compreender seu significado; não é pela impotência da linguagem que não pode ser dito, mas porque indeterminável e não figurável é o Possível no qual todo fundamento deve ser *pensado*.

De modo exemplar, a forma da conjectura é ilustrada por Nicolau de Cusa em seus raciocínios sobre o dogma trinitário. Aí, a «invenção» moderna da conjectura revê e re-interpreta toda a história da exegese. Os princípios platônicos e aristotélicos são recolhidos na tentativa de exprimir o sentido do dogma. Trinitária é, para De Cusa, a ideia aristotélica de Causa (eficiente, formal, final): *una*, mesmo que claramente distinta em si. A Causa que faz existir toda coisa e é forma de todas as formas, complicando-as em si, é a mesma que leva a realização (causa final). Afirmado tudo isso, trata-se apenas de um *sabor* do Deus-Trinitas. Um sabor que degustamos chamando-o de *Espírito que doa vida*. A inteligência do Pai é endereçada ao Verbo-Vida do Filho, e o Espírito é a alegria da obra realizada, a conjunção de possibilidade e ato. Todas imagens conjecturais, uma vez que, não obstante toda *inopia eloquii*, ainda é necessário procurar indicar o indizível, fazer signo para seu mostrar-se. A conjectura mais própria parece ser, no entanto, a da memória. No Senhor supremo, primeiro Rei (De Cusa se refere, em um sermão de 1454, à *Segunda carta* de Platão), há um céu que tudo guarda, chamado memória. Antes de existirem, serem mensuradas e serem «sabidas», as coisas são na memória do Rei. Aí, sua imagem é eterna, como o Filho é coeterno ao Pai. A memória é a imagem mais próxima à «realidade» do Rei. Ela guarda em si a ideia, a forma, o fim de todo essente. O aquilo-que-era e o aquilo-que-será de todo essente. No ato do recordar fazemos memória dessa Memória. O recordar, por sua própria natureza, *afunda* no imemorável, isto é, no Céu em si indeterminável onde toda coisa em todo seu tempo vive eternamente presente. A conjectura mais próxima que podemos atingir, aquela que nos dá de forma mais intensa o *sabor* do Deus-Trinitas, por certo não seu *saber*, forma-se em torno da ideia de memória: nossa mente remonta à origem de sua forma, de sua vida, e com esta quer conjugar-se, com ela quer gozar de si. A conjectura não manifesta nenhuma in-diferença: nem em face de outras, uma vez que é intrinsecamente dia-lógica, nem em face de si mesma, pois se expõe integralmente ao defender a própria verdade. Assumindo o próprio sentido da «ausência» d'*o* significado, ela não pode deixar de se considerar *verdadeiramente* a voz que mais se aproxima dessa «ausência», que mais intensamente a «ama». O «texto» («palavra de Deus», autoridade, enigma de que seja — no caso de De Cusa: o «Superessencial» neoplatônico, chamado para «traduzir» o «mistério» cristão), ou as *res* que pretendemos representar permanecem diferentes de toda forma de interpretação (ou de analogia: qualquer hipótese para poder realmente *comprehendere* o Senhor por meio da *analogia entis*, ou qualquer forma de analogia atributiva ou de proporcionalidade, deve aqui ser de todo excluída); todavia, aparecem re-velando-se na conjectura. A conjectura é o reflexo de sua Luz, incapturável naquela do fenômeno, fenômeno que é, a um só tempo, aparência-e-interpretação. A conjectura é a ideia que quer fazer-se expressão, que pressiona para se tornar verbo e que guarda em si, sem jamais exauri-la, a energia da busca e do interrogar. *Amor* intelectual da mente por *sua coisa* mais própria é também a conjectura de Nicolau de Cusa, amor por aquilo que mais essencialmente, *escatologicamente*, a ela diz respeito. Por isso mesmo a conjectura «vive» em seu objeto, concebe-o como *causa* (coisa) de sua ação. Mas nunca poderia concluir colocando a própria identidade com ele. A *laetitia* com a qual procede em seu caminho permanece diferente da *beatitudo* e *gloria* (Espinosa, *Ética*, V, prop. 36, escólio), como a figuração do ente a partir da sua substância, como aquilo que aparece a partir do Aparecer-Verdade e aquilo que sabemos exprimir a partir do que podemos pensar. Ainda assim, dessa Glória a *laetitia* é signo, *grámma* concreto, mesmo no próprio «corpo» ela disso é reflexo e referência. Gloriosa a consciência perfeita — mas como, então, conservar o nome de «amante»? Porque alegre e clara, *hilaris*, pode chegar a ser a própria conjectura, amante do indizível.

9. *Etymologikón.* Com qual nome a conjectura poderá dizer a coisa? Ente, *tò ón*, aquilo que vem à presença (*eimì-eimi*), ou que *é* simples e puramente, sem proveniência e sem termo? Existe efetiva contradição entre os dois modos de compreendê-la? Se a coisa singular, *tóde ti*, é compreendida *sub specie aeternitatis*, isto é, como nada mais que afirmação dos atributos da Substância, ela remeterá a esta última, sem poder exprimi-la integralmente. Remontar a cadeia de suas causas até a Causa é impossível para o intelecto. Mas o intelecto *sabe* a razão dessa sua finitude, e concebendo a coisa pode concebê-la em Deus e conceber em Deus o seu próprio concebê-la (*Ética*, V, prop. 29-30). A diferença só é colmatada por meio do ato de sua própria intelecção. A coisa tem imanente em si a própria causa, ainda que seu aparecer não constitua seu desvelamento. A coisa é *causa*, mas nunca a Causa; desta é o signo, a expressão; mas conhecê-la segundo a totalidade da ordem das causas remete ao abismo de seu «fundamento», àquilo que ela imemorialmente *era*.

No termo «coisa» ressoa justamente este tom do essente: seu ser-causa. O essente é considerado a partir da linguagem segundo a perspectiva do *id quod est ratio efficiendi*, de sua capacidade de ser causa eficiente. Ele é propriamente, ou melhor, é presente (*ousía*), quando causa algo, quando está na origem de um processo, quando é de algum modo *arché*, *aitía*. De outro modo, aparece quase como na-da. Ou um mero *eventum*, um aceno, uma aparência efêmera, que não deixa marca nenhuma de sua passagem. O propriamente essente é concebido, portanto, no «verbo» *coisa*, segundo o modo da *vontade de poder ser causa*. A Coisa primeira, a Coisa por excelência, será, em tal perspectiva, a Causa do todo, imanente ao todo, a Causa pela qual existe tudo aquilo que existe: *Ur-sache*. E toda outra coisa será à sua imagem ou tenderá a sê-lo, sob pena de «liquidar-se» em *eventum*. Mas como definir que uma coisa é causa? Causalidade nada mais significa do que correlação. Que uma coisa seja correlata a outra de fato não comporta que a *produza*. E quantas são *as causas* de um fenômeno?

Diverso, de fato, é o tom de *res*. Como já se assinalou, o termo *res* remete de forma inequívoca à posse, aos bens (*ra-tna*, *ra-yi*, aquele que possui, em sânscrito), ao que é patrimônio adquirido, obtido ou concedido de forma estável. *Res publica*, propriedade pública, em oposição a *res familiaris* etc. *Res* como ente *da natureza* é um sentido derivado, que agita o contexto originário, uma vez que, se a coisa pertence à natureza, já não pode aparecer para nós como patrimônio à nossa disposição, que se possa ter ou perder, e se aproxima do tom ativo que é justamente de Physis. «Ter» a coisa significará, assim, conhecer *natura rerum*, e ao conhecê-la impor-se-á mais uma vez o sentido da coisa-causa, já que conhecer algo nos parece significar saber sua causa e saber, ao mesmo tempo, o modo como por sua vez *causa*. O ente *da natureza é*, com efeito, aquele que, à imagem da *Ur-sache*, espontaneamente produz. A simples *res* não tem esse poder, a menos que não o assuma a partir do sujeito que dela dispõe, que dela se torna a verdadeira causa. Podemos dizer que, por causa, *reificar-se* equivaleria a perder-se; a causa quer possuir, jamais cair no ser-possuída. Todavia, *in re ipsa*, é evidente a relação entre os dois tons: qualquer ente pode aparecer, ao mesmo tempo, causado e *potência* causadora. E, na medida em que o ser-causa da coisa se liga ontologicamente a seu ser-*res*, o essente sempre se manifesta, nesses termos, como algo que também pode ser possuído, transformar-se em mero patrimônio, «bem» à disposição. Nesse caso, ele parece ter de se referir a um sujeito, não «reificável» em si, que pode, por isso, avançar a pretensão de tornar-se senhor. Assim, o ente poderá ser dito como *Sache*: a coisa *me chama em causa*, refere-se a mim, é minha tarefa por ela me interessar. O sentido jurídico antigo do termo (como também de *res*, por outro lado: *reus* é aquele cujos bens, e cuja *res*, estão em causa, a *parte interessada*, que deverá estimar bem, calcular — *reor*! — a própria posição) aqui se faz evidente. No antigo alemão, *sahha* é o processo, a *causa*. A «coisa» entra em discussão, é debatida, é decidida — e isso devo fazer, essa é *minha causa*. A passagem a um significado teorético também é clara: é *minha tarefa*, aquilo que de forma mais íntima me diz respeito como ente racional que sou, indagar *causa*, *natura rerum*. (Aqui, também seria possível pensar em uma ligação com *suchen*, sedutor, mas etimologicamente insustentável, uma vez que a raiz de *suchen* germânico reclama aquela do latim *sagire*, andar nos rastros.) O ente que chama *em causa*; do instante do *thaumázein* nos é impossível dele «nos libertarmos»; o «processo» de nossa relação com o *ser-aí*, ser-aí da coisa e nosso *Dasein*, não tem termo; nele somos «pré-julgados» (a expressão, que aqui aparece em um contexto de todo outro, é de Derrida).

A *realidade* constituída por essa relação inseparável entre a coisa e o sujeito que dela faz sua própria causa (relação que se explicita em locuções como «*for my sake* [= *Sache*]» ou similares) assume o nome de *prâgma*. A própria voz aqui diz o agir: *nomen-érgon-verbum*. A coisa aqui é vista como o *fato realizado*, o fato que resulta de todo o processo que conduziu a seu manifestar-se (*pra-ga*, em sânscrito, significa o avançar, o proceder; na épica homérica tem o significado do andar até o fim, do atravessar; a mesma raiz de *peíro* e *póros*?), o resultado necessário de uma ação. *Prâgmá esti* equivale a «é necessário»; mas não se trata da necessidade que soa em *anánke*, mas, antes, daquela que se impõe e se realiza mediante a conexão das ações e dos eventos. «Observa os meus *prágmata* como estão», diz o Alceste de Eurípides — e a realidade de sua *situação* é descrita por um *drama* (pelo *drân*, isto é, por aquela forma do fazer que se impõe quando a decisão mostra-se irrevogável, uma vez que ela é o resultado do conflito entre diversas forças ou *timaí* divinas). Aqui, de fato a coisa soa em oposição à *vox* ou à *opinio*. *Prâgma* é a coisa em todo seu relevo, em sua decisiva importância, em seu *inter-esse* com as formas do agir humano. Verdadeiramente a coisa-*causa* a que não pode subtrair-se. É como se os outros aspectos do essente se fizessem supérfluos em relação a isso: *ápraktos* é a coisa sem utilidade, o mero *eventum*, do qual nenhum proveito é possível ser extraído.

A esta altura, a pergunta que deve ser colocada é: em todos esses termos é pensada a diferença entre fenômeno e númeno? Revela-se a diferença entre o manifestar-se predicável do essente e o *prâgma toûto* do platonismo, ou melhor, entre dizível e indizível? A redução do ente à simples presença, que nada pode «nos subtrair», soa imediatamente evidente no próprio étimo de *res*. Como causa, então, a coisa por certo é determinável e necessariamente ligada às determinações que dela decorrem. Ainda mais claro se mostra esse seu caráter caso a digamos *Sache*: seu manifestar-se como *phainómenon*, determinado em sua relação com o sujeito, tende a «cobrir neste» todo esconder--se, em apagar nele todo *léthe*. Em *prâgma* é como se indicasse o próprio nome da causa da coisa, e se o indicasse em um agir, no *fazer*, do qual se conhecem a originária intenção que o moveu, o desenvolvimento, todo o caminho e o próprio fim. *Prâgma* é o fato que chega à experiência da consciência. Que se possa pensar um «fato», um *prâgma*, que essa experiência não resolva em si, é uma «ideia» que nesse termo, como tal, não pode nem mesmo transparecer. Há um nome, pelo contrário, que para este possa justamente fazer signo? Um nome que «recolha» em si a presença do ente, seu aparecer «luminoso», a *ousía*, junto com «aquilo» que dela é necessário pensar, sua *singularitas*? Um nome que seja símbolo do é do essente no variar das formas e dos aspectos em que se manifesta e é percebido? A qual *onomázein* podemos recorrer para fazer signo, *no* fenômeno, para seu ser numênico? Existe um nome que diga, ou ao menos indique, a coisa *sub specie aeternitatis*?

Também *Ding-Thing* é originariamente conotado em sentido jurídico. É essa uma referência que coloca em comum de modo substancial todos os termos que dizem a coisa nos idiomas indo-europeus. Um fato linguístico que tem importância infinitamente superior à linguística. Nossas línguas «pensam» que a coisa é para nós aquilo que é extraído por *juízo*, e que a partir do êxito desse juízo somos *julgados*. Nosso valor se comensura à potência que exprimimos na *causa* que nos vincula à coisa. E será de nosso decisivo interesse sair como «vencedores», desenvolver nosso agir até fazer dela nossa *res*. A coisa assim julgada (o processo que se fecha com a «sentença»: coisa é *res extensa*) não será, todavia, apenas «calma» propriedade, uma vez que a coisa se revela indissoluvelmente una com nossa práxis, e, por isso, sujeita em si a um perene variar-transformar-se. O «processo» que a julga se desenvolve ao infinito. Isso indica que jamais a coisa pode ser considerada por sua *haecceitas*; uma *res* de fato *singularis* colocaria necessariamente o problema de sua diferença do predicável-dizível, e, por isso mesmo, do fabricável-transformável. O aniquilar-se da singularidade do ente está na base de toda práxis que tende à sua reprodutibilidade. A eliminação da coisa em si é o fundamento filosófico imprescindível do tema, inaugurado por Benjamin, da «reprodutibilidade técnica». A época da imagem do mundo, da identidade entre *tò ón* e *legómenon*, transpassa por sua vez para a da imagem serial; seu ideal regulador consiste na construção da coisa como a matemática constrói os próprios conceitos. E, portanto, somos obrigados a nos perguntarmos mais uma vez: um nomear, um *imaginar*, o nosso *próblema* é tarefa impossível?

Coloquemo-nos ainda à escuta de *Ding*. Aqui também soa o reunir-se, a reunião. É o lugar da assembleia (*Volke-ting*), onde diversas vozes convergem e entram em conflito, formando, no entanto, um conjunto. Em *Ding*, assim, é possível escutar o sentido dos *muitos modos* como o essente deve ser predicado e das diversas perspectivas em que, na «assembleia», sua presença é percebida. *Ding* é traço de um Princípio que, *na coisa*, reúne a infinidade de seus possíveis predicados, dos modos de seu ek-sistere junto com sua «proveniência» *grundlos*, que não tem fundamento. Em *Ding* se faz aceno ao acordo indeterminável entre *Sache*, a *nossa* coisa, e *Ur-sache*, não compreendida apenas como a Causa, mas o Princípio acolhedor-reunidor de todas as possíveis formas do aparecer do ente e seu ser predicado; em *Ding* vamos reunindo esses significados junto com o de *Ding-an-sich*, da coisa em si, da coisa concebida segundo o pensamento de seu Início, do qual sua *singularitas* é imagem, da coisa que excede minha «tarefa», ou minha *res*, ou, ainda, meu *prâgma*, sem que, entretanto, nenhum desses nomes seja apagado, mas reunindo-os (*légein*) no indizível de seu *kath'hautó*. A coisa que *está* em si, que ek-siste por si, *kalón* (e esse «belo» soa justamente quase como sinônimo de *kath'hautó*), de que, ao indagarmos e interrogarmos, aprendemos o maior *máthema*, «vemos» a ideia das ideias, o Agathon: o *o-que-é* do essente sobre o qual nenhum *lógos* tem poder, e que nenhuma predicação pode definir, mas do qual o logos é «chamado» e ao qual o *lógos* sempre corresponde, mesmo na forma do esquecimento. É isso que sempre *pensamos* no momento em que verdadeiramente pretendemos conhecer e predicar *tà phainómena*, isto é, nos interrogarmos sobre o porquê de sua própria *luz*.

ÍNDICE DOS AUTORES

Os números em itálico indicam as páginas em que a referência ao autor é particularmente significativa.

Abulafia, 122
Agostinho, 179
Alberto Magno, 182
Alceu, 137, 139
Alcmane, 213
Alessandro de Afrodisia, 178
Altenberg, Peter, 233
Anaximandro, 93, 95
Arendt, Hannah, 17
Aristóteles, 9, *12-43*, 53-4, 65, 66, 68, 74-5, 81-3, 92, 103-4, 111, 123, 162, *170-9*, 183, 198-9, 203, 226, 250, 253, 270, 271, 275, 276, 317
Averróis, 177-8
Avicena, 178
Bachmann, Ingeborg, 234
Baudelaire, Charles, 141-2
Benjamin, Walter, 325
Benveniste, Émile, *66-8*, 73, 77
Bergson, Henri-Louis, 315
Berti, Enrico, 24-5
Bonitz, Hermann, 29

Bruno, Giordano, 12, *128-9*, *164-5*, 195, 200, 257, 262, 264, 314
Busi, Giulio, 130
Calogero, Guido, 92
Cassirer, Ernst, 128, 168, *312-3*
Catoni, Maria Luisa, 137
Cavell, Stanley, 313
Celan, Paul, 147
Chelazzi, Guido, 130
Chomsky, Noam, 67, *69-70*, 188
Cícero, 93, 145
Ciliberto, Michele, 129
Coleridge, Samuel, 144
Colli, Giorgio, 43, 153
Damáscio, 253, 255, 259
Dante, 12, 65, 67, 72, 86, 122, 182, 207, 214, 280, 304
De Cusa, Nicolau, 43, 255, *259*, 262, *315-9*
De Giovanni, Biagio, 208
De Libera, Alain, 177
De Lubac, Henri, 205
Demócrito, 303

Derrida, Jacques, 15, *65-7*, 323
Descartes, René, *183-8*, 190, 191-2, 195-6, 198-9, 308
Desideri, Fabrizio, 134
Detienne, Marcel, 89, *94*
Diano, Carlo, 155, 157
Dilthey, Wilhelm, 285
Dumézil, Georges, *214*
Eco, Umberto, 12, 122, 260
Emerson, Ralph Waldo, 313
Empédocles, 118
Espinosa, Baruch, 164, 187, 190, 210, 222, *264-9*, 292, *306-8*, 310, 319-21
Ésquilo, 152
Eurípides, 324
Feynman, Richard P., 162
Fichte, Johann Gottlieb, *292-8*, 308
Ficino, Marsilio, 129
Florenskij, Pavel, 68
Freud, Sigmund, 197
Frisk, Hjalmar, 121
Garin, Eugenio, 127
Gasparini, Ludovico, 192
Goethe, Johann Wolfgang, 127, 134, 260
Grassi, Ernesto, 127
Hamann, Johann Georg, 67
Hegel, Georg Wilhelm Friedrich, 9, 15, 97-8, 105, 173, 211, 255, 264, 268, *269-78*, 292, 295-6, 298, 303, *308-9*, 312
Heidegger, Martin, 20-1, 23, 65, 67, *72-5*, 78, 79, 115, 118-9, *143-8*, 149-51, 157, 159, 270, 273, 278, 291, 304, 311
Heráclito, 84, 87, *150-8*, 164, 167, 200
Herbart, Johann Friedrich, 69-9
Herder, Johann Gottfried, 67
Hesíodo, 93, 137, 150
Hölderlin, Friedrich, 140
Homero, 94, 149, 208
Horgan, John, 162
Hume, David, 69
Husserl, Edmund, 57, 188, 190, 198-9, 223, *299-301*, 303, 314
Ibn 'Ārabi, *100-1*
Isócrates, 9
Jauch, J. M., 162, 306
Kant, Immanuel, *55-65*, 68, 69, 72, 78, 108-9, *133-4*, 162-3, 186, 194, 218-9, 223, 236-7, 263, *278-90*, 291-2, 296-301, *306-8*, 312
Kerényi, Karl, 93
Kierkegaard, Søren, 236
Kojève, Alexandre, 264
Krämer, Hans, 117
Landino, Cristoforo, 129
Leibniz, Gottfried Wilhelm, 195, 258
Leopardi, Giacomo, 87, 197
Lévinas, Emmanuel, 81
Lucrécio, 124, 165
Marx, Karl, 190, 197, 274, 278, 309
Melisso, 82-3, 85, 92, 97, 245, 303

Merleau-Ponty, Maurice, 125
Michaux, Henri, 124
Michelstaedter, Carlo, 119, 236
Mondolfo, Rodolfo, 92, *93*
Montaigne, Michel de, 257
Moro, Andrea, 76, 78, 124
Nagel, Thomas, 185
Neoplatonismo, 54, 98-
  101, *253-9*, 264
Nietzsche, Friedrich, 10, 67,
  73, 94, 141-2, 190, *195-7*,
  211, *240-1*, 257, *260-2*, 270,
  303-5, 311-2
Onians, R. B., 168, 208
Ortega y Gasset, José, 70, 124
Parmênides, *81-99*, 104, 107-8,
  111-2, 135-6, 154, 243, 245, 251
Pascal, Blaise, 197, 263
Pasquali, Giorgio, 104
Patocka, Jan, 214
Peirce, Charles, 126, 248
Philippson, Paula, 92-3
Pico della Mirandola,
  Giovanni, 42, 91, 259
Píndaro, 169
Pirro, 303, 311-2
Pitágoras, 210
Platão, 24, 40, 61, 69, 77, 84, 95,
  96, 98-9, 102, *103-25*, 127-8,
  134, *135-43*, 170, 172-4, 183,
  188, 195-6, 199, *203-14*, 235,
  240, *241-8*, 253-4, 260-3, 269,
  275, 287-8, 302, 317-8, 324
Plotino, 109, 118, 193, *199-*
  203, 253, 259
Porfírio, 137

Pozzi, Giovanni, 130, 147
Proclo, 253, 255, 259
Protágoras, 74
Pseudo-Dionísio, 255
Putnam, Hillary, *311-2*, 314
Rafael, 183
Reale, Giovanni, 82, 89, 117
Rensi, Giuseppe, 312
Rosenzweig, Franz, 108, 122
Russell, Bertrand, 34, 56, 74,
  185, 222, 231
Schelling, Friedrich Wilhelm
  Joseph, 133, 308
Schmitt, Carl, 286
Scholem, Gershom, 122, 130
Schopenhauer, Arthur, 87,
  132-3, 220, 278
Semerano, Giovanni, 213
Severino, Emanuele, *137-9*, 142
Simic, Charles, 148
Simmel, Georg, 140-1
Simônides, 89
Sini, Carlo, 121
Steinthal, Heymann, 68, 132
Swedenborg, Emanuel, 133-4
Tasso, Torquato, 129
Timão, 303
Tirteu, 137
Tomás de Aquino, 51-2, 54, 179
Trendelenburg,
  Friedrich Adolf, 65
Untersteiner, Mario, 138
Vailati, Giovanni, 62
Valéry, Paul, 72, 143,
  147, 189, *191-5*
Vegetti, Mario, 113

Vico, Giambattista, 67,
120-5, 143, 149
Virgílio, 150
Vitiello, Vincenzo, 121
Warburg, Aby, 128
Wittgenstein, Ludwig, 49, 67,
74, 151, 185, 192, 198, 218-44,
261-2, 282, 300, 312
Xenófanes, 137-9, 142
Zenão, 97
Zorzi, Francesco, 254

PRE TEXTOS

1 Massimo Cacciari *Duplo retrato*
2 Massimo Cacciari *Três ícones*
3 Giorgio Agamben *A Igreja e o Reino*
4 Arnold I. Davidson, Emmanuel Lévinas, Robert Musil
Reflexões sobre o nacional-socialismo
5 Massimo Cacciari *O poder que freia*
6 Arnold I. Davidson *O surgimento da sexualidade*
7 Massimo Cacciari *Labirinto filosófico*

Composto em Noe Text
Impresso pela gráfica Formato
Belo Horizonte, janeiro de 2021